生と死をめぐるディスクール

荻野蔵平／トビアス・バウアー［編］

九州大学出版会

序論にかえて

「生と死をめぐるディスクール」とは、「生と死を想うことば」「生とは何か、死とは何かを問うことば」のことである。「私が死ぬとき、もはや死はない」と古来言われるように、人は自らの死を経験できない。だからこそ、強靭で豊かなイマジネーション溢れる数々の「ディスクール」が生み出されてきた。本書のタイトルも、生と死をめぐるそのような言説の多様性を前提としている。それは死というものが、何にもまして、生理や本能ではなく、「発見された概念」であるからで、それが世界中の様々な文化や社会において特色ある死生観を生み出している理由ともなる。

人間は、死を意識する唯一の生物だと言われる。霊長類学者によると、ホモ・サピエンス以外の霊長類には死の概念がないという。人類ではじめて埋葬を行い、墓を作ったのは旧人ネアンデルタール人の後期とされるが、地球上で仲間の死体を処理する種はホモ・サピエンスだけである。

われわれの祖先が埋葬し、墓を作っていたという事実は、死が概念化・言語化されて、他の個体と共有されていたことを意味する。これが「発見された概念」の内実であり、世界中の種々の文化や社会において、多様な死生観を形成したり、土葬、火葬、風葬など遺体の処理の仕方が地域や文化によって異なるのはそのためである。また、死の発見によってもたらされた生と死の認識は、死後の霊魂や来世、輪廻や復活といった思想を生み出す契機ともなった。

生と死をめぐる思索は、このようにテーマが普遍的である限りにおいて、時空を超えて続けられてきたものだが、現代日本社会における生と死の問題を考えるとき、われわれは二つの特徴的な状況に取り囲まれていることに気づく。その一つは、超高齢社会の到来がもたらした長寿による死に至るまでの長い道のり、もう一つは、二一世紀を迎えて多発する地震、豪雨などによる自然災害死である。「生の延長」と「生の切断」、これはまさに相反する事態だが、そのいずれの場合にもわれわれに突きつけられているのは、「生きる意味」「死の理由」「愛する者の不在の意味」といった切実な問いかけである。

ところで、二〇一八年度の日本人の平均寿命は、厚生労働省の調査によると、女性が八七・三二歳、男性が八一・二五歳でともに過去最高を更新したという。また遺伝子研究が教えるところでは、人は潜在的な能力として、一〇〇歳近くまで生きることが可能であるとも言われ、このまま高度医療技術が発展し続けると、遠からぬ先に日本が「不老長寿」の国になるのも夢物語ではなくなってきた。

しかし、ほんの半世紀前まで、とくに終戦までの日本人の平均寿命は、男女とも五〇歳前後にとどまっていた。これは、新生児の死亡率が高かったとか、多くの人が若くして戦死したなどの要因が影響してそのような低い数値になっていたというよりも、いわば「天寿」をまっとうした大方の日本人の平均寿命がそうだったはずである。つまり、男性を例にとれば、多くの労働者が五五歳前後で定年退職を迎えたのち、かわいい孫の誕生と入れ替えに帰らぬ人となるのが普通であった。

ところが、戦後になって食料事情や衛生環境の大幅な改善、医療技術の飛躍的な進歩、福祉制度の充実などの理由により、日本人の平均寿命は格段に伸び、日本は世界でも一二を争う超高齢社会となった。これは、死がはるか彼方に遠ざかる一方で、その代償として、死ぬ前に老いと病の長い道のりがわれわれを待ち構えているということを表している。人生の半分にも及ぶ長き時間を老いと病の中で過ごし、その後で死を迎えるということ、これは人類史上いまだかつて誰も経験したことのない事態である。
しかしまたその一方で、昨今、長寿化と正反対の事態が多発していることも事実である。例えば、近年の日本における大地震をはじめとする大規模な自然災害の発生頻度は驚くばかりで、多数の死傷者と避難民を生み出している。ちなみにここ一〇年間の自然災害（地震、豪雨）から規模の大きなものを抜粋すると次のようになる。

二〇一一年三月：東日本大震災
二〇一六年四月：熊本地震
二〇一七年七月：二〇一七年九州北部豪雨
二〇一八年六月：大阪北部地震
二〇一八年九月：北海道胆振東部地震
二〇一八年一〇月：西日本豪雨
二〇一九年九月：令和元年台風一五号
二〇一九年一〇月：令和元年台風一九号

歴史を振り返ってみると、かつて神話的ないし応報的世界観の中に暮らしていた人々は、このような大きな自然災害を必然的なものと信じていた。例えば、伝統的・旧約聖書的災害解釈では、災害とは神が罪人に下す天罰であるとみなされていた。だが一八世紀に入ると、そのような神学的解釈に対して、啓蒙主義の立場から批判が起こるが、その先陣を切ったのが哲学者のカント（一七二四―一八〇四年）であった。地震を例にとれば、彼は一七五五年のリスボンの大地震に神意を読み取ることは誤りであるとし、物理学的ないしは地震学的な見地から「地下道」、つまり今日で言うところの「断層」のようなものが地震を引き起こしたと考えた。

二一世紀に暮らすわれわれは、その後の自然科学の発達によって、「活断層のずれ」とか「プレートのひずみ」といったより正確な説明を受け取ることができる。しかし、そのような科学的な説明は、地震が発生するメカニズムを説明してはくれるが、当然のことながら、それによって愛する者を失った人たちに「死の理由」「不在の意味」を解き明かしてはくれないだろう。それはちょうど医学が「人はなぜ死ぬのか」を説明できても、「わたしはなぜ死ぬのか」に答えてはくれないことと相似である。

「死ぬ」とはどういうことなのか。この大問題に、われわれの先人たちも真剣な思索を積み重ねてきたにちがいなく、そこで語られた「ディスクール」から、生と死に向き合うために必要な心構えや勇気、そして覚悟を読み取ることができないだろうか。これが本書執筆のねらいである。

ここで内容を簡単に紹介しておこう。第Ⅰ部では、以下に続く各章の理論的な背景として、まずは倫理学と宗教学から見た生と死の問題を論じた。それに続いて第Ⅱ部では、医療、ケア、フィールドワークといった生命倫理の「現場」における生と死をめぐる様々な葛藤や諸課題を取り上げた。第Ⅲ部では、日本、中国、ドイツ、フランスの文学テクストを手がかりに、古今東西の多様な死生観をめぐる考察を行った。

本書成立の経緯をたどれば、熊本大学の人文社会系の教員が中心となって開催してきた一連の熊本大学公開講座にまでさかのぼる。

これまでに、二〇一二年度「世界の宗教と思想から見る「あの世」」、二〇一五年度「世界の宗教と思想から見る「病」と「癒し」」と、「死生観」を中心的なテーマに据え、発表者がそれぞれの研究成果を社会に向けて発信してきた。そして二〇一六年度に向けて公開講座の準備を開始した矢先のこと、四月一四日および四月一六日に熊本で最大震度六強の地震が発生した。そのため、当初のテーマから「世界の宗教と思想から見る「自然災害」」へと急遽変更し、地震をはじめとする自然災害に人々がどのように向き合ってきたかを世界の宗教、思想、文学から見つめなおす企画とした。公開講座では、文学（日本文学、中国文学、ドイツ文学、フランス文学）、宗教学、文化人類学の研究者がそれぞれの立場から自然災害による死について論じたが、本書ではさらに、生命倫理の研究者や、医療・ケアなどの現場に携わる専門家が加わり、より学際的な構成とした。

これまでの研究では、えてして死生観の研究と生命倫理の研究が別個になされる傾向が見られたが、本書においては、生と死の問題を、死生観ならびに生命倫理という二つの領域を総合的に関連づけながら捉え直すことを目指した。今回の企画は、そのための小さな一歩に過ぎないが、このような方向での研究に少しでも貢献でき、またその研究成果の一端を地域社会に紹介することができれば幸いである。

本書は刊行費の一部を、平成三一年度熊本大学大学院人文社会科学研究部（文学系）学術研究推進経費によっていることをここに記し、謝意を表したい。また、出版にあたり、九州大学出版会の尾石理恵さんに多大なご尽力をいただいた。ここに厚くお礼申し上げたい。

二〇一九年一一月

荻野蔵平

目次

第Ⅲ部　古今東西の死生観——文学テクストから探る——

第I部　生と死——倫理学と宗教学はどう見ているのか——

第1章　生と死をめぐる倫理
――気づかいを手がかりに――

田中朋弘

はじめに

生と死について倫理学的な立場から考える場合、いろいろな観点がありうる。倫理学理論においてこれまで一般的だった考え方によれば、まず、生と死をめぐるさまざまな場面で、法や規則、あるいは社会的な慣習や倫理観にもとづいて「正しい手続き」が問題とされる場面がある。また、ある状況で何を行えば、その人や周りの人にとって「最もよい結果」を生みだすかを考える場面もありうる。あるいは、「どうすれば優れた人になれるのか」と考える場面があるかもしれない。本章でわたしは、上の三つの観点とは異なる「気づかい」という切り口で、生と死の問題を考えたい（動詞としては「気づかう」という語も文脈に応じて用いる）。

「気づかい」とは、人が何かや誰かを気にかけることである。たとえば、数ヶ月後までに仕上げなければならない仕事があるとき、わたしはその仕事を気づかう。「果たして締め切りまでにきちんと仕上げられるだろうか。そのためには他の仕事をどのように段取りしたらいいだろうか」と。あるいは、親しい友人が困った状況にあって、どうしたらその人が楽になるだろうかと思いやるとき、わたしはその人を気づかっている。そうしたとき、気づかう相手がものであれ人であれ、気づかっているのはわたしである。つまりそのとき、わたしの気持ちが対象の側に向かっているという実感がある。

しかしときに、そうした気づかいの対象の方がわたしの気持ちをつかまえて離さないこともある。そのようなときわたしは、それを「気にかける」というよりも、それが「気にかかる」という仕方で気づかっていると言えるかもしれない。それは、気づいたら何の憂いもなく忘れていたというようなタイプの何かではなく、対象がこちら側にのしかかり、対象との関係に知らず巻きこまれているというような気づかいである。たとえば、朝方にふっと眠りが浅くなるときがある。ふつうはまたそのまま眠ってしまうのが常だが、気にかかることがあると、そのことに摑まれるようにそのまま目が覚めてしまう。気づかうことには、どこかしらそのように受け身なところがある。

気づかいには大きく分けると二つのタイプがありうる。一つは、浅いけれどもある程度広い範囲の人やものに向けられる「浅く広い気づかい」である。もう一つは、深いけれどもそれほど範囲を拡げることのできない「深く狭い気づかい」である。たとえば、遠い外国で不幸な事件や災害が起きたと聞き、眉をよせてその国やそこで生きる人々のことを思いやるとき、わたしは浅く広い気づかいをしている。そのことは基本的に、わたしの心の奥底にそこまで重く深くのしかかり続けるわけではない——そういうタイプの気づかいである（こう書くと、少し薄情な気がしないでもないが）。他方、人間関係に悩んだり、深刻なトラブルに対処しなければならないとき、あるいはぜひとも成し遂げたいと思う目標があるとき、わたしはずっとそのことを憂いたり、気にしたりするであろう。また、親しい誰かが困った事態に陥って深い悲しみを抱いているとき、わたしは、その人自身やその人が気にしていることが、いつも気になるであろう。

1　気づかいの諸相

(1) 傷つきやすさを引き受けること

わたしが誰かを気づかうとき、実際には何を気づかっているのであろうか。誰かに対するわたしの気づかいは、ときにその人を通り抜けて、その人が気づかっていることそのものに向かうようにも感じられる。つまり、わたしがAさんを気づかっているとき、わたしは、単にAさんの気づかいの対象とは直接関係なくAさんだけを気づかうというよりは、何かを気づかっているAさんを気づかっている——そういう仕方で気づかっている。そのとき、Aさんの気づかい（しばしば、何かや誰かにかかわる「憂い」）は、わたしの中にも流れ込んでくるように感じられる。それは、「かわいそうに」と、一時的にわたしの中に沸き上がるがすぐに消えていくような同情ではない。むしろそれは、相手の気持ちとわたしの気持ちが一体であるかのように感じられる、というような意味での共感あるいは感情移入である。その意味で誰かを気づかうということは、自分以外の人の気づかいを余計に引き受けることである。それはまた、もともと自分であれば気づかわないようなことへの気づかいにさえ、知らず巻きこまれることがあることをも意味している。気づかうことを通して、自分ではいかんともしがたい憂いの中に連れていかれ、暗い気持ちになることが時々ある。

誰かを気づかうことには、相手の傷つきやすさを受け止めるということが含まれている。わたしたちは心身ともに傷つきやすい。他人のふるまいはしばしば不規則で予測不可能であり、わたしたちはそれによってひどく傷つけられることがある。だからこそ日頃から、できるだけ傷つかなくてすむように注意をはりめぐらせているとも言える。正しい手続きを踏むことが大切なことだとふつう見なされているのは、それがお互いにとっての安全弁となるからであろう。しかしそうした手続きは、ある場面における一定のふるまいを一般的なものとして指定するにすぎず、現実の複雑さには対応できないことがよくある。しかもそうした複雑さはしばしば、相手の表情や身体的な動作のなかに立ち現れてくるような、必ずしも言葉を通さないやりとりの中にあったりもする。

他人の傷つきやすさを引き受けることには相当の勇気が必要であろう。それは自分を守るためにできるだけ他人を切り離すことではなく、むしろ自分を外にひらく勇気である。しかし、気づかいがそのような性格を持つものだとすると、わたしが本気で気づかうことができる人やものには限度があるようにも思われる。誰でも、他人の傷つきやすさを無限に引き受けることはできないであろう。

（2）合理的な説明と気づかい

わたしの父は、肺に転移した癌がもとで他界した。ホスピス病棟に移ることも、痛みを抑制するためのモルヒネを多めに使うことも拒否した父は、亡くなる前日まで意識は比較的はっきりしていた。しかし最後には、呼吸がとても苦しそうだった。わたしや家族はホスピス病棟に移ってできるだけ苦しくないようにする対処を勧めたが、本人はそれを受けつけなかった。このとき、わたしたち家族の気づかいは父の呼吸の苦しさとその緩和に向けられていた。しかしおそらく本人の気づかいは、とにかく生き続けることに向けられていたのであろう。わたしは、苦しんでいる父の姿をこれ以上見るのが忍びなかった。

ともあれわたしたちは父の気持ちを尊重することにし、看護師さんに、父が呼吸が苦しいといっているので何とかしてもらえないかとお願いした。しばらくして、看護師のBさんが来た。父の指につけられた機器を確認していうところでは、「血中の酸素濃度は足りているので、直ちに命に別状はありません」ということであった。しばらくして来た別の看護師のCさんは、「寝ても起きても苦しいよね」と声をかけ、父の背中をしばらく擦ってくれた。

この二人の看護師さんの対応は、それぞれに特徴がある。Ｂさんが行ったことは、看護師として患者の状態を把握して、命に別状がないことを伝えたという点で正しい。それは科学的な判断であり合理的な説明である。Ｂさんの気づかいの対象はまずもって、数値として確認できる客観的データであった。確かに、患者である父もその家族であるわたしたちも、父の病状がすでに重篤であるのかどうかには関心がある。そして、そうした関心もまた気づかいの一種であろう。しかし、この場面で父やわたしたちが望んでいたのは、父の呼吸が苦しいので何とかしてほしいということであり、病状についての客観的データではなかった。そのときわたしは、「そういうことではないんです」と言いたい気分だった。どうにも話がずれているように感じられた。だがなぜか、そうは言えなかった。合理的で正しい判断や説明には、人を黙らせる力がある。

ではこの場合看護師さんは、今の事実そのままに、患者の病状が思わしくなく、そして状況を改善する方法がもうあまりないので「我慢するしかありません」と言えばよいだろうか。それは患者やその家族には酷だし、それに対する怒りや落胆を感情的に受け止めることが、そういう話を伝える看護師さんの側にも相応のダメージを与えるであろう。それはおそらく、人を繋げるというよりは切り離す。他方、Ｃさんが行ったことは、そうした合理的な説明ではまったくなく、父の体に直に触れながら、その気持ちを推しはかり、それを代弁しただけであった。こうしたＣさんの気づかいは、目の前にいる患者自身に対して向けられたものであったように見える。

思うに、受け入れがたいことを受け入れなければならない状況にあるとき、わたしたちに最後に残されるのは、誰かから気づかわれることでしかなくなるのではないか。その気づかいは、もちろんより近い関係の人からの深く狭い気づかいである方が望ましいのかもしれない。しかし、それほど近くない人や職業的責任からなされる浅く広い気づかいであったとしても、その時々の実際の気づかいが、かろうじて人をこの世界に繋ぎとめる場合もあるように思える。

（3）わたしにしか見えないものと誰にでも見えるもの

わたしたちは、一定の枠組みを手がかりにして、何かを見たり理解したりしている。つまり、わたしたちは常に何らかの「観点」と共にそれを見たり理解したりしている。そしてそうした観点は、わたしたちの気づかいによって縁どられている。気づかいはときに、もうすこし乾いた印象の「関心」という言葉で言いかえることもできるであろう。わたしたちが世界を見るときには、それが科学的であれ、宗教的であれ、それぞれに異なる気づかい（関心）から世界を眺めているということになるであろう。

確かにわたしたちは、世界や社会に関する物事には、誰にでも見えるものがあると認めている。そうした見方では、条件が同じかあるいは十分に似ていれば、誰にとっても同じように見えて同じように判断することが可能であり、またそのように見る必要があることも認められている。もしそれがまったく不可能であれば、社会にルールを設けることや、科学や技術の知やその具体的な成果を認めることができなくなるであろう。そうした観点は、主観的で個別的な気づかいというよりはむしろ、客観的で普遍的で伝達可能な何か――客観的合理性をそなえたもの――である。先に見た父の病状に関する合理的な説明は、まさにそういう類のものである。わたしたちはおそらく日常的に、気づかいの観点と客観的合理性の観点の間を行ったり来たりしている。

いずれの観点をとるにしても、わたしたちは同時にすべてを視野に入れることができない。一定の観点をとって何かに目を向けるということは、それ以外の何かから目をそらすということでもある。たとえば、気づかいの観点をとって何かを見るとき、わたしは対象に近づきすぎて、対象と一体化してしまうときがある。誰かを世話することがわが身を削られるように苦しく感じられるとき、わたしは相手に近づきすぎて、自分を失ってしまうのではないかという恐怖を感じているのかもしれない。

他方、客観的合理性の観点をとって何かを見るとき、わたしは対象そのものに無関心になる――対象から離れすぎる――ことがある。規則を盾にして相手の望みを断ち切ろうとするとき、わたしはその人が置かれている具体的な状況やその人の今の気持ちを度外視して、規則を守ることに強いこだわりを感じている。まるで、客観的であり合理的であるということそれ自体が至上の価値であるかのように。

そうした観点で何かを宣告される側は、急に相手が体温を失い、つっけんどんになったように感じられるであろう。そういう意味では、規則や原理の客観性や合理性を極端に重視する道徳的態度は、「つっけんどんな倫理」とでもいうことができそうである。つっけんどんな倫理はしばしば、関わりのある相手そのものには無関心である。

2　気づかいの倫理

(1) もう一つの声

哲学の一部門である倫理学は、長く客観的合理性の観点から倫理の問題を考えようとしてきた。倫理や道徳に関わる判断が、できるだけ個人を超えて一致することが求められてきたからである。そうした仕方で考える場合、倫理の問題はしばしば、それぞれの個人が置かれた状況から特別で個人的な性質を取り除いて、できるだけ人を誰でもない誰かとして扱うことになる。たとえば、人間にとって善いこととは、正しい手続きを踏むことだと考えるならば、ある人がどのような状態に置かれ、どのように感じているかは二の次であり、まずは手続きに従うことが大切だと考えられるであろう。また、人間にとって善いこととは、社会全体ができるだけ幸福になることだと考えるならば、これもまた、それぞれの人の置かれている状態を飛び越えて、社会全体という大きな観点に力点を置いて考えることになるであろう。そうすると、個々の人たちがどのように考えて、どのように感じているのかは、勢い二の次になる。しかし確かに、こうした客観的合理性の観点から倫理の問題を考えると、さまざまな事柄に一定の仕方で「クリアな」線が引けるようにも思われる。さまざまに異なる考えや感じ方をする人たちが、それぞれに自分の観点からだけものを言えば、まったく統制がとれないか、何らかの合意に至るまでに相当の時間がかかりそうだからである。

ただ、倫理の問題をそうした仕方でのみ考えなければならないと最初から決まっているわけでもない。先に確認したように、ある観点をとることは、他方で、別の観点をとってはじめて見えるようになることから目をそらすことでもある。正しい手続きに基づいた判断はしばしば強制力を伴い、それはときに暴力的ですらある。その場はそれとして収まったとしても、長い目で見ると、関係者の不満が積もり積もって望ましくない関係性に至るかもしれない。人間の関係性には、合理性だけで説明できない部分が多分に含まれる。そのような意味では、「正しいけれども、全体として見ると善くはない」というような場合があるようにも思われる。そうした場合わたしたちは、客観的合理性の観点から見てそれを正しいといったん判断するが、しかし同時に気づかいという観点から見ると、その正しさは気づかいを欠いていると感じることもあるであろう。

気づかいの倫理という考え方は、いわば客観的合理性の観点によって見えなくなるものを、むしろ人間にとって基本的だと考える観点である（これらの理論において用いられる気づかいに相当する語は、care または caring である。論者によって用法が少し異なる）。倫理学理論としての「気づかいの倫理（ケアの倫理あるいはケア・エシックス）」が盛んに論じられるようになったのは、発達心理学者のギリガン（C. Gilligan）の『もう一つの声』（原書出版一九八二年）が注目を集めてからと見なされる。[1] 彼女は、同じ発達心理学者のコールバーグ（L. Kohlberg）による「道徳性発達段階理論」[2] に対する反論として、気づかいの倫理（ethic of care）の存在を指摘したのである。「道徳性発達段階理論」とは、人間の道徳性には、より低い段階からより高い段階へと進む普遍的な発達段階（第一段階から第六段階まで）があるという考え方である。この理論は、客観的合理性の観点からなる倫理学理論（道徳が普遍性を持つことを認め、それを明らかにしようとするタイプの理論）の有効性を、発達心理学的な観点から調査を行うことで実証的に補強したことになる。そこで最も高い段階と見なされたのは、義務や権利に関する道徳性の観点、あるいは各人を公平で平等に扱うという「公正の原理」であった。

しかし、コールバーグの発達段階理論に従えば、女性の多くが真ん中の第三段階に留まると判定される。そこでギリガンは、コールバーグの調査の被験者がすべて男性であることを疑問に思って、同じ調査を女性に対して行い、道徳性には別の発達段階（「もう一つの声」）があることを明らかにした。それが、気づかいの倫理に基づく道徳性の発達段階である。つまりギリガンは、コールバーグが明らかにしたのは人間一般の道徳性発達段階ではなく、男性の道徳性発達段階（それをギリガンは「正義の倫理」と呼んだ）であったと主張したことになる。ギリガンは、気づかいという概念を、人間関係において他人の必要に応じる行動であり、結びつきのネットワークを維持することによって、だれもひとりぼっちにならないようにこの世界を気づかう行動だと考えている(3)。

ギリガンはこの気づかいの倫理に基づく道徳性の発達段階が三つあると考えた。第一段階は自らの生存のために自分自身を気づかう段階であり、そこではまだ他人を気づかう余裕はない。第二段階は他人を気づかうことができるようになる段階である。しかしこの段階ではときに、自分への気づかいよりも他人への気づかいを優先しすぎるという問題が生じる。そして第三段階は、自分への気づかいも他人への気づかいもおろそかにせず、気づかいという観点から自分で選択することができる段階であるとされる。先に見たように、気づかいが能動的でもあり受動的でもあること、そしてときに気づかいの相手に取り込まれてしまうように感じることは、ギリガンの言う第二段階で生じる問題としてよく理解できそうである。

ギリガンは、男女の道徳観の違いという観点から気づかいの倫理の存在を提唱したが、どちらかが一方的に優れているとか、それらが対立すべきであるということを示そうとしたわけではない。彼女が言いたかったのは、男性と女性の道徳性は、はじめはまったく違って見える筋道で発達するが、どちらの性も最終的には当初持っていたのとは反対の特徴を身につけることが必要になる、ということであった。

（2）関係性としての気づかい

気づかいの倫理をさらに展開したのは、ノディングズ（N. Noddings）の『ケアリング――倫理と道徳の教育――女性の観点から』（原書出版一九八四年）である。(4) 教育哲学者であるノディングズは、気づかいをより哲学・倫理学的な観点から検討した。ノディングズによれば、気づかいとは、何かや誰かについての心配、恐れ、不安によって負荷をかけられた心の状態にあること（専心没頭する状態）である。「専心没頭」とは、「自分自身の中に他の人を受け容れ、その人と共に見たり感じたりする」(5) ことである。ノディングズは専心没頭を「共に感じること」という点では、「共感（empathy）」とも呼ばれうると言う。またノディングズは、気づかいには「動機の転移」が必要だと考える。動機の転移とは、何かをしようとするときの動機づけの力が、気づかう人と気づかわれる人の間で相互に移動することを意味する。それは、しばしばそうした力を失いかけている人が、気づかう人の持つ動機づけのエネルギーを活用できるようになることである。またそれは同時に、ケアする人自身が、ケアされる人の目的を自分のものとして動機づけられることでもある。こうした動機の転移は、気づかう人と気づかわれる人の相互性によって成り立つ。つまり気づかうことは、気づかう人の気づかいを、気づかわれる人が拒絶せずに自発的に受け入れるときに成立すると考えられている。ノディングズにおいては、動機の転移や気づかいの相互性という考え方によって、気づかうことが、単に相手に対するこちら側の気持ちの一方的な表れというよりは、ある種の心的なエネルギー作用の相互的な受け渡しとして考えられていることが分かる。

さらにノディングズは、気づかいを「自然な気づかい」と「倫理的な気づかい」に分けた。そして、自然な気づかいが気づかいの基本と見なされている。たとえば、わたしは自分の家族をいつも気づかっているが、それは家族への気づかいが義務だからそうしている、というわけではない。わたしの家族に対する気づかいは、誰に命じられなくともわたしの内側から湧きおこるものである。このような気づかいが自然な気づかいである。他方、仕事で関わる人について、気づかいが自然には生まれず、努力して気づかうことが必要とされるように思われる場面がある。そのときわたしは、その人を気づかうことにあまり気乗りしていないが、気づかうべきであると考えて、実際に気づかうのである。そうしたときにわたしは、ノディングズの言う倫理的な気づかいをしていると言える。

ノディングズは、ギリガンとは違って、比較的強く正義の倫理（あるいは原理に基づく倫理）を否定した。先のわたしの表現で言えば、「客観的合理性の観点」に基づく倫理がそれにあたる。またノディングズは、制度や組織が気づかいという倫理的理想を弱める傾向があることも指摘している[6]。制度や組織は規則から成り立ち、基本的に誰か特定の人のためのものではなく、万人のためのもの（つまりは、誰のものでもないもの）としてつくられているからであろう。たとえばノディングズのこうしたスタンスは、気づかいの倫理が根本的に重要であるという点においては同意できる。しかし他方で日常的実感としては、気づかいの倫理だけではすべてをカバーできないのではないか、とも思う。

（３）気づかいの優位性

ギリガンは発達心理学者として、道徳性に関して実証的に研究し、教育哲学者のノディングズはそれを、一つの規範倫理学的な理論として主張したところに特徴があった。他方看護学者のベナー（P. Benner）は、『現象学的人間論と看護』（原書出版一九八九年）において、気づかいを看護職という専門職の職業実践と結びつけて論じているところに特徴がある。気づかいが個人的で文脈主義的な性格を持つことから、これまで気づかいの倫理は、個人の態度や個人間の関係としてもっぱら論じられ、一般的な職業倫理の議論としてはあまり論じられてこなかったという事情がある。そのためベナーの看護論は、看護という職業を気づかいの実践と見なし、かつその専門性を論じている点で、気づかいの倫理としても専門職倫理としても、新しい切り口を提供している。

ベナーが気づかいの優位性を論じるときに参照したのは、ハイデガー（M. Heidegger）の『存在と時間』（原書出版一九二七年）であった。この書の目的は、これまで当然だと見なされてきた「存在する」ということそのものの意味を明らかにすることにあった。そしてそこでは、人間の存在が根本的に気づかいによって成立していることが論じられている。ハイデガーは、日常におけるさまざまな具体的なレベルにおける気づかいが、そうした根本的なレベルにおける気づかいによって成り立っていると考える。

ベナーは気づかいを次のように説明している。すなわち、気づかいとは人間がこの世界に巻き込まれ関与する在り方そのものである。気づかいとは、何かがわたしたちにとって大事に思われること、意義を持つことであり、わたしたちにとって何がストレスとなり、どのような対処が可能かも、それによって決まる。そして気づかいは、人間の熟達、治療、癒しにとって第一義的なものであり、看護とは気づかいを実践することである。つまりベナーは、客観的合理性の観点よりも気づかいの観点の方が、人間の存在にとって根本的に優位にあると考え（気づかいの優位性）、看護という専門職の仕事の本質が気づかいの実践にあると見なしているのである。

ベナーによる気づかいの倫理の特徴はさらに、何らかの対処が、抽象的で客観的な基準や判断に基づくというよりも、文脈的な「実践」に基づくと見なす点にある。客観的合理性の観点に基づいて何が倫理的かを考えようとする場合、これまでの倫理学理論はしばしば、どのようにしたらわたしたちが倫理的であると判断できるのかを明らかにしようとする傾向があった。他方ベナーはマッキンタイア（A. MacIntyre）に倣って、実践を「一貫性のある、社会的に組織された活動(7)」と見なし、客観的基準に基づく理論的判断だけではなく、経験的な文脈における判断や対処を重視した。このような意味における実践は、実践を支える共同体において、それぞれの文脈において共有されてきた善の概念を前提としている。看護の文脈で言えば、気づかいこそが、看護師という職業共同体において共有されてきた根本的な善の概念だということになるであろう。

ベナーは、さらにドレイファス（H. Dreyfus）らによる「技能獲得の五段階モデル」を採用し、看護の専門的技能が段階的に獲得されていくと考える(8)。このモデルによれば、専門的な技能は、初心者から中堅を経て、達人に至る五段階があるとされている。まず、経験を持たない初心者レベルは抽象的な規則や原則に従うしかないが、経験を積むにつれて段階的に状況を読むことができるようになり、さまざまな要素のうち何が重要かが少しずつ分かるようになるとされる。そして最終的な達人レベルに至ると、その場面で目指すべきことやそのための方法が、ほとんど直観的に分かるようになる、と言う。初心者から見ると、何らかの技能に高度に熟練した人（達人）がほとんど思考せずに行動しているように見えるのは、そういうメカニズムによるというのである。ベナーは、看護における技能を、医療的行為だけにとどまらず、倫理的行為としても理解している。したがって、ベナーの言う達人看護師とは、倫理的にも高度に成熟した人だということになる。

ベナーが採用する技能獲得の五段階モデルの考え方を踏まえると、技能レベルの低い人は原理や規則を文脈とは無関係にただ適用し、技能レベルの高い人は、原理や規則を踏まえながらも、それにこだわらず直観的に適切だと思われる対処を行うことになる。たとえば技能レベルがまだ低い人は、原理や規則が衝突したときに立ち往生してしまう傾向があるであろう。それらに優劣をつけるための、さらに上位の原理や規則を持たないからである。達人はもちろん、原理や規則を十分に知っているが、それを機械的に状況に当てはめるのではなく、その使いどころをわきまえているということになる。そうすると、先に父の看護の話で言及した、「血中酸素濃度は足りてます」と言った看護師のBさんは前者であり、ただ父に寄り添ったCさんは、少なくともBさんよりは道徳的技能に関しては熟達度が高いということになるのかもしれない。ベナーは、看護師の仕事において重要なのは、患者の気づかいの対象を気づかうことにあると考えているが、熟達度は単に経験年数で決まるわけでもないとも考えている。

しかし残念ながらベナーは、技能獲得の五段階モデルと倫理的成熟の関係をそれほど詳しく論じてはいない。ベナーはノディングズとは異なり、いわゆる「正義の倫理」を無下に否定はしていないと思われる。なぜなら職業としての看護においては、職業を離れた個人の場合よりも、関連する法や規則を遵守することがより重要視されるからである。ドレイファスモデルに従えば、状況をよく見ることなく原理や規則にただ従ってよしとする態度は、初心者や新人レベルのそれである。

他方、ギリガンによる気づかいに関する発達段階モデルは、ドレイファスモデルの文脈ではどのように考えることができるであろうか。自分のことしか気づかうことのできない第一段階にある人は、そもそも看護師としての適格性をまだ欠いていると言うべきことになるであろう。自分自身への気づかいを超えて、患者への気づかいをもっぱら行ってしまう人は第二段階にとどまり、その人はそのうち消耗しきってしまうであろう。なぜなら患者は仕事を続ける以上次々に訪れるから、気づかいの対象や量が気づかえる限界を超えてしまう可能性があるからである。自分への気づかいと患者への気づかいを適切にバランスできるレベルがギリガンの言う第三段階であるが、ドレイファスモデルにおいても、達人レベルに近づくほど、そのようなバランスの維持に長けていなければならないと考えるべきであろう。

3　気づかわれること／気づかわないこと

(1) 気づかわれること

先に見たように、ノディングズは気づかいの相互性（気づかわれる側が、気づかう側の気づかいを無理なく受け入れること）を強調していた。気づかいを、単に気づかう側からの一方的な気持ちの動きと見なさず、気づかう側と気づかわれる側の関係性の問題だと考えるならば、それは重要な指摘であろう。たとえば、わたしの父がホスピスでの疼痛緩和治療を受けることを拒否したように、現実には、本人がこちらの気づかいを受け入れない場合もありうる。ひょっとするとあのとき、無理に説得してホスピス病棟に移そうとしていたら、そうすることもできたのかもしれない。しかし、本人の意向を無視して、あるいは「うん」と無理に言わせるようにしてことを進めるのは、いくら相手のことを気づかってのことであっても、どこか無理矢理なところがある。それでは、本人の気づかいの対象を気づかっているとは言えないであろうし、おそらく父は最後に、家族に対する不信のうちに他界していたかもしれない。

では、赤ん坊についてはどうであろうか。赤ん坊の場合、まだふつうの意味での「意思疎通」が無理なことは明らかである。この場合、気づかう側の気づかいは、相互的というよりは一方的だと言えるであろう。しかし考えてみれば、そもそもわたしが赤ん坊だったとき、わたしは誰かを気づかうことができるようになるよりも先に、わたし以外の人（もっぱら両親）から一方的に気づかわれていたとも言える。両親のわたしに対する気づかいは、わたしが実際にこの世に生を受ける前からすでに始まっていたであろう。わたしが他人を気づかうことができるようになるのは、それからかなり後のことである。わたしはそもそも、わたしがわたしであると知る前に、わたし以外の誰かによって気づかわれ生かされてきた。そのように考えると、「気づかう」というわたしたちにとって根本的な在り方は、むしろ「気づかわれること」から始まっているとも言えよう。そして、一方的に気づかわれる対象である赤ん坊は、誰かの気づかいがなければその生存すら危うくなるような、きわめて傷つきやすい存在である。わたしたちの生は、傷つきやすさを気づかわれるところからスタートしているのだ。

わたしは成長するにつれて少しずつ、自分以外の人を気づかうことができるようになる。しかし幼いわたしは依然として、もっぱら気づかわれる存在であったであろう。小学校低学年のとき、わたしは随分ぼんやりした子供だったらしく、九九を覚えるのも遅かったという。そういえば、実家の納戸から出てきた算数の答案用紙に「一時間は何分ですか」という問いがあったが、わたしの解答は果たして「一〇分」だった。別の答案用紙にも同じ問題があったが、そこにはまた違う答えが書いてあり、それも間違っていた。

おそらくその後わたしが変わったのは、小学三年生のときの担任の先生が、日記を書くことを皆に勧めて、毎日のように日記を書くようになったことがきっかけだったと思う。それはいわゆる（自分だけのための）日記というよりは、読まれることを前提とした読み物（交換日記）のようなものだったかもしれない。そしてわたしはクラス替えになる二年後まで「日記」を書き続けた。最後には日記を書くものは数名になっていたが、とにかくわたしは、先生のコメントがうれしかったのだ。そうした経験を通して、わたしは書くことそれ自体が好きになった。遠足や校外学習の後には必ず作文を書かされたが、当時のわたしの目標は、同級生にいかにうける文章を書くかということだった。こうした変化はおそらく、この先生の根気強い気づかいによって成立していたのだと、今ならば思う。先生は、わたしが小学校を卒業してほどなくして病に倒れ、お見舞いにいった少し後で鬼籍に入られた。

小学五、六年生のときの担任の先生は、高学年の小学生をきわめて加減よく扱ってくれた。それは見守りつつ好きにさせるという仕方での気づかいだった。異性を意識しはじめる微妙なお年頃だったと思うが、先生はそれも踏まえたうえで、わたしたちそれぞれの人格やそれぞれの関係を尊重してくれた。今でも覚えているのは、先生の大学時代の友人で同じく教師になった人が、若くして飛行機事故で亡くなったという話だ。その人の話は、のちに映画化もされている。[9]おそらくその話をしてくれたとき、先生の友人に対する深い気づかいが、わたしに強い印象を残したのだと思う。誰かが他の誰かを気づかうさまを見聞きして、強くこころが揺さぶられることがある。それは、人が誰かを気づかうときの想いの、エネルギーの強さとでも言うべきものだったように思う。

中学校に入ってからも、相変わらず数学は苦手だったが、読むことや書くことは好きだった。なぜだかよく分からないが、このころは定年前の国語の先生と波長があった。この先生は、赴任したてのころに父を教えたこともあったらしい。当時気に入っていた新田次郎の小説（父の書棚から勝手にひっぱりだして読んでいた『富士山頂』）で書いた作文を、何かのコンクールにエントリーしてもらい、それは落選したと思うが、後で校内放送で読まされたりもした。卒業するときには、友人と一緒に先生のお宅にもお邪魔した。この先生にもまた、わたしという文脈に応じた気づかいを与えられたのだと思う。

『気づかうことについて』[10]（原書出版一九七一年）という本の中で、メイヤロフ（M. Mayleroff）という哲学者は、気づかうことを相手の成長を助けることだと説明している。わたしはまさにそのような仕方でそれぞれの先生たちに気づかわれ、成長してきた。それは何だか気づかいのリレーのようでもある。こうした気づかいは、近親者やごく身近な人からの気づかいとは異なる、教師という立場にある人からの職業的な気づかいである。その意味では、ベナーが説明する気づかいの実践としての看護と同じように、教育もまた職業的な気づかいの実践と言えるであろう。

わたしたちは成長するにつれ、傷つきやすさや他人への依存をできるだけ克服して、強く自力で生きるように自立を求められる。わたしも、できるだけ他人に迷惑をかけてはいけないと、ひとまずは思う。しかし他方でそれが高じると、そもそも他人に声をかけて接触すること自体が、その人への迷惑なのではないかという気になることとすらある。そうしたとき、相手に声をかけにくくなる。反対に、迷惑をかけることや迷惑をかけられることをお互いが普段から受け入れた関係は、穏やかで気楽である。いちいち緊張しなくても、まず声をかけてみればいいからである。わたしはあなたに迷惑を決してかけないので、あなたもわたしに迷惑をかけないでくださいというタイプの態度は、つっけんどんだし、そもそも現実はそういかない。悪気がなくても、誰かに迷惑をかけてしまうことはよくある。

ベナーは、「わたしたちはむしろ、気づかいと相互依存こそが成人の究極目標であると主張したい。[11]」と述べる。それは、客観的合理性の観点と親和性の高い、自分で自分のことを決める能力としての自律や、人に頼らず生きていける自立に基づく人間観とは正反対の態度かもしれない。しかし結局のところわたしたちは、自分以外の誰かに何らかの仕方で頼らざるをえないのではないか、とも思う。

（2）気づかわないこと——気づかいを差し控える——

このように、わたしは根本的に気づかいに支えられている。しかし他方でわたしが日ごろから難しいと感じるのは、気づかいの果てしなさである。わたしは一体どの範囲まで、あるいはどの程度まで深く気づかえばいいのだろうか。深い気づかいが一定の限度を超えて広くなるとき、おそらくわたしは自分自身への気づかいを、それに応じて差し控えざるをえないであろう。わたしのキャパシティはそれほど大きくない。それはときに、気がかりとしての気づかいというよりは、誰かや何かを「気に病む」ような状況だと言えるかもしれない。そうしたときには活動力が枯渇し、わたしはすでに少し弱っている。

おそらく自他を塩梅よく気づかい続けるためには、いずれかの気づかいを差し控える、あるいは棚上げする必要があるのであろう。つまり気づかうわたしであるために、気づかわないということである。自分以外の対象への気づかいが、自分への気づかいの必要量をはるかに超えそうなとき、わたしは意図的に、自分以外への気づかいを止める必要があるようにも思う。

気づかいにはそれが気がかりになるという相互的で受動的なところがあるから、確かに、気づかうことを意図的に止めるのは難しいことかもしれない。しかしある場面で、ある人やものごとを気づかうことができ、また気づかうべきであるのは、本当にこのわたしだけなのであろうか。そこには気づかう人であること自体が特別な存在としてのイメージをまとっていないであろうか。気づかいをめぐるジレンマ状況においては、しばしばそうした判断自体が怪しくなる。何もかもがわたしに流れ込んでくる。しかしそうしたとき、わたしは一時立ち止まり、親しい誰かに助言や助けを求めることができるはずである。その人はわたしに、特定の気づかいを一時的に棚上げするか、ときにはいっそ止めて、他の人に任せるように助言するかもしれない。それはほかの人からの、わたしへの気づかいである。そういう人が近くにいて、いつでも声をかけてもらえる――そう思えることで、わたしはおそらく他の人を気づかうことができる。

おわりに

気づかうことを倫理の基礎におく観点は、倫理とは何かということについてのもう一つの観点であった。気づかうことの倫理を主題的に論じようとする論者は皆、そうした点において共通している。それはあまりにあたり前であるがゆえに、あるいは、別の観点に視線が強く向けられるがゆえに、じっくりとは論じられなかった観点でもある。

どういう気持ちの動きからか、わたしは、父の病気が判明する少し前の夏頃からフィルムで写真を撮ることに熱中していた。家族の記念写真はそれなりにデジタルカメラで撮っていたが、もう一〇年近くフィルムで作品としての写真を撮ることもなくなっていたころだった。父が入院してからは病院の中でも撮り、結果として父が他界する直前まで写真を撮り続けることになった。通夜も葬儀も母方の実家の寺で行ったので、その両方で写真をたくさん撮った。普通なら、不謹慎だと注意されるところであろう。火葬場でも写真を撮ろうとしたのだが、さすがに係の人に止められた。当時小学生の娘に、「お父さん、入口に撮影はご遠慮くださいと書いてあったよ」とあきれ顔で言われた。

父は亡くなる数日前はとくに呼吸が苦しそうで、身を起こしたり横になったりを繰り返していた。そんな調子でゆっくり眠ることもできないので、ベッドに半身で起きあがったままうつらうつらすることが多かった。そうしているとそのまま前に倒れそうになるので、母が父の額に手をあてて支えていた。しかしそのままでは母も疲れる。だからときには、そばにいるものが交代で父を支えていた。わたしが父の額に手をあててからしばらく経って、父は目を覚まして言った（実際には声帯を切除していたので声はだせず、メモに書いた）。「いつのまに、こんなに大きな手になったのか」と。それから数日して父は逝った。古い二眼レフで父と母を二人並べて撮った後で、父は手ぶりで写真はもういいと言ったが、その翌日のことだった。気づかわれていたのは、そのとき写真を撮ることにこだわっていたわたしの方だったのかもしれないと、今になって思う。

注

（1）田中（二〇一二：二一七―二二九頁）。
（2）田中（二〇一二：二〇六―二一三頁）。
（3）ギリガン（一九八六：一〇七頁）。
（4）田中（二〇一二：二二九―二三七頁）。

（5）　ノディングズ（一九九七：四六頁）
（6）　ノディングズ（一九九七：一八二―一八三頁）。
（7）　ベナー（二〇一五：四二〇頁）。
（8）　ベナー（二〇一五：一―三二頁）。
（9）　「春男の翔んだ空」（一九七七年）。
（10）　邦訳書のタイトルは『ケアの本質』である。
（11）　ベナー&ルーベル（一九九九：四〇一頁）。

参考文献

C・ギリガン（一九八六）『もうひとつの声――男女の道徳観のちがいと女性のアイデンティティ――』（岩尾寿美子監訳）川島書店。

L・コールバーグ（一九八七）「「である」から「べきである」へ」、永野重史編『道徳性の発達と教育――コールバーグ理論の展開――』新曜社。

田中朋弘（二〇一二）『文脈としての規範倫理学』ナカニシヤ出版。

N・ノディングズ（一九九七）『ケアリング――倫理と道徳の教育　女性の観点から――』（立山善康・林泰成・清水重樹・宮崎宏志・新茂之訳）晃洋書房。

M・ハイデガー（一九九四）『存在と時間』（上・下）（細谷貞雄訳、ちくま学芸文庫）筑摩書房。

P・ベナーほか（二〇一五）『看護実践における専門性――達人になるための思考と行動――』（早野ZITO真佐子訳）医学書院。

P・ベナー&J・ルーベル（一九九九）『現象学的人間論と看護』（難波卓志訳）医学書院。

M・メイヤロフ（一九八七）『ケアの本質』（田村真訳）ゆみる出版。

読書案内

『現代倫理学の冒険――社会理論のネットワーキングへ――』（川本隆史、創文社、一九九五年）現代倫理学の見取り図が明確に示された先駆的著作である。本書では、第一部「現代正義論の構図」の中でギリガンのケアの倫理について論じられ、また第二部「応用倫理学の展開」でも、ケアが、介護・世話・配慮という観点から論じられている。

『ケア論の射程』（中山将・高橋隆雄編、九州大学出版会、二〇〇一年）ケア論の射程を、哲学、倫理学、法哲学、社会学、看護学の観点から論じた論文集である。ケア概念に対するハイデガーの影響の分析から始まり、日本思想におけるケア概念、ケアと正義、自律、パターナリズムとの関係、終末期ケアや看護ケア、高齢社会におけるケアの問題などを広範囲に論じている。

『ケアの社会倫理学――医療・看護・介護・教育をつなぐ――』（川本隆史編、有斐閣、二〇〇五年）ケアを個人の心理的な成熟の問題にだけ閉じ込めるのではなく、ケアと社会の境界をなす医療、看護、介護、教育を含む領域がどのように接合されるかを、それぞれの領域の専門家の立場から解き明かす。具体的な文脈のネットワークにおける、実践としてのケアに力点が置かれている。

『正義と境を接するもの――責任という原理とケアの倫理――』（品川哲彦、ナカニシヤ出版、二〇〇七年）ハンス・ヨナスの責任原理とケアの倫理を共に、非対称的な力関係に由来する規範に基づく倫理と見なし、それらが正義と権利に基づく倫理との対比の中で論じられている。この分野に関して、最も広範かつ詳細に論じられた必読文献である。

『生命・環境・ケア――日本的生命倫理の可能性――』（高橋隆雄、九州大学出版会、二〇〇八年）本書は、ケアを生命倫理学や環境倫理学の鍵概念とし、かつそれを日本文化のケア的な性質と重ね合わせて分析した点に高い独自性がある。第一部では、ケア概念の展開史を丁寧にたどり、日本思想におけるケア概念が探られる。第二部ではそれを踏まえて、生命倫理と環境倫理をめぐる諸問題がケアという概念から読み解かれている。

第2章　死と宗教はどのような関係にあるのか？

トビアス・バウアー

1　宗教の発生と死の起因とは？

「Incerta omnia, sola mors certa（すべては定めなし、確かなのは死のみ）」。これはアウグスティヌスに由来するとされている箴言である。死が人間存在上の事象であり、その到来があらゆる人間にとって不可避のものであることは紛れもない事実である。死という、この普遍的で一義的、かつ有無を言わせぬ強制的性格は、死を通して提起される存在論的問いかけに対する、古今東西を通じての人間の側からの種々様々の解答と克服戦略の多様性と好対照をなしている。これらの疑問に対しては、人間の側から種々様々なやり方で克服しようと試みることはできるが、最終的には死は人間にとって究めがたい現象であり、人間の心を絶えず悩ませ、結局はその想像力の限界を痛感させるものなのである。

科学の諸分野においても、死という現象は重要なテーマであり、様々な方法でこれに肉薄しようとされ、多角的な研究と議論の対象とされている。たとえば医学や自然科学の視点からは、死を生命の不可逆的な終結と定義した結果、死をあらゆる脳機能の不可逆的な停止としてとらえることが可能となる。生物学の視点からは、死という現象の進化生物学的機能について論じられうる。倫理学の分野においては、とりわけ死をめぐる諸問題、たとえば安楽死とか死刑などが中心的なテーマとなる。哲学や人間学的な面でも、死という問題に取り組み、人間は自分自身の死を知っている地上唯一の存在であるという事実にはどのような含意があるか、と問いかけることができるであろう。民族学とか社会学はと言えば、諸々の社会と文化における、死去すること (dying)、および死そのもの (death) をめぐる多様な受け取り方やそれに伴う儀式のことが研究される。

本章では、死という現象に対する（広い意味での）宗教学の視点を提示してみることにしたい。そのために、まず、宗教の起源を、死という現象に人間が対峙するという文脈の中に位置づけようという試み、とりわけ、自らの無常性（死すべき定め）に対処せざるをえない人間の宿命の中に、宗教を発生させる機縁をみようとする試みを提示することにしたい。さらに、死という普遍的な現象の起源と意味についての疑問に対する、宗教の側からの多様な回答にみられる広範な広がりを簡潔に類型化して概観してみることとする。その際、宗教と死との関係が強固かつ相関的なものとして言い表されうるものであることを明らかにしたい。

すなわちここでは、一方では、死という現象は宗教の起源の解明の試みに与って大いに力あるものだと言えるし、他方では、死という現象との対峙こそ、多くの宗教にとって、神話と儀式の中核となっているということを明確にすることを試みるつもりである。

2　死は宗教の起源なのか？

宗教の成り立ちを解明しようと試みる理論は、「宗教」を定義しようとする試みと同様に多種多様である。少なからぬ宗教発生論は、なんらかの形で死そのもの、その不可避性、それに対する不安、それに伴う儀式と関わり合っている。とりわけ一九世紀には、このようなアプローチが数多く見受けられる。死という現象から出発して宗教の起源を解明しようとする包括的な試みとしての一例を挙げれば、イギリスの民族学者のエドワード・バーネット・タイラー（一八三二―一九一七年）が提唱した進化論的な宗教起源論がある。タイラーは、彼が人類の宗教的発展の初期段階とみなすアニミズム（これはさらに進んで多神教となり、最終的には一神教へ至るのであるが）という彼の構想の中で、二つの経験からの演繹によって、「原始人」にみられる霊魂イメージが成立したと説明しようとする。その第一の経験とは死を経験すること、すなわち、生きた肉体が死体へと変ずる事実を目の当たりにすることである。第二のそれとは、――すでに死んでしまった人間を含めて――様々な人間がその中に登場する夢、幻覚、幻視の経験である。このことが、睡眠中や夢の中、そして病中では一時的に、死後には最終的に肉体を去っていく霊的な第二の自我の存在を「原始人」に納得させたゆえんなのである。(1) この霊的な第二の自我は、それが死に際して肉体から離脱してしまった後でさえ夢の中に現れる、というのである。つまり、これはさらに生き続け、自立した霊魂・精霊として活動し続けるのである。死を観察することから導き出されたこの霊魂・精霊という考えとともに、タイラーによれば（アニミズム的）宗教が始まるのであるが、これは、動物や事物にも霊魂・精霊が宿るとするものであり、それは死後も生き残り、生きて活動するという信仰観を展開させるもととなっているのである。

この時代の宗教の起源に関するタイラーの理論とその他の解釈アプローチが様々な批判にさらされ、とりわけ、証明不能の思い込みとして拒絶されたのは事実だとしても、それでも、今日に至るまで、宗教の始まりを死と結びつけて考えようとする試みは健在である。エジプト学者にして文化科学者であるヤン・アスマン（一九三八年―）の近年のアプローチでは、死を、単に宗教の起源を説明するためだけではなく、文化全般に引きつけて説明しようという試みを企図している。この命題を、彼は古代エジプトの文化を例にして論じるが、それにあたって、彼は死のイメージと、それに関わる一連の儀礼がいかにエジプト人の生きる世界と生活感覚全般を規定していたかについて例証している。[2]

アスマンの考察の出発点とは、一方で神々の知を具えながら、しかし他方では神々のような不死性を欠いているという、両性具有的存在としての人間を人類学的に分析し、診断することである。言い換えれば、その診断によれば、（神々が有しているような）神的な知と不滅性との組み合わせの結合モデルと、（動物が有しているような）無知と死すべき定めとの組み合わせの結合モデルがあるという。しかし、人間は、神の知を具えながら死を免れないという、また別の結びつきによって、——自らの過失のせいで——もともと予定されていた二つの結合モデルから抜け落ちた、というのである。こうした両性具有的存在としての人間というイメージを、アスマンは彼の人間学という文脈で読み取れる二つの古代オリエントの神話を手がかりにして説き明かしている。

バビロニアのアダパ神話では、アダパは、知恵の神である父のエアから知恵は受け継いだが、不死という属性は継承しなかった。南風が漁をしているアダパの漁網を破ったため、アダパは南風を呪詛する。神の英知を持つアダパの力のため、その呪いはきわめて強烈で、南風の翼をもぎ取ってしまうほどだった。それによってアダパは神々の王アヌの玉座の前に呼び出され、食事を供される。彼はエアから、これは死の食事であるかもしれないから、供された食事には手を触れないようにという忠告を受けていたため、この食事を拒絶する。しかるにこれは死の食事であるどころか、むしろ生の食事なのであった。というのも、神々は地上的存在が（不死という属性を含めて）自らが神の如き存在にはならぬままで、（自分にふさわしくない）神々の知恵を所有するという耐えがたい状況に、アダパを神の一人とする（すなわち、彼に不死を賦与する）ことによってピリオドを打とうとしたのであった。かくしてアダパにとって（すなわち全人類にとって）、知恵と死の不可避性というこの危うい結びつきが存続し続けているというわけである。

原罪に関する聖書神話も、人間を過大な知識と過少な生命を伴ったものと解しているが、これは不自然で、しかも人間自らの咎《とが》による状態である。「創世記」ではアダムとイヴは知識の木の実を食べ、それによって善と悪を見分ける神の英知を得ることになる。言うまでもなく、二人は生命の木からも食し、それに伴う不死性を得ることができるようになる前に、神によって楽園から追放されてしまう。

それにふさわしい不死性を欠いたままで神の知（バビロニア神話における天と地の秘奥、聖書神話における善悪の知識）を分かち合うというこの危うい状況に加えて、人間の場合は自らの無常性に対する自覚がある。この自覚が一面では人間を（自らが不死であるという、その自覚を欠く）神々と区別し、他面では――聖書神話の言葉で言えば――知識の木の実を食べず、それゆえ死を免れないという自らの運命についても何ら知るところのない動物たちと区別するものなのである。こうした状況は、アスマンによれば、維持しがたい状況、内的な不均衡、つまり「inquietudo animi（精神の不安定）」につながり、「時計の〈平衡輪〉と同様に人間を内面的に動揺させ続ける状況に陥らせる」[3]が、これは言い換えれば、文化創出の原点とみなされうる状況とも言える。

こうした人間学的理解はアルノルト・ゲーレン（一九〇四―一九七六年）による「欠陥存在」としての人間という、人間学的定義をとりわけ想起させるかもしれないが、それによると、人間は動物のような本能によって制御される行動の確実性、自然な装備や環境適応能力の欠如を、文化によって補完し、かくして自己形成の自由を内包する利点へと変じているのである。しかしながら、アスマンの視点の特異性は、その欠陥（およびその補完）を前面に押し立てず、文化創出の契機を余剰、すなわち、神々の世界に由来し、人間を生物の世界から疎隔させるところの知の余剰の中に位置づけていることである。つまりアスマンは人間を、なしうることがあまりに少ない存在ではなく、知ることがあまりに多い存在とみているのである。言い換えれば、アスマンは文化の本質を（欠陥存在理論のように）、生き残りの問題という視点から考えるのではなく、むしろ、死と無常性を自覚していること、すなわち、人間から均衡を失わせる元凶を認識しているということを念頭に置いているのである。死および自らの無常性についての人間の認識は、それゆえ「意義の中核」[4]となり、それぞれの文化の「起源と中心」[5]となるというのである。

過剰な知のために自然の秩序から脱落した人間は、自分が生きていくことのできる人工的な世界を創り出さなければならない。これが文化というものである。文化とは死と無常性を知ることから生まれてくる。それは、一つの空間と一つの時間を創り出そうとする試みであるが、この空間と時間の中で人間は限定された自らの生活圏を乗り越えて思考し、その行動、経験、プランニングの糸をより広い達成の地平、次元へと引き伸ばすことが可能となる。ここに至ってようやくその意義欲求は充足を得、悲痛な、それどころか耐えがたいほどの、自らの存在の限定性とか断絶性という自意識が安らぎを得るのである。不死、さもなければせめてわれわれの地上生活という、あまりにも狭小な地平を越えたある程度の持続という幻想でもなければ、人間は生きていけない〔…〕。〔…〕死、あるいはより正確に言えば、われわれの無常性についての認識こそが、第一級の文化発出装置なのである。われわれの活動の重要な部分、他ならぬ芸術、科学、哲学、慈善といった文化的に重要な部分こそ、不死への欲求、自我と生存期間という限定を突き抜けたいとする欲求に由来するのである。[6]

人間に本来備わっているこの不死願望を文化（および宗教）の面で生産的に克服することによって、われわれは数千年にわたる時間的地平のみならず、場合によっては彼岸的空間を切り拓くこともできるが、しかしそれは、かならずしも魂の不滅の考えにつながるわけでもない、とアスマンは強調する。これは転じて、たとえば、子供たちやそのまた子供たちとか、あるいはまた、創作者の生命を超えて文学、芸術作品の中に生き続けるという願望の形で表されうる。いずれの場合でも、この克服戦略が多種多様な形を取ることは古今東西変わることがない。

自らの無常性と向き合うことから発生する、人間の自己超越の試みの幅広さを、アスマンはなかんずく、古代イスラエルおよび古代エジプト文化における人間の生存期間の枠を超えた達成と意義の地平の様々な位置づけを例にして提示する。かくしてたとえば、古代エジプトの場合のように、個々人の生存期間を超越する意義の地平は、彼岸の世界に位置づけることができるのである。古代エジプトにおいて、努め励むべき価値があるとみなされた彼岸という肯定的な意味を内包したイメージが不死への信仰と結びつけられ、記念碑的な文化という形で物象的に明示されたのはその好例である。これに反してアスマンは、古代イスラエルの文化を「ネガティブな彼岸像[7]」の一例とみているが、そこでは死そのものが空間化されていて、それゆえ、此岸の生の意義、あるいは到達の地平として機能しえないのである。永続と自己超越への努力は、それゆえ、歴史の中に生き続けるというイメージの中で、子々孫々という世代の継承という形で示されてきたのである。

若干ニュアンスは異なるが、文化と宗教の起源に関するアスマンの人間学的診断と位置づけは、進化生物学の視点からも首肯されうるであろう。というのは、両方の見方ともその出発点は結局、知の過剰、つまり、文化と宗教を誘発するものとして、存在論的緊張関係を背景として、自らの無常性を多難なものとして意識するようになったことに由来するからである。

その際、たとえば生物学者ベルンハルト・フェルベーク（一九四二年―）の説くような進化生物学によって確認された緊張関係は、神話学的に裏打ちされ、下支えされたアスマン流の、神的な知と死すべき定めとの間のせめぎあいではなく、むしろ生物学的に植えつけられた生存意欲とプログラムとして埋め込まれた死の強迫との間の緊張関係なのである。両方の要素とも「進化上の最適化過程[8]」の結果なのである。つまり、人間の生存意欲は進化理論的に、とはすなわち、自らを再生産するために十分長期間生き延び、子孫の生へのスタートを支援することができるようにする必然性によって説明がつくだけではない。死の強制、つまり、個々の人間の遺伝学的にプログラム化さ

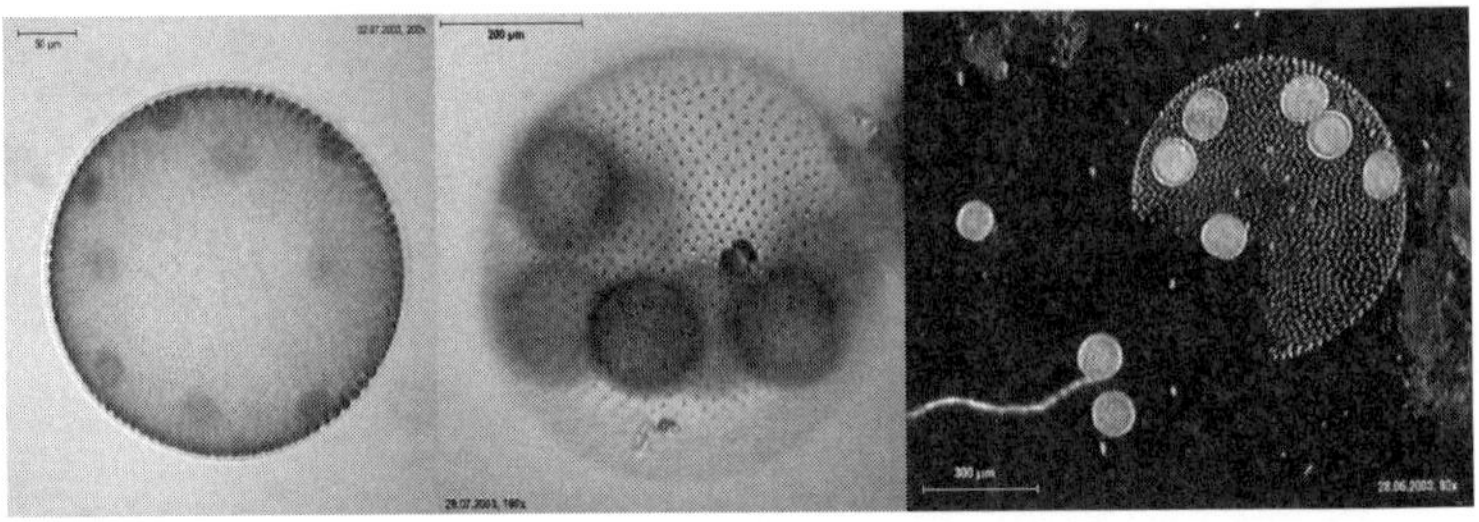

緑藻のボルボックス
親個体内で十分に成熟した娘個体を外界に放出するために、親個体の体細胞の層は破れ、細胞死を起こす。（つまり、娘個体が生まれるためには、親個体の死が前提となっている。）

れた肉体上の死も次のように説明がつく。それは「逆説的な生の術策」[9]というわけである。なかんずく、潜在的かつ仮定的な不死性は——ハンス・パウル・シュヴェーフェル（一九四〇年—）の数学的手法に基づく実験結果によれば——自らの子孫の進化能力を阻害し、最終的に遺伝プログラムの消滅へと至る。遺伝プログラムを子孫に伝達することに成功した後の個々人の死、およびそれによって可能となった、変容して革新された遺伝プログラムを試すことにおけるより迅速なサイクルは、これに対して、進化論的にみれば一つの有利な必然性、一つの「成功戦略」であることが立証される。[10]それゆえ、おそらく、高等有機体を潜在的に不死のものとしてプログラミングするのは、自然にとって不可能というのではなく、「進化上の最適化過程」の結果なのであろう。[11]

（「死を通じたより多くの生」という）この逆説的な緊張関係につけ加えられる人間固有の無常性についての認識は、——人間の誤った行動が起因だとするアスマンの神話学的説明とは違って——進化理論的には、人間の自己省察に対する解剖学的な前提が展開することによって、次のように根拠づけられうる。「死の強迫と生への衝動との間のこの緊張関係は、進化における成功レシピであった。しかし、人間の脳が自らの無常性を不可避的に自覚するほどの能力を備えるようになって以来、死が課題となり、宗教儀式のライトモチーフ、宗教の起源となるに至った」[12]。かくして、こういう視点は、生存意欲と死の強迫との間の緊張関係が生物学的地平における進化の成功レシピであるだけではなく、人間の文化および宗教に関しても同様であることを明らかにするのであろう。人間の持つ宗教性そのものが進化理論の視点からみて、どの程度まで「生存競争」の面で有利に働くと確認されうるか、という議論については、ここでは立ち入ることはできない。しかしながら、いずれにしても、アスマンと同様、こうした進化生物学的認識も、自己超越への欲求とか、人間が自らの無常性を知り、それに対して向き合わざるをえない必然性と結びついた、逆説的、ないしは危うい実存的な緊張関係から宗教が生まれてくるとする見方を、宗教の起源としての死に対する、ありうる見方として解することが許されるだろう。

3　人間はなぜ死ななければならないのか？

さて、諸々の宗教の側からは——それを死との対峙から生じてきたものと解するにせよ、否であるとするにせよ——死をどのように解釈しているのだろうか？　人間はなぜ死ななければならないのか？　人間の身にはその死後どんなことが起こるのだろうか？　死者たちは何らかの形で生き続けるのだろうか？　もし、そうであるとすれば、もしかして舞い戻ってくることがあるのだろうか？　彼らと交流することができるのだろうか？　死は最終的なものなのか？　それとも、単なる一つの通過現象であり、克服されうるものなのか？　此岸および彼岸における出来事を制御して正しい軌道に乗せるために、生者たちのいかなる振る舞いが死を必要とするのか？

こういう疑問はすべて、大半の宗教において核心的な意味を持つものと思われる。しかしながら、以下の考察においては、人間の死後の運命と、死に伴うべき適切な儀式の問題は除外して、その代わりに、範例として死の起源と意義の問題を考察の中心に据えることにしたい。これを手がかりにして、死が突きつける根本的な問いかけに対する諸宗教の種々様々な神話学的な解答の幅広さと多様性を例示してみることにする。なぜ死なななければならないのかという疑問は、とりわけ、人間はもともと楽園で生活しており、死とは無縁の存在であり、そこに予測不能の出来事によって死が入り込んできたと想定されている場合に、その死の起源に関する問いへと転化する。その場合、物事の元来の状況を終決させるべく忍び寄る死は、特に説き明かされる必要がある。宗教学者たちはそれらの説明の際に供する起源神話を類型化しようと様々に努めてきた。ミルチャ・エリアーデ（一九〇七―一九八六年）の『宗教百科全書』中の「死」の項目の中で、宗教学者にして詩人であるテオ・ヴァン・バーレン（一九一二―一九八九年）は、神話の形で収められている死の起源に関する様々な宗教による説明を八つのパターンに類型化している。(13)

（1）人間の天命としての死

それによると、第一のパターンは、死を――神の欲し給うたという意味で――人間の自然な宿命としてみるところにある。『ギルガメシュ叙事詩』は、おそらく、こうした視点を代表するものとして最もよく知られたものと思われるが、これはウルク王朝の王ギルガメシュの生涯、その英雄的行動と冒険、その同伴者エンキドゥに対する友情、エンキドゥの死とギルガメシュの不死への探求を伝えるものである。その旅路と冒険、不死探求の挙句、ギルガメシュは不死は神々のためにのみ取っておかれるものであり、生と死滅こそが人間の領分であることを悟らざるをえないのである。

親友の死というトラウマとなる体験がきっかけとなって、死の不可避性についての（アスマンの言い方を借りれば「過剰な」）知が、ギルガメシュの人生の軌道を狂わせ、不死への探求に駆り立てるのである。

ギルガメシュは心の友エンキドゥを思って
悲痛の涙を流し　草原をさまよい歩く。
「俺も死ぬのだろうか？　エンキドゥのようにはならぬのだろうか？
悲しみがこの心に居ついてしまった！
俺は死を恐れ始め、（それで）草原をうろつき回る〔…〕」。[14]

ギルガメシュがエンキドゥを亡くした悲しみと、自らの死への不安を訴える相手となる居酒屋の酌婦シドゥリは彼に、永遠の生を求める彼の思いのむなしさを説いて、次のように歌う。

ギルガメシュよ　どこへ向かって駆けて行こうとなさるの？
あなたがお探しの生はきっとお見つけになれないことよ
神々が人間をお創りになった時
人間には死を定め
生の方は自らの手にお残しになったのですもの！[15]

それゆえ、人間には自分の天命を受け入れ、人間は死すべきものであるという神々の意志に従うほか、道は残されていないのである。この世の生を楽しみ、自分の名前が子孫たちの中に生き続けるのを望むのが人間にとって唯一の選択肢なのであるという。

ギルガメシュよ　そなたのお腹は満たされよ
昼と言わず　夜と言わず　楽しみ興ぜられよ
日ごと　楽しみの祝祭を催されよ
昼となく夜となく　踊りたわむれられよ
お召し物は清らに　御髪《おぐし》は洗い　湯浴みせられよ！
お手元の子には目を注ぎ
奥方には抱きあう歓びを恵み給え
それこそがこの世に生きる
人間の定めだもの[16]

（2）神あるいは神話的存在の死とともに始まった死

第二のパターンは、人間の死の原因を神的なもの、もしくは神話的な存在の死に帰せしめる。かくして、たとえば、北アメリカのシュスワップ族の神話は、摩訶不思議な力を持ち、善良な心の持ち主で、しかも賢明であった偉大な酋長について語り伝えている。この時代、人間たちは死ななかったのであるが、死因は不明ながら、その偉大な酋長の息子の死以来、死が入り込んできて、人々の死滅が始まったのである。[17]

しかし、暴力による神的なものの死もまた人間にとっての死の始まりを伴いうる。民族学者のアドルフ・エレガード・イェンゼン（一八九九―一九六五年）はニューギニアに由来する概念をよりどころにして、未開民族の世界観の中に登場してくる原始時代の生き物全体を「デマ」、原始時代の神的、創造的な形姿をしたものを「デマ神」と名づけている。[18] 彼はデマ神が、他ならぬそのデマの手によって抹殺されることを決然たる創造的事象とみるが、それによって人間の無常性を含めて世界のあらゆる重要な現象が生起し、かつ秩序立てられるというのである。

「原始時代の終焉とともにデマの存在も終わりを告げる。不死に取って代わるのが無常の現世的な生であるが、しかし、これには、繁殖能力、食料を必要とする、生を消滅させる存在形式も付随する。抹殺されたデマ神は自ら食用植物に変身するが、しかし、それは、最初の死出の旅に出ることでもあり、自ら死者の国に転出し、その似姿は地上における祭礼の館となる。それと並んで、デマ神は月となって天に昇り、消滅と再生によってその度ごとに甦ってくる生のシンボルとして出現するという言い伝えが繰り返される」[19]。

(3) 神のいさかいの結果としての死

死の起源に関する神話の第三のパターンも人間の死を神々の責めに帰すが、より正確には、死を個々の神々の間のいさかいの結果ととらえる。その一例は韓国の仏教文学、神話的な『創世歌』の中にみられる。『創世歌』の起源はもともと口承によるシャーマンの伝統にまで遡る。『創世歌』は、折衷的に仏教の要素も取り入れたが、至る所で正統的な仏教思想とはそぐわないような解釈も見受けられる。この歌は世界と、人間の文明の創造を描いているのみならず、苦しみと死がもともと楽園であった世界に侵入してきた経緯についても説き明かしている。

まず最初に、『創世歌』は中国の宇宙観に依拠しながら、天地開闢《かいびゃく》による世界の創造を説く。しかしながら、その創造者としては（仏教の正統的なとらえ方では未来仏である）弥勒《みろく》が仮定され、これが人間たちに衣類や調理した食料といった文明の基本となる物を仲介するのである。このことが、弥勒を通じた天の助けによって創造された人間を、事の始まりから楽園的な状況における文明化された存在たることを可能にしたゆえんである。この状態は釈迦牟尼《しゃかむに》の登場によって阻害されるのであるが、彼は弥勒から世界の支配権を剝奪しようと熱望するあまり、謀略を用いることも辞さない。夜中、その膝に花が開いたものに世界の支配権を委ねるという協定を結んだが、釈迦牟

パンドラ
(ダンテ・ゲイブリエル・ロセッティ、1878年)

尼は謀《はかりごと》をめぐらし、眠っている弥勒の膝から花開いているその花を盗み取って、自分の膝の上に置く。世界創造者の弥勒が論争を放棄し、釈迦牟尼が世界を手にした後、苦と死がこの世に入り込んでくる。今やいずれの家にも寡婦がいて、病める者を癒し、死者たちの魂をあの世に送り出すために、シャーマンが必要になってくる。[20] 正統的な仏教的時間軸では、弥勒の時代は未来の浄福の楽園であり、釈迦牟尼は二五〇〇年前に生まれたとされているが、この神話においてはその時間軸が逆転している。しかし、それでもこの神話において、(過去の)弥勒の時代は楽園的状態とみなされているのに対し、釈迦牟尼の時代、すなわち、この現世は病、死、苦と結びつけられたままであり、これは正統的な仏教的解釈と一致している。韓国学者のボーデウィン・ワルラーヴェン(一九四七年―)の見立てでは、上述した、相反する二つの神の争いの結果として死が現世へ侵入することは、韓国およびアジアの枠を超えて広く波及している、グローバルな神話的伝統だというのである。[21]

事実、死の起源を二つの神的な存在の対抗の結果とみるこうしたイメージは、たとえばギリシャ神話の「パンドラの箱」の中にも読み取ることができる。仮にこの神話が神の指示に対する不服従の要素も含んでいるのは無論だとしても(後述の3(7)を参照)、その背景には、神々の父ゼウスと巨人プロメーテウスとの間の衝突が大本の起因として厳存しているのである。人間の守護者をもって任じるプロメーテウスが犠牲《いけにえ》の義務を確定する際にゼウスを騙したばかりに、その結果、人間たちは犠牲の動物の食せない部分だけを神々の前に供せざるをえなくなり、肉の方は人間たちの手元に残されることになった。それを見て、ゼウスは報復して、人間から火の使用を取り上げてしまい、彼らは動物の肉を享受することができなくなる。これを見てプロメーテウスは天上から火を盗み取って、それを人間たちに手渡しする。これに対してゼウスは復讐して人間にその心を惑わせる贈り物をする。これがパンドラという女性であり、あらゆる警告にもかかわらず、プロメーテウスの兄弟エピメーテウスによって受け入れられ、結局、「パンドラの箱」が開けられ、それによってこれまで人間が免れていた（病と死を含む）あらゆる悪がこの世に忍び込んでくるのである。

（4）神の欺瞞または怠慢の結果としての死

しかしながら、神的な存在者たちの間の不和が死の起源と解されうるのみではなく、一人の神的な存在の軽率な不注意もまた人間の死の源泉へと化しうるのである。神の軽率または不手際の結果としての死という考え方は、たとえばメラネシアの神話の中にみられるが、それによると、クァットという神はまず最初に三人の男と三人の女を創った。彼はそれを一本の木から切り出し、それに続いて三日間、木々の間に隠し、最後に踊りと太鼓の音によって生命を吹き込んだ。クァットの敵役マラワが全く同じようにして人間たちを創ろうと試みさえしなければ、人間たちは不死のままであり続けたことであろう。しかし、マラワは自分の創った人間たちを三日間地中に埋めた。それを再び掘り出した時には、彼らはすでに死んでいた。こうして、死がこの世に入り込んできたのである。[22]

神のだらしがなく不器用な使者というモチーフも、様々に形を変えて登場する。これらの神話の中で「しくじったメッセージ」[23]といったふうに特徴づけられるようなものの根底には、最上位に位置する神は人間たちに不死を告げ知らせようとするのであるが、下位の神の使者（大半は動物）のいい加減さと手際の悪さから、これらの計画がぶち壊されてしまうというイメージが横たわっている。ウテ族の物語によれば、神はカメレオンを人間たちのもとに遣わして、彼らが永遠に生き、決して死なぬであろうというメッセージを伝えさせようとした。そのカメレオンは道を急がず、髪飾りを手に入れることを優先するなどして、一四日もの時を数えた。その間に、この使いのことを聞き及んだ蛇が自ら人間たちのところへ出かけて行った。その蛇は人間たちに、神が自分を遣わしたのは「汝らは死して、甦ることはないであろう」というメッセージを伝えさせるためであると語った。死神はそれを聞いて喜び、早速その仕事に取りかかった。カメレオンがようやく辿り着いた時にはもはや手遅れであった。この知らせはもはや取り消しは叶わず、かくして人間たちはこの時から死を免れなくなったのである。神は蛇を呪い、人間たちは見つけ次第それを殺せと言われ、カメレオンもまた人間たちから軽んぜられるがよい、とされたのである。[24]

ヴァン・バーレンによれば、人間たちが神あるいは神話的な存在に意図的に騙されることを死の出発点とみる説明もまた、全く同じパターンに入る。よく挙げられる例としては、とりわけ北米インディアン神話の中でコヨーテの姿で見受けられるような、「トリックスター」（詐欺師）という相反的な人物像である。その能弁と計略によってコヨーテは、人間たちがもともと不死であった世界に死を持ち込むことに成功する。この死の持ち込みは永続的、不可逆的、かつ例外なしである。すなわち、多くの神話においてコヨーテ自身、結局は自分の息子の死に涙するほかなく、死の導入はもはや後戻りさせられないのである。[25]

（5）人間の不完全性の結果としての死

人間世界への死の侵入は、しかしながら、――神による宿命、あるいは、神々の側における死、戦い、欺瞞や怠慢の形を取るにせよ――必ずしも一律に神的なものにおける原因に帰せられなければならないわけではない。これまで論じられてきたパターンが死の起源を神的なものの中に位置づけていた一方で、以下に列挙する類型は、死を人間の側に、つまり、その不完全性、その罪過、あるいは人間自らの意志に帰するような起源に関する考え方を含んでいる。

これらのパターンの第一においては、人間の不完全性、不十分性の結果としての死の必然性が露わになる。死の侵入はこれでもって人間には責めが全くないというわけでもないが、ここでは神に対する不服従、明示的な神の命令に対する違反の度合いが決定的というよりも、むしろ、人間の本質的な欠損の方が大きいということによって、たとえば、下記３（７）で挙げるパターンとは区別される。このパターンにおける神話の多くは、死の起源を人間の眠り、または寝過ごしというモチーフと結びつけているが、民族学者でアフリカ研究者のヘルマン・バウマン（一九〇二―一九七二年）も「寝過ごされた不死性」について触れている[26]。

ルワンダのある神話は、神イマナが人間に良き知らせをもたらしたいから、一晩中起きているように命じた様子を伝えている。しかしながら人間は、起きたままでいることができず、一番鶏が時を告げる頃には眠り込んでしまった。イマナが人間に声をかけた時、家にいた蛇が人間に代わって返事をした。イマナはその蛇を人間だと思い込んで、こう語りかけた。「汝は死ぬだろう。だが、汝を甦らせてやろう。汝は年を取るが、新たな皮膚を得るだろう、汝も、汝の子供たちも、そのまた子供たちも[27]」。翌日の朝、その人間はイマナの許に赴き、自分は何の知らせも受け取らなかったと伝えた。しかしながら、蛇がすでに永遠の生を手に入れていて、このことはもはや後戻りができないことであった。かくして、イマナは人間に向かってこう語った。「汝らは出会い次第その蛇を殺さねばならない。だが、汝らは死なねばなららず、重い仕事を果たさねばならぬ[28]」。

結果として無常性が生じる、もう一つの人間の不完全性として、ヴァン・バーレンは物忘れしやすいこと、ないしは、言語コミュニケーション能力の不足を挙げる。インドネシアのセンタニ湖地域に伝わる一つの神話は、最初の人間たちは永遠の生の秘密を伝えようとする父親の言葉を解することができなかったと語る。この父親が死んだ時、彼は翌日にはもう生き返ってきた。彼はこの秘密を（今や脱皮できるようになっている）蛇やその他の動物たちに伝えようと試み、彼らによって理解された。しかしながら、彼が彼らにこの秘密を伝えた時には、自分自身がそれを忘れてしまった。かくして、彼は改めて死なねばならなくなったが、今回は最終的なものとなった。それとともに、人間たちにとっては、不死は手に入れがたい秘密のままであり続けているのである[29]。

(6) 人間の誤った決断の結果としての死

死の起源に関する神話の第六のパターンも、死の起源を人間、とりわけ、後になって誤りと判明した、人間によって下された決断によるものとしている。ジェームズ・ジョージ・フレイザー(一八五四—一九四一年)が提唱した「致命的な包み」あるいは「致命的な箱[30]」というモチーフを含んでいる神話もここに分類できるであろう。人間には神より二つ(またはそれ以上)の包みとか箱が手渡され、その中から一つを選べと言われる。その一つには死、もう一つには生が入っている。不運にも、人間は死の入った包みを選んでしまい、それによって死がこの世に入り込んでくる。たとえば、上部コンゴに伝わる神話は次の通りである。

ある時、一人の男が森で働いていると、一つは大きく、もう一つは小さい、二つの包みを持った小人がやってきて、こう言いました。「お前さんはこの包みのうち、どっちを貰いたいと思うかね?」(大きい方の包みを取り上げながら)「こっちの方にはナイフや姿見の鏡や着るものなんぞが入っとるし」、(小さい方を取り上げながら)「こっちには不死の命が入っとるんじゃが。」一方の男は、「わしには自分で選ぶことなどできやせん。わしゃ出かけて、町の他の人たちに聞かなきゃならんのじゃ」と答えました。彼が町へ出かけている間に、何人かの女がやってきて、その選択は彼女たちに委ねられました。彼女たちはナイフの刃先の切れ味を試し、衣類を身にまとい、姿見に映った自分の姿に見とれたりして、何の苦もなく、大きい方の包みを選びました。さっきの小人は小さい方の包みを拾い上げると、姿を消してしまいました。木こりの男が町から帰ってみると、小人も包みも両方ともなくなっておりました。女達は手に入れたものを見せびらかし、それを分け合いました。しかし、こうして地上では死がいつまでも続いていくようになりましたとさ。[31]

この神話の一つの変種では、選択というモチーフが蛇の脱皮と結びつけられる。それによれば、人間たちと蛇以外のすべての動物たちは、提示された包みの中から死の包みを選んだが、蛇のみが生の包みを選択した。それ以来、人間たちと動物たちは死すべき定めを負い、蛇だけは古い皮を脱ぎ捨てることによって若返ることができるようになったのである。[32]

(7) 神に対する人間の不従順の結果としての死

上述の死の起源神話のパターンにおいては、この世に死を呼び込むという人間の誤った決断が多かれ少なかれ偶発的に下され、あるいはまた、人間の軽率、好奇心、だらしなさ、または単純さに左右されているのに対して、第七のパターンには人間が故意に下した、誤った道義的な決断が含まれており、それでもって、人間は意識して神の意志に逆らい、自分に課せられた命令やタブーを破り、自ら責めを負うことになる。神は人間たちに死をもたらすことによって、これを罰するのである。

ヴァン・バーレンはそれについてこのパターンの三つの変種を挙げている。その第一のものは、神に対する不従順のせいで人間の背負わされた罪に死の起源を求める。死の発生と原初の楽園の喪失という結果に終わる、あの「創世記」に述べられている人間の原罪は、こういう文脈で読み取ることができる。

蛇に誘惑されて、人類最初のカップルであるアダムとイヴは知識の木から禁断の果実を食べるが、これは神によって死罪をもって禁じられていたことであった。「主なる神は人に命じて言われた。〈園のすべての木から取って食べ

アダムとイヴの原罪とエデンの園からの追放
（システィーナ礼拝堂天井画、ミケランジェロ・ブオナローティ、1509年）

なさい。ただし、善悪の知識の木からは、決して食べてはならない。食べると必ず死んでしまう。〉」（「創世記」二章一六―一七節）。神は人間の不従順に気づいた後、その罰として楽園から追放する。イヴはそれから後、苦しみもがきながら子供を産み、アダムは以後、過酷な農作業によって日々の糧を得なければならなくなる。死の導入は比喩的に「塵に返る」と描写される。「神は女に向かって言われた。〈お前のはらみの苦しみを大きなものにする。お前は、苦しんで子を産む。お前は男を求め／彼はお前を支配する。〉神はアダムに向かって言われた。〈お前は女の声に従い／取って食べるなと命じた木から食べた。お前のゆえに、土は呪われるものとなった。お前は、生涯食べ物を得ようと苦しむ。お前に対して／土は茨とあざみを生えいでさせる／野の草を食べようとするお前に。お前は顔に汗を流してパンを得る／土に返るときまで。お前がそこから取られた土に。塵にすぎないお前は塵に返る。〉」（「創世記」三章一六―一九節）。

死の起源神話の枠内における「禁断の果実」というモチーフは、コンゴのルバ族にもみられる。神は人間の食用に供しようと、楽園内にありとあらゆる食物を作ったが、畑の真ん中にあるバナナを食することだけは禁止した。人間たちは試され、バナナが運んでこられたが、彼らは禁令にもかかわらずついにそれを食べ尽くしてしまう。ここでも神の裁きとは、働き、そして死ぬという人間の劫罰となる。(33)

このパターンの第二の変種にも死の起源には神の掟に対する人間の不服従が根底にあり、この場合は性的タブーの侵害という特殊なケースによるものとしている。

西アフリカの神話は、アバッシとアタイという神々の夫婦のことを物語るが、彼らは人間たちを天上から地上に派遣してそこに住まわせようとする。人間が不遜になり、神々を忘れかねないという不安から、人間は働かなくてもよいから、食事は天上で取るようにと指令される。その人間には一人の女性が添わせられるが、しかし、——ここでも人間から忘れられるかもしれないという神々の不安から——同衾は禁ぜられる。「女（アタイ）は彼（アバッシ）に向かって言う。〈人間が一人で生きるのはよくない。彼には妻が必要である。夫は妻とともに生きるのが正しく、妻は夫とともにあるのがふさわしい。〉アバッシもそれに同意して、アタイに応える。〈そうであるべきだろう。だが、もしその男に一人の女を与えて一緒に住まわせれば、子供たち、つまり男の子たちと女の子たちが生まれてきて、その数が多くなり、多くなってくると人間たちはわたしのことを忘れてしまうようになるだろう。〉妻はそれに答えて言う。〈よろしい。それでは、彼らをそこに一緒に住まわせ、ただし、（寝る時には）同じマットを使わせないようにいたしましょう。〉アバッシもこれに同意した[34]」。

しかるに、この一対の男女は、ある女性の友人の助言に惑わされて、天上に通う労を惜しんで、畑を開いて、耕しはじめる。このようにして二人は、神の禁令の一つを犯した挙句、やはり禁じられていた同衾までしてしまう。「その同じ日に彼らは夕食を取ろうと天上に赴くが、帰宅して、妻はいつものように、自分のマットの上で横になり、夫も自分のマットの上で横になった。夜半過ぎに夫は立ち上がり、妻の方に近づいて行く。〈アバッシ神が怒るでしょうよ〉と彼女が言う。〈そんなことはないだろう〉と彼が言う。〈万が一怒ったところで、俺たちゃどうせ畑を耕して、ご法度破りをしちまったんだ。こうなりゃ、他のご法度も同じだ。〉妻はしばらく逆らってはみたものの、結局は言いなりになってしまう[35]」。

その妻は妊娠し、男の子を生み、その後に女の子を生むが、その双親は結局、もはや天上に食事に行くことはなくなる。これに応じて、神々は人間たちに死を差し向ける。「その同じ日にアバッシはアタイを呼び寄せて声をかけ、こう語る。〈今こそ見るがいい、俺の言っていた通りになったではないか。人間の奴め、あいつが俺のことを忘れなかったとでも言うのか？〉〈放っておきなさいな〉とアタイは応じる。〈私に任せておきなさいな。私がけりをつけてあげるから〉と言って、アタイは死神を送り込む。死神がやってきてまず夫を殺し、次に妻を殺し、結局双親を殺してしまい、子供たちだけ取り残され、彼らは手を携えて生きていく。ともに生きてはいくが、どうして彼らには安らぎと平安が恵まれないのか？　どうしていがみあうのか？　どんな理由があるというのか？　それでもやはり、彼らはいがみあう。アバッシの伴侶アタイが、彼らの父親が悪を犯したために、子供たちの間にいさかいを生じさせ、死とありとあらゆる悪を招き寄せたからなのである(36)」。

このパターンの第三の変種は、死の侵入をもたらす人間の罪を殺害行為に関連づけている。しばしば、原初の死とは無縁の状態が想定されるが、それが最初の死、多くの場合では（神話的な存在に対する）殺害行為によって乱される。この最初の死によって、死がこの世の強固な構成要素となり、すなわち原初の死と無縁の状況が誕生と死去の繰り返しに取って代わられるのである。

この実例となるのが、セラム島の娘ハイヌウェレに関わる殺人の神話である(37)。太古の昔、娘ハイヌウェレ（語義はココヤシの枝）がココヤシの葉から生まれてきたが、その葉は花を切ろうとして指を切ってしまった養父アメタの血にまみれていた。ハイヌウェレは用を足す時に、宝物を産み出す能力を具えていた。これによって、父のアメタは大金持ちになった。その頃、夜間にマロ踊りが催されたが、その際、踊り手たちは中心の周りに螺旋を描き、踊りの輪に加わっていない女たちはその輪の中に座って、踊り手たちに檳榔子を差し出す。この役割を割り振られていたハイヌウェレは、しかしながら、その代わりに踊り手たちに宝物を与えた。その宝物の価値は夜ごとに高まっていき、人間たちにとってそれは不気味なものとなった。彼らは集まってきて、話し合いをした。彼らはハイヌウェレがそのような財宝をまき散らすことができるのを非常に妬ましく思い、彼女を殺そうと決議した。次の夜、ハイヌウェレは再び踊りの場の真ん中に立たせられた。そこには人々によって深い穴が掘られていた。螺旋を描きながらゆっくりと回る踊りの動きにつれて、ハイヌウェレはその穴の中に追い立てられ、投げ込まれた。踊りの歌はハイヌウェレの叫び声を圧倒し、彼女の上には土がばらまかれ、踊り手たちは踊りの足取りで穴の上の土を踏み固めた。父親アメタはハイヌウェレを探しに出かけ、ついに彼女を掘り上げたが、彼女はすでにこと切れていた。アメタはハイヌウェレの死体を切り分け、地中に埋めた。しかるに、分割して埋葬されたその亡骸はとりわけ、その当時は未だ地上に存在していなかった球根状果実などと化し、それ以来、人間たちはそれを主食にしてきたのである。ただ、ハイヌウェレの両腕だけは、アメタは最初の人間たちの上に君臨していた女のムルア・サテネのところに持って行った。彼女はこの殺害行為を目の当たりにして、人間たちに怒りを覚えた。彼女は人間たちを集合させた。彼らはマロ踊りの九重の螺旋に対応する迷路模様の通路を通ってこなければならないようになっていたが、彼女はそうして集まってきた人々をあのハイヌウェレの両腕で打ち叩き、その結果、人間たちは死の刻印を押された。つまり、人間たちは無常のものとなったのである。しかるに、この一連の儀式を免れた者は動物とか精霊に変身させられた。かくして、豚や鹿や鳥や魚や、地上を徘徊する多数の精霊たちが生まれ出てくることになった。最後にムルア・サテネは、人間たちのもとを立ち去り、死の山であるサラフア山上の死者たちの王国の支配者として君臨することになった。人間たちに向かって彼女はこう語った。「私はもうこれ以上ここにいたくはない。それも、お前たちが人を殺した

アドルフ・エレガード・イェンゼン『ハイヌウェレ』(1939年）の装丁

からなのだ。〔…〕私は今日のうちにもお前たちのもとから立ち去るが、お前たちはこの地上で二度と再び私の姿を目にすることはないだろう。お前たちが死去した暁には、また私の姿を目にするだろう。だが、その時でも、私のところに行き着くまでには、お前たちは苦難の旅路を辿らねばならぬのだ[38]」。

この神話で注目に値するのは、死の起源のみならず、重要な有用植物の発生までもが太古の最初の殺害行為と関連づけられていることである。

（8）人間自身の要望に応じて導き入れられた死

死の起源神話にみられる八番目にして最後のパターンとして、ヴァン・バーレンは、人間自身が死を希求するというケースを挙げている。その点で、この神話のパターンは、死すべき定めがこの世に招き入れられたことがネガティブな意味合いを含むものとはされず、先行する過失、怠慢、罪過等々とも関連づけされていない限りにおいて、上述のパターンとは一線を画すものである。このパターンの神話は、人類全体あるいは個々の人間の願望で、死がこの世に導き入れられていくことを伝えている。人間の死への願望のよってきたるゆえんとは、たとえば、地上生活の労苦に疲れ果て、そこから救済されたいと願うところにあると言うことができる。その一例には、西アフリカのヨルバ民族の神話では、人々は昔々は死ぬことがなかったと語られることがある。人間たちは途方もない大きさまで成長したが、年を取ってくると再び縮こまって、ついには子供たちと同じくらいに小さくなり、最後には石に変身させられてしまった。「かくして今や実に多くの老人たちが這い回るようになり、オロルンに乞い願って、この長い生から解き放ってくれと願いました。オロルンはそれに応じ、こうしてようやく最高齢の老人はことごとく死に絶えました[39]」。

神に死を招来するようにと要請する人間の側にとってのもう一つの動機というのは、人間が不死であることの結果として生じる人口過密の状態を避ける必然性に対する人間の洞察があるものと思われる。ザンベジア地方に由来する神話の伝えるところによれば、太古の昔、死は単にたとえば戦争、猛獣の侵入、殺人とか死刑などといった暴力の結果としてのみ知られていた。人間の生は、原則的には、時間的に制約されたものではなく、子供たちは成長していき、年を取って老衰することもないままに大人になっていったのである。それと結びついた人口増加、および食料その他の資源不足の見通しに基づいて、人間のリーダーたちは使者を精霊たちの世界に派遣して、人間の生を時間的に制限してもらうよう要請することに決した。神話曰く、「彼らは議論を重ねた末、次のように決断した。すなわち、なすべきことはただ一つ、精霊たちの世界の関心を、急速に増大して耐えがたいまでになっているこの状況へ向けてもらい、一定期間の後、自然な方法で、天上界の一員となる資格を与える許可を認めてもらう、というものであった[40]」。この請願は聞き届けられた。使者は戻ってきて人間たちに死の秘奥を手渡した。

4　死の起源への問いかけ——宗教を産み出す、失われてしまった不死を求める人間の探求——

一方で古今東西における種々様々な死の起源神話を論じ、他方で、ここで例示的に紹介されている神話の類型化の試みを論じることによって、以下の三つのことが明らかになってくる。

その第一とは、ここに提示された分類方式の不完全さが浮き彫りになることである。かくして、当該の宗教史的資料の中には、独自の考察に値したかもしれない、多数の、広範にわたる、死の起源に関する説明がみられる。近親相姦を避けるために無常性を導入したモチーフなどはその一例である。また、ここに例示された分類にしたところで、とうてい完璧に種類分けできるようなものなどではなく、視点を変えれば、別の読み方の可能性も留保しているような多数のモチーフの交錯や混合形がみられるのである。原理的には、いずれも似たり寄ったりの類型化の試みにも、必然的に何らかの理念的、作為的要素が絡みつかざるをえないことを念頭に置くべきであろう。

第二には、ここで取り上げた死の起源に関する説明を比較しながら総覧してみることによって、神話学的資料の中には特定の文化的枠組みを超えて繰り返される共通性がみられることが明らかとなる。これらの共通性は、たとえば、脱皮能力を備えた蛇のような特定の動物がしばしば登場してくるといったような、内容的なディテールにのみに限定されるものではない。それどころか、この点ではるかに根本的なレベルでも、死と悪、性欲、生殖、睡眠といったそれぞれ重大かつ複雑なテーマとの密接な結びつきも明確になってくる。これらのテーマと死との密接な関係はすでに様々な分野において多種多様な考察の対象となっていたのであるが、それはたとえば、二例だけ挙げれば、ジークムント・フロイト（一八五六―一九三九年）の心理分析におけるエロースとタナトスという――ギリシャ神話から借用した――弁証法的な相反する組み合わせとか、眠りの兄弟としての死についてのイメージなどである。それにもかかわらず、本章でみた考察は、これらの主題分野にとってもまさしく死の「起源」の問題が重要性の高いものであることを明確に示すものである。

最も目を引くのが第三の点である。ここまでみてきた通り、死の起源を説き明かそうという試みの幅広さと多様性を直視してみれば、何よりもまず、人間の実存に関わる「死」という現象の多面的な視点の中で、他ならぬその「起源」についての問いかけが、いかに説明を要するものとみなされるものであるかが明らかにされたであろう。死がもともと人間の運命に含まれるべきものではないとみなされる時こそ、死の起源への問いかけは、失われてしまった不死を求める人間の探求の表れとなる。それはすなわち、文化と宗教を力強く産み出す探求なのである。

注

（1）　Tylor (1920: 428-429).

（２）Assmann (2010).
（３）Assmann (2000: 13).
（４）Assmann (2010: 2).
（５）Assmann (2010: 1).
（６）Assmann (2000: 13-14).
（７）Assmann (2010: 12).
（８）Verbeek (2010: 68).
（９）Verbeek (2010: 59).
（10）Verbeek (2010: 62).
（11）Verbeek (2010: 68).
（12）Verbeek (2010: 69).
（13）van Baaren (1987).
（14）Rölllig (2017: 92).
（15）Rölllig (2017: 138).
（16）Rölllig (2017: 138).
（17）Teit (1909: 746).
（18）Jensen (1992: 135).
（19）Jensen (1992: 136).
（20）Waida (1991: 98-101).
（21）Walraven (2007: 247).
（22）Leeming (2005: 332).
（23）Baumann (1936: 268).
（24）Baumann (1936: 269).
（25）Jockel (1990: 289-291).
（26）Baumann (1936: 280).

(27)　Abrahamsson (1951: 37).
(28)　Baumann (1936: 281).
(29)　van Baaren (1987: 256).
(30)　Frazer (1913: 77).
(31)　Weeks (1901: 461).
(32)　Baumann (1936: 284).
(33)　Baumann (1936: 281).
(34)　Bastian (1873: 192).
(35)　Bastian (1873: 194).
(36)　Bastian (1873: 195).
(37)　Jensen (1939: 59-67).
(38)　Jensen (1939: 63-64).
(39)　Abrahamsson (1951: 76).
(40)　Maugham (1910: 357-358).

参考文献

『聖書　新共同訳』(二〇〇三) 日本聖書協会。

Abrahamsson, Hans (1951) *The Origin of Death: Studies in African Mythology*, Uppsala: Almqvist & Wiksells Boktryckeri Ab.

Assmann, Jan (2000) *Der Tod als Thema der Kulturtheorie: Todesbilder und Totenriten im alten Ägypten*, Frankfurt am Main: Suhrkamp.

Assmann, Jan (2010) *Tod und Jenseits im alten Ägypten*, 2. Aufl., München: Verlag C. H. Beck.

Bastian, Adolf (1873) *Geographische und Ethnologische Bilder*, Jena: Hermann Costenoble.

Baumann, Hermann (1936) *Schöpfung und Urzeit des Menschen im Mythus der afrikanischen Völker*, Berlin: Verlag von Dietrich Reimer / Andrews & Steiner.

Frazer, James George (1913) *The Belief in Immortality and the Worship of the Dead*, Vol. 1: The Belief among the Aborigines of Australia, the Torres Straits Islands, New Guinea and Melanesia, London: Macmillan.

Jensen, Adolf Ellegard (1939) *Hainuwele: Volkserzählungen von der Molukken-Insel Ceram*, Frankfurt am Main: Vittorio Klostermann.

Jensen, Adolf Ellegard (1992) *Mythos und Kult bei Naturvölkern: Religionswissenschaftliche Betrachtungen*, München: Deutscher Taschenbuch Verlag.

Jockel, Rudolf (1990) *Die großen Mythen der Menschheit: Götter und Dämonen*, Augsburg: Pattloch.

Leeming, David (2005) *The Oxford Companion to World Mythology*, New York, Oxford: Oxford University Press.

Maugham, R. C. F. (1910) *Zambezia: A general description of the valley of the Zambezi River, from its delta to the River Aroangwa, with its history, agriculture, flora, fauna, and ethnography*, London: J. Murray.

Röllig, Wolfgang ed. (2017) *Das Gilgamesch-Epos*, Stuttgart: Reclam.

Teit, James (1909) *The Shuswap*, Leiden, New York: Brill / Stechert (Memoir of the American Museum of Natural History, Vol. II Part VII.).

Tylor, Edward Burnett (1920) *Primitive Culture: Researches into the Development of Mythology, Philosophy, Religion, Language, Art, and Custom*, London: John Murray.

van Baaren, Theo P. (1987) "Death," in: Mircea Eliade ed., *The Encyclopedia of Religion*, Vol. 4, New York: Macmillan Publishing Company, 251-259.

Verbeek, Bernhard (2010) "Sterblichkeit: der paradoxe Kunstgriff des Lebens: Eine Betrachtung vor dem Hintergrund der modernen Biologie," in: Jochen Oehler ed., *Der Mensch - Evolution, Natur und Kultur: Beiträge zu unserem heutigen Menschenbild*, Berlin: Springer, 59-73.

Waida, Manabu (1991) "The Flower Contest between Two Divine Rivals: A Study in Central and East Asian Mythology," *Anthropos* 86, 87-109.

Walraven, Boudewijn (2007) "The Creation of the World and Human Suffering," in: Robert E. Buswell ed., *Religions of Korea in Practice*, Princeton: Princeton University Press, 244-258.

Weeks, John H. (1901) "Stories and Other Notes from the Upper Congo. (Continued)," *Folklore* 12 (4), 458-464.

読書案内

『死の人類学』（内堀基光・山下晋司、講談社、二〇〇六年）マレーシアのイバン族とインドネシアのトラジャ族における死の文化を民族誌的な視点からアプローチした研究であるが、東南アジアの枠を超えて、死と宗教の相互関係について考えさせられる書物である。

『死の起源――遺伝子からの問いかけ――』（田沼靖一、朝日新聞社、二〇〇一年）「死の起源」を宗教学の視点からではなく、本章の2で触れたような生物学的な立場から探求している。著者は、「生から死」というこれまでの視点を「死から生」へと転換しようとすることで、死を原点とした「死の生物学」を展開している。この「死は生の前提である」という本書の命題は、宗教学にとっても興味深い考察であろう。

『死の比較宗教学』（脇本平也、岩波書店、一九九七年）死の起源神話だけではなく、病因論、臨死体験、二重葬儀、死霊崇拝といった死をめぐるテーマを、「己の死」、「汝の死」、「社会的成員の死」という三つの視点から論じている。科学的な視点から宗教と死と科学の絡み合いを論じる本書は、科学的宗教学からみた死という現象への理解を深めさせる書物である。

付記

本章の日本語表現については熊本大学名誉教授坂田正治氏によるところ大である。ここに記して謝意を表したい。

第Ⅱ部　生命倫理の諸相——「現場」からの視点——

第3章　生命中心主義者の行政医師活動報告

藤井　可

はじめに

わたしは倫理学研究者兼医師である。医学部および倫理学の修士課程を終えた二〇〇七年より、生命中心主義の立場から生命倫理学、医療倫理学、環境倫理学等の、いのちにまつわる倫理学の研究をおこなっている。地球上には、多様なものの捉え方・考え方が存在する。道徳的配慮の仕方についても同様である。生命中心主義はその一つであり、もともとは環境倫理学の中で議論されてきた考え方であるが、わたしはこれを生命倫理学の中でも用いることができるのではないかと考え、試行してきた。

その後、博士課程と生命倫理学の研究職を経て、二〇一二年四月より熊本市の行政医師となった。行政医師とは保健所や役所で働く公務員の公衆衛生医師のことである。必要な職種であるはずなのだが、医師全体の〇・五%と常に不足している絶滅危惧種である(1)。全国保健所長会は「一億二千万人の生《いのち》を衛《まも》る医師」とキャッチフレーズをつけて、盛んに入職者を募っている。入職後の四年間は、西区役所保健子ども課を本務先とし、兼務で市保健所の医療政策課も経験した。

二〇一六年四月からは、熊本市役所初の専属産業医として、総務局の労務厚生課へ転属となった。産業医とは「事業場において労働者の健康管理等について、専門的な立場から指導・助言を行う医師[2]」のことで、産業医科大学出身の医師、あるいは、厚生労働省が認める研修会を修了した医師等がその資格を得ることができる。日本では、労働安全衛生法により一定の規模の事業場には産業医を選任することが義務づけられている。

行政に転職してからも、倫理学の研究はしぶとく続けている。初めは「行政医師の仕事は粛々とこなしつつ、それとはまったく別のものとして倫理学をひっそりと探究できれば幸いだな」と思っていたがそうはいかず、次第に業務上の経験を研究に落とし込んで考察するようになってきた。本章では、行政の医師として遭遇したことの中から、いくつかのことがらについて、生命中心主義の視点からの解釈をこころみたい。その前提として、次節では、わたしが依拠する「(人間中心主義的）生命中心主義」についてしばらく解説させていただきたい。

1　生命中心主義

(1) 生命中心主義とは

道徳的配慮の対象を人間の生命に限定せず、あまねく生命を価値の中心に据える立場を生命中心主義と呼ぶ。とくに環境倫理学の中で取り上げられてきたが、生命中心主義に相当する言説自体は、さまざまな宗教や思想の中で古くから示されてきた。

生命中心主義においては、すべての生命が等しく価値の中心とみなされる。そこでは、「動物」、「植物」、「人間」という区別もなく、特定の種の特性に依存した価値づけもなされない。動物も植物も、ミドリムシ等の原生生物も、人間も、生命を持つものに対しては隔てなく、等しくその要求に対する配慮がなされるべきだと主張される。生命中心主義では、旧来の議論の中では「自然環境」の一部としてくくられてしまうような存在（たとえば、森林を形成する植物や、野生動物等）に対しても配慮すべきであるとされる。その点から、「自然全体」への配慮を目的とする「生命圏共同体を重視した立場[3]」や「土地倫理[4]」と混同されることもあるが、生命中心主義の配慮の対象は基本的には個体としての生命であるため、それらの生態系全体のバランスを重視する全体論的な議論とは異なる。

（2）テイラーらの人間非中心主義的生命中心主義

ポール・テイラー（P. W. Taylor）は、一九八〇年代初頭より、『自然への畏敬――環境倫理学の一理論――[5]』等の著作物によって生命中心主義の理論体系を論理的に提示し、他の環境倫理学者たちにも影響を与えてきた。彼によって生命中心主義は、生命圏共同体を重視した立場等から独立した環境倫理理論として、明確な輪郭を与えられた。

テイラーは環境倫理学のタイプを、「人間を中心に据えたもの（人間中心主義）」と「生命を中心に据えたもの（生命中心主義）」とに二分している。前者は、自然世界に対してわたしたちが持つ義務について論じるものである。わたしたちは、すべての人間が持つ権利を尊重し、人間の幸福・福祉の保護と増進をおこなうべきであるが、それと同様に、地球上の自然環境と、その中に存在する人間以外の居住者に対するわたしたちのふるまいについて一定の制限を設けるべきであるとする。その際、わたしたちの行為を支配する基準や規範に関するシステムは、人間の要求と利害のみにもとづくことになる。一方、後者の生命中心主義的な環境倫理学においては、わたしたちの自然に対する義務は、わたしたちが他の人間に対して負う義務から派生したものだとは考えられていない。つまり環境倫理学は、人間同士の間で機能している倫理から派生したものではないということだ。テイラーはこのような二項対立図式を紹介した上で、人間非中心主義的な生命を中心に据えた視点を取ることで、地球上の野生動植物に関してわたしたちが持つ責任が、わたしたち自身と自然環境世界それ自体との間で保たれている明らかな道徳的関係性の中に立ち現れてくることを指摘している。さらにテイラーは、地球上の人間以外の生命体に対する義務は、内在的価値（inherent worth）を有する存在者としての彼らの地位にもとづいているとし、議論の前提として内在的価値概念を採用している。[6]『自然への畏敬』における彼の目的は、環境倫理学の領域に焦点を絞り込み、人間同士の倫理と環境倫理との関係を考察することであった。

テイラーは「生命中心主義的な自然観」を「自然への畏敬」を構成する要素の一つとして位置づけている。そして「生命中心主義的な自然観」の核となる信念として、次の四つを挙げ、道徳的主体はこれらを受け入れなければならないと述べている。

・他の生物と同じ意味合いと条件のもとで、人間は地球の生物共同体の一員をなす。
・他のすべての生物種同様、人間という種は相互依存のシステムのなかの不可欠な要素である。そのシステムのなかでは各生物の生存は、豊かにあるいは貧しく暮らす可能性と同様に、周囲をとりまく環境の物理的条件だけでなく他の生物との関係によっても決定される。
・各々が、それぞれ自身の方法でそれぞれ自身の幸福を追求する、唯一の個体であるという意味で、すべての生物は生命の目的論的中心をなす。
・人間は他の生物に本質的に勝っているわけではない。

わたしたち同様、他の生物もそれぞれの目的を持って生きており、その行動や内部過程は、彼らの幸福の実現に向けられているとみなすことができる。そして「種《しゅ》」に関しても、すべての種は公平に見ることが可能であり、他よりも存在価値が高いとされる種はない。道徳的主体である人間には、人間がそれぞれの幸福の追求に固有の価値を置くのと同様に、動植物の幸福の追求が彼らの目的として価値あるものであるとみなすことが求められている。(7)その実現のため、テイラーは、環境倫理学において人間が果たすべき義務に関する次の四つの規則を設定している。(8)

1　無危害の規則（the Rule of Nonmaleficence）
「自然環境の中のあらゆる存在を害してはならない」、「有機体を殺してはならない」、「種の人口や生態系を破壊してはならない」という積極的な義務を設定する。

2　無介入の規則（the Rule of Noninterference）
「個別の有機体の自由に制限を置くことを控える」、「個体としての有機体同様、生態系や生命圏共同体全体に干渉しない」という消極的な義務を設定する。

3　誠実の規則（the Rule of Fidelity）
「野生動物がわたしたちに抱く信頼を損なってはならない」、「欺かれる能力を持つ動物をだましてはならない」、「過去の行為にもとづいて形成された、動物の期待を守る」、「信頼を抱いている動物の意図を実現する」等の応答的な義務を設定する。

4　回復的正義の規則（the Rule of Restitutive Justice）
いったん崩れた道徳的正義の均衡を回復する義務に関わる。たとえば、人間によって他の規則が破られ生態系が破壊されてしまったような場合、事後に、回復的正義の規則が機能することとなる。

テイラーは、義務の実践には徳が必要であると考えている。前述の四つの規則に示された義務の履行を支持する特別な徳としては、無危害の規則の中心をなす「思慮深さ（considerateness）」、無介入の規則に関係する「尊重（regard）」と「公平（impartiality）」、誠実の規則と直結する「信頼性（trustworthiness）」、回復的正義の規則に関係する「公正（fairness）」と「平等（equity）」をそれぞれ挙げている。[9] さらに、テイラーは、人間同士の倫理における義務と、環境倫理学における義務との衝突によって競合する主張が生じた際に、それらの競合を公正に調停するための原理として、以下の五つの原理を挙げている。

1　自衛の原理（self-defense）

道徳的主体（人間）が、危険で有害な生物からの侵害を受ける際に、それらの生物を殺傷することによって、自分自身を保護することを許容する。

2　比例性の原理（proportionality）

他の原理に関して考慮する際に、そこに含まれる人間以外の生きものが無害であるような状況に対して他の四つの原理を適用すること、および、「基本的な利害関心（basic interest）」と「非基本的な利害関心（non-basic interest）」を区別し、前者を基本的に優先することという前提条件を提示する。（基本的な利害関心と非基本的な利害関心の区別は、それが生死に直結するか否かで線引きがなされている。）人間の価値と無害な野生動植物の善とが対立する場面においては、その対立的主張がどの生物種から生起したかに拘泥せず、非基本的な利害関心よりも、生死に関わるような基本的な利害関心に対して、より大きな重みづけがなされる。

3　最小悪の原理（minimum wrong）

動植物の基本的な利害関心が人間の非基本的な利害関心と競合することが不可避である場合に、（本来は人間以外の動植物の基本的な利害関心により重みづけをするべきなのであろうが、）選択可能な方法のうち、最も悪の少ない方法によって人間の非基本的要求の追求が正当化されうる前提条件を設定している。その条件としては、①問題となっている人間の利害関心が「自然の尊重」の考え方と本質的に不適合なものではないことが挙げられる。しかしながら、それらの人間の利害関心を満たすために必要とされる行為が、動植物の基本的な利害関心に害を及ぼすことが想定されているときには、②関連するその人間の利害関心が、真の「自然の尊重」を持つ理性的な人々が、野生生物にもたらされる望ましくない帰結を考慮に入れた際にも、それらの利害関心の追求の放棄を望まないような、大変重要なものであるとみなされる場合に限り、人間の利害関心はその追求を許容される。

4　分配的正義の原理（distributive justice）

「人間以外の生物がわたしたちを侵害しておらず、したがって自衛の原則が適用されない」、または「対立的主張を生起させている利害関心がいずれも基本的な利害関心であり、同程度の重要性を持つため、比例性の原理と最小悪の原理が適用できない」といった状況における、人間と人間以外の生物の対立について適用される。

5　回復的正義の原理（restitutive justice）

四つの規則の場合と同様に、最小悪の原理と分配的正義の原則を補足し、損失を補填するための原理としてはたらく。

テイラー以外の論者も含めた人間非中心主義的生命中心主義全般の特徴を、ワトソン（Richard A. Watson）は次の五つに集約してあらわした[10]。

1 人間の要求、欲求、利害、目的は特権を与えられない。
2 ヒト種は地球の生態系を変えるべきではない。
3 世界の生態系は非常に複雑なので、人間は決してそれを理解しえない。
4 種としての人間の究極的な目標・善・喜びは、自然についての観想的な理解である。
5 自然は力動的・調和的・生態学的均衡の中で相互に内的連関を持つ部分の全体系であり、人間もその部分のひとつである。

このような生命中心主義の枠組みは、責任や義務を重視しながら、かつ、道徳的主体の「徳」を重視する徳倫理（学）でもあると解釈できるだろう。

テイラーのものも含め、倫理学理論としての生命中心主義は、さまざまな批判にさらされてきた。わたしは、ぜひ皆さんに生命中心主義をおすすめしたいと思っているところだが、この考え方をよりよくしていくためには、欠点についても一緒に考えてもらうことが必要だと思うので、ここで紹介する。[11] まず、テイラーの議論に対して向けられている批判のポイントとしては、以下のふたつが挙げられる。

1 内在的価値を有する生命を、内在的価値を欠く物体から筋道立てて区別することができていない。
2 人間は生命圏共同体の一構成員に過ぎず、他の生物種よりも上位に位置するものではないと述べつつ、最小悪の原理においてはヒト種に有利になるような偏向が存している。

これらに加えて、生命中心主義という枠組み自体に対する批判として、以下の意見がある。

3 内在的価値（あるいは本質的価値）の概念が採用されている。
4 経験上の事実から道徳的な原則や命令が派生させられている。
5 経験的事実を参照する際の、生態学に対する彼らの視点が妥当性を欠いている場合がある。
6 人間もそれ以外の生物も等しくあつかうとしながら、人間以外の生物には寛容であり、人間のみに強い道徳的義務を課している。
7 生命中心主義者の多くは、人間非中心主義としての生命中心主義を想定している。しかし、自然に対する人間の立場はいずれにしても人間中心主義的にならざるをえないのではないか。
8 生命中心主義がある種の理想を提示していることは認められるが、実際に受け入れて実現することが難しい。

2、6、7に関しては次項であつかう。その他の批判に対する生命中心主義者の切り返しについては割愛するが、興味がある人はぜひ議論を追い、そしてその応酬に参加してみてほしい。

(3) 人間中心主義的生命中心主義

多くの生命中心主義者は、生命中心主義は人間非中心主義的立場であると考えている。しかし彼らは、前項で述べたとおり、人間非中心主義であると言いながら、ヒト種への偏重を示す原理を採用したり、反対に、人間のみに強い道徳的義務を課したりしている。前者への批判については、生命中心主義者が自らを「人間非中心主義」であるとした上で、テイラーが述べた原理に従って人間と他の生物の間の衝突を調停しようとする限り、反駁することは不可能である。一方、後者への批判に対しては、人間も他の生物種と同様に自然なふるまいを許されるべきだと指摘するものもいたが[12]、それではわたしたちは、今までせっかく環境倫理学が対峙してきた問題解決を放棄することになってしまうだろう。生命中心主義が論理的な整合性を保つためには、生命中心主義が人間中心主義的であることを認めざるをえないだろう。

わたしが生命中心主義を「人間中心主義」的であるとみなす理由は、次の二点に集約される。

①わたしたちは、人間と他の生物の基本的な要求を比較するとき、極限的局面においては大抵人間の要求を優先するから。

②わたしたちの世界においては、人間のみが道徳的な判断の主体であるとみなされるから。

①の解釈は、「わたしたちは、生命への畏敬の態度と矛盾せず、最小悪の原理を伴った、そのような人間の要求を満たすより悪の小さい他の代替方法が存在しないのであれば、人間の非基本的な要求のためにですら、動植物の基本的要求を侵すことを許される」としたテイラーの最小悪の原理と部分的に一致する。その根底には、生物としての種の保存への志向性も窺え、その意味では実のところは「自己種中心主義」的ともいえる。そこには「成長・発展・生殖をおこなうこと」や「適応にもとづく進化をすること」という生命活動に繋がる、生物の本能に関わる本質的な反応があらわれている。ただし一方で、最小悪の原理は、同じ種に属する仲間としての人間全体の利益を尊重するというよりも、自分自身の利害関心を他者の利害関心よりも優先するという主観的な態度から発生しているように解釈することもできる(倫理的利己主義)。そもそも人間が人間を優先させるという法則は、経験的に導かれたものに過ぎず、絶対的なものではない。人によっては「遠方の人間の基本的要求よりも、飼っている犬の基本的要求を優先させる」ということもある。利己的態度を完全に放棄する方向へ成熟することが望ましいと考える人もいるかもしれない。(ただし、完全に利他的になってしまうと、生物として生き延びるための力を失ってしまうよう

にも思える。）

②は「配慮の主体としての人間の特異性を際立たせる人間中心主義」である。ここでは人間同士のコミュニケーション可能性に根拠が置かれている。生命中心主義における自然への道徳的配慮は、理性的存在の道徳的思考や判断の特異性を前提に成り立っているものである。そして今のところ、わたしたちが知る限り、人間は善悪概念を持ち、道徳的価値づけをおこないあう唯一の生物であると考えられている。わたしたちが、ひょっとしたら道徳的な価値づけをおこなっているかもしれない他の生物とのコミュニケーションを取ることができない以上は、わたしたちは人間が抱く道徳観を擦り合わせながら価値判断をおこなうことしかできない。「人間も含めた」すべての生き物の幸福を、「人間の思考や判断をもって」尊重しようとする限りにおいて、生命中心主義は、まったくの人間非中心主義的立場にはなりえない。人間の視点にもとづいた主義・主張はいずれも、いかようにしても人間中心主義的にならざるをえないのである。

これで旧来の論者たちが人間非中心主義的であるとしてきた生命中心主義も、実のところは人間中心主義的なものであったことが確認できた。よって、おこなうべきことは「生命中心主義」の破棄ではなく、「人間非中心主義的」という冠の変更であると考える。生命中心主義において、人間は、他の生物を上回る思考力や判断力を手に入れたと自覚しているゆえに、それらの力を用いて他の生物への配慮をおこなうという、より重い荷を負ったのだと解釈されるのかもしれない。

2　生命中心主義的行政医師活動

二〇一二年四月より、わたしは熊本市の行政医師として勤務することとなった。初めは、行政医師の仕事は研究分野や臨床医学とは異なり生命倫理学の研究とさほど交わることのないものだろうと思っていたのだが、それはありがたいことに誤算であった。次第に、さまざまな倫理的ジレンマの種を見つけ、さらには少しずつ公衆衛生の倫理についても考えるようになっていった。ここでは、その中から二つの事柄について、生命中心主義的視点を交えながら紹介する。

（1）子どもの予防接種と児童虐待[13]

熊本市では、各区役所内に市町村保健センターに相当する「保健子ども課」が設置されている。保健子ども課では市民の健康に、とくに予防という観点から広く関わる。むろん、成人の生活習慣病対策にも力を注ぐが、課名に「子ども」とあるように、母子保健領域の事業についてはとくに配慮されている。予防には、病気にならないように未然に防ぐ「一次予防」、これ以上ひどくならないうちに、早く対処に繋げる「二次予防」、傷病罹患後の機能の維持・回復をめざす「三次予防」がある。保健子ども課で取りくむ子どもの健康のための予防的関わりの代表として、乳幼児健診の実施（おもに二次予防）や予防接種の勧奨（一次予防）があげられる。

生命中心主義になぞらえると、子どもも当然ながら道徳的主体でありうる。しかしながら彼らの判断能力は発達途上であるため、往々にして、より高い判断力と子どもに対する責任を持つ成年の保護者による代理判断や力添えが必要な場合がある。行政の立場からも、子どもと保護者の双方への支援のためにスタッフが日々奮闘している。

さて、「メタボ」や「ロコモ」といった生活習慣病についての情報を耳にすることが多い昨今でも、意外に思われるかもしれないが、子どもがかかる病気の上位は感染症が占めている。とくに乳幼児は症状が重篤化することも多く、その予防策は生命を守ることに直結する。感染症予防のためには、手洗い・うがい等の標準的な予防策に加え、ワクチンが存在するものについては予防接種を受けることが勧められている。予防接種によって、ＶＰＤ（ワクチンで防げる病気）の発症を予防することは、被接種者個人の生命を尊重することになる。同時に、他者への伝播とコミュニティ内での感染症の蔓延を防ぐことにも繋がるため、他者危害防止の原則にもかなっている。

玉井らは、日本の予報接種施策の問題点として、①他国と比べて、接種開始時期が遅く、接種回数が少ないこと、②定期予防接種対象疾患が他国よりも少ないこと、そして③先進国で最低水準にあるという接種率の低さを挙げている。[14] ②については、二〇一三年四月から小児肺炎球菌ワクチンとH-ib（ヘモフィルスインフルエンザ菌b型）ワクチンが、二〇一四年一〇月より水痘ワクチンが、そして二〇一六年一〇月よりB型肝炎ワクチンが定期接種化され、対象疾患も少しずつ拡張されている。③についても、近年、同時接種（同日に、左右の上腕、左右の大腿等の複数の箇所に、異なるワクチン注射を実施すること）が普及し、受診必要回数を減らすことで、接種率の向上が期待されている。しかしながら、接種率は高止まりのまま、なかなか改善が認められない。この背景には何があるのだろうか。

未接種者の中にはネグレクト等の虐待を受けている子どもも存在するが、多くは虐待的状況とは無関係である。中には、子どものために良かれと思って、確信的に予防接種を受けさせない保護者もいる。先行研究によると、子どもの接種率向上をはばむ要因として、子の出生順位や保護者（母）の就労の有無、保護者の知識の誤りや不十分さ、予防接種副作用への不安、学歴、予防接種に関する社会的問題の発生、保護者の自己効力感の低さとの関係が指摘されている。しかし、もしこれらの要因があるとしても、保護者の脳内では具体的にどのような思考が展開されているのかは明らかでない。

わたしは、保健子ども課での幼児健診等で毎年数千組の親子等と接してきた中で、保護者が子どもに予防接種を受けさせない理由について尋ね続けてきた。その情報をもとに、子どもに予防接種を受けさせていない保護者の考えの根幹にあるものについて、以下の六つの状況の存在を推測した。

仮説①：多くの予防接種が「標準的医療」になったゆえ、定期の予防接種の「ありがたみ」が喪失した。
仮説②：「これほど医療が発達した世の中で、まさか治療法がない感染症は存在しないだろう」という誤解をしている。
仮説③：接種後の副反応が発生することは「作為」であり、許されないが、未接種で疾患に罹患することは「不作為」であるため許容できると解釈している。
仮説④：「病気にかかって死んだら、それがその子の運命だった」という信念を持っている。
仮説⑤：自己決定を重視し、子どもが大人になったときに本人の判断で接種すれば良いと考えている。
仮説⑥：インフォームド・コンセントが形骸化している。

仮説②については、実際には、多くの予防接種対象疾患には対症療法しかなく、根治療法が存在しない。仮説⑤に関しては、将来にわたって医療資源が確保されているという思い込みの上で選択の先送りをし、保護者の責任を放棄しているようにもみなせる。子どもは、疾患への罹患、あるいは成人になった際の予防接種費用の自己負担等の形によって、過去の保護者の行為の帰結を引き受けなければならなくなる。

また、「ありがたみ」の喪失（仮説①）、作為性の拒否（仮説③）、そして、病や死の運命を受け入れるという信念（仮説④）に関しては、判断能力のある大人が自分自身の医療について考慮する場合であれば、それは自己決定として尊重されうるだろう。しかし、自分以外の他者（子どもや胎児、判断能力喪失者等）の生命に関わる医療や、他者への危害をはらむ疾患に関わる医療の選択をする場合には、判断をする者の選好のみにもとづくような決定をすることは望ましくないと感じる。その場合には、判断をする者の主観に偏ることなく、客観的な情報を得て勘案することが、一層求められるだろう。そのことは当該他者の生命を守ることにも繋がると同時に、種としての「自衛」

や「自己保存」という生命中心主義の考え方とも一致する。

そして、すべての仮設の根底には、予防接種前のインフォームの不徹底のために個人の正しい理解と選択が阻まれている状況があると考えている。皆さんは、インフルエンザ予防接種を受ける前に、毎回きちんと接種に関する詳しい説明を医師から聞いているだろうか？　深く考えずに問診票の「はい」の欄に○をつけ、たとえば男性なのに、勢いあまって「妊娠している可能性はありますか？　…はい」と○をつけてしまったことはないだろうか？　少なくとも日本においては、予防接種に関するインフォームド・コンセントの枠組みを再構築するべきであると思う。そもそも接種直前のインフォームド・コンセントだけでは不足である。学童期からの健康教育の中に感染症や予防接種についての講義を組み込み、長い時間をかけて予防接種についての理解や選好を醸成する機会を提供すべきであろう。（予防接種以外の医療についても同じことがいえるかもしれない。）

また、仮説④の状況は、潜在的にネグレクトに繋がる可能性をはらんでいる。そして、非自発的または反自発的に、防ぎえた子どもの死を選択することは、殺人に相当する可能性もあるのではないだろうか。場合によっては、子どもに予防接種を受けさせないことを「医療ネグレクト」とみなし、行政レベルでの介入を認めるような枠組みを設定することも必要ではないか。行政が保護者の価値判断に介入してくつがえすことは、保護者の利害関心を損ねているようにも見えるが、保護者の選好よりももっと重要な、子どもの生命や健康を守るためには必要なことである。保健子ども課には、児童相談所等と連携し、虐待を受けている児童等の「要保護児童」のケースを専門にあつかう班がある。そこでの対応は、いかにすればその子どもの利益が守られるかということを第一に考えて行われていた。子の幸福や健康、生存を脅かす状況を保護者がもたらしている場合、その保護者の選好や処遇は二の次に置かれ、関係機関の間での取り決めにしたがって守秘義務も一部解除される場合がある。ケースに関わるスタッフが常にいだいているのは、とにかくその子が生き延びられるように、健やかでいられるように、そして願わくは幸福な未来を得られるように、という気持ちであったように思う。

このような対応の仕方や心の持ち方は、子どもに関わる医療や保健、福祉の領域では共通しているように思える。このことを生命中心主義の議論と対応させると、「種としてのヒトの存続や利益を考慮すると、子どもの利益を尊重する社会の方が有利であるから」、「子ども等の弱者は、生きのびるためにより多くの困難を強いられる存在であるため、より配慮されるべきであるから」という根拠づけが可能かもしれない。また、生命中心主義の枠組みの中では、道徳的判断の主体であるわたしたちは、他の生物に対する道徳的責任を有していた。人間同士の倫理に、人間中心主義的生命中心主義を適用するのであれば、価値判断の主体になりうる人が、そうでない人に対して、より大きな道徳的責任を負うべきであるということができる。たとえば臨床医療においては、緊急度や患者の意識レベル、または情報自体の専門性の度合いに応じて、患者が判断の主体になることができず、ときには医療従事者が判断の一部を代行するような場合があるだろう。また、自動車の設計に関して素人は判断の主体となることはできず、道徳的なものも含めてすべての判断が設計技術者らに一任される。その際に、医療従事者らは患者に対して、また技術者らは顧客や社会一般に対して、判断の主体であるゆえに非常に強い道徳的責任を負うことになる。子どもの予防接種に関してならば、医療従事者は子どもとその保護者に対して、そして保護者は子どもに対して、判断の担い手としての強い責任を持っている。

予防接種の副反応に対応することも判断の主体としての責務である。その場合は回復的正義の原則を適用して、調整をはかることになるだろう。同時に、行政も含めた医療の提供側は、何が副反応の原因となっているのか（特定の物質なのか？　接種手技なのか？　そもそもそれは副反応なのか？　等）を究明し、それらを減じる努力を継続するべきである。また、わたしも含め、医療の担い手は「稀な副反応が起こるのは残念であるが、リスクとベネフィットを比較考量するならば予防接種は当然受けるべきである」という段階で議論をとどめることが多いような気がする。しかし、稀だとしても実際に何らかの侵害的現象が生じ苦しんでいる方々が存在すること、それらが自分の子どもの身に起こることを怖れる保護者がいることは事実である。そのことに気持ちを傾けながら業務にあたらねば、倫理的にも心理的にもハッピーな結果は生まないように思える。

（２）平成二八年（二〇一六年）熊本地震と産業保健

楽しかった区役所生活に別れを告げ、わたしは二〇一六年四月より熊本市職員の専属産業医となった。所属は総務局労務厚生課安全衛生班。市役所地下の衛生管理室という部屋がふだんの居場所である。社会医学系専門のわたし以外に、精神科専門医一名と保健師三名、嘱託事務の方一名が常勤、精神科の医師二名と臨床心理士一名が非常勤で業務にあたっていた。

産業医就任後、対人援助や市民サービス提供にたずさわる職員が遭遇しうる、惨事ストレスや感情労働疲労等を想定した職員のケアについての枠組みを作れないだろうか、と漠と考えていた。やるべきことは沢山ありそうだが、まずは、災害時に市民サービスに従事する職員をバックアップするための「衛生管理室のマニュアル」を作りたいですね、と新しい職場の同僚と話した。しかし、そう話した二日後に熊本地震の前震発生。備えは間に合わなかった。

地震の発災時は、前震（四月一四日夜）・本震（四月一六日未明）ともに就寝中であった。暗闇の中、尋常ではない揺れを受けつつ隣で寝ているはずの子どもの無事を確認しようと必死だった。本震直後は家族で車中に逃げ、阿蘇に住む両親の無事を確認し、姉に「生きろ」とメールを送った。（その間に身体障がいを持つ研究仲間から「自宅に閉じ込められた」とのＳＯＳが入り、一一九番に救助を依頼した。しかし、そのとき熊本市消防局には救助要請が殺到していたため、司令部の判断でマニュアルになかった「コール・トリアージ」を実施しており[15]、受傷していない友人宅への救急隊出動はかなわなかった。代わりに、地域の繋がりを頼ることを提案され、居住地域住民の助けによって友人は安全を確保することができた。）地震直後は、夫と子どもとともに一時避難や給水、炊き出しや温泉施設の開放等のお世話になった。自宅家屋は一部損壊程度であったが、復興にともなう職人と資材の不足により二〇一九年一一月現在も未修復のままである。

熊本市職員は、震度六弱以上の地震が発生した際は全員が参集し割りあてられた任務につくことと決められている（四号配備）。わたしも発災後数日間は総務局職員として各地に派遣され、避難所開設事務や区役所での相談対応業務等に従事した。総務局職員として立ち動く際は、どやされ、叱責され、揶揄されたりする場面も多々あった。一方、保健活動や急病者対応をする際にはもれなく感謝の言葉を受けた。活動内容によって異なる感情を向けられるという経験をしながら、自分は努責されるべき立場なのか、感謝をいただけるような立場なのか？とぼんやり自分に問うたりもした。そんな中で、ある避難者の女性が「あなたのお家も大変だろうに、ありがとう。頑張ろう。必ずいつか終わるけん、大丈夫よ」と強烈にいたわってくださり、帰り道で涙したこともあった。

四月一九日から、ようやく産業医としての業務に復帰した。とはいえマニュアルも整備できておらず、どうすれば良いかと皆で悩み始めたタイミングで、仙台市の総務局より、東日本大震災後に仙台市がおこなった産業保健対応についての情報提供をいただいた。以降、それを大きな助けとしながら、掲示板等を用いた全体への情報発信や、個別の相談対応等を実施していくこととなった。

その産業保健対応の一環として、発災約三週間後より、市役所職員に対してＳＱＤ[16]を用いたアンケート調査を実施した。アンケートの自由記載欄には「休みたいけれども休めない」という悲鳴が多く寄せられていた。「自分よりも酷い被害を受けている人がいるのに自分なんかが弱音を吐いてはいけない」、「休んではいけない」、「申し訳ない」という罪悪感を抱いている人も少なくなかった。結果を受けて心身の不調が心配された六九六名に対しては、産業保健スタッフと、閉鎖された市民病院から応援に来ていた看護師六名で手分けをして面談を実施した（実際に面談に応じたのは三一七名）。この対応は、ストレスチェック制度等も活用しながら年度末まで継続した。翌年以降も、四月一四日、一六日が来るたびに「記念日症候群」の予防を目的としたスクリーニング調査をおこなっている。

これらの熊本地震対応を通じて感じたことをいくつか挙げてみる——

・医療と違い、災害対応事務作業は「トリアージ」できない。
・他県や他市町村からの援助者への対応が、時として受援者である市職員の負担を増す結果に繋がっている場合がある。
・データや業績が欲しいために関わってくる一部の研究者が、被災者や行政職員、善意の研究者等の妨げになる場合もある。
・市の職員は、自身も被災しながら震災対応業務に就かなければならず、その結果、自身の生活の再建・健康・家族が犠牲になる。
・消防職や自衛隊、医療関係者等は「ありがとう」と感謝されることが多いが、市の職員は、何かをやって当たり前とみなされ、感謝されない。感情的な点においては「無報酬」である。同様に、援助活動を民間人がおこなうと感謝されるが、市の職員はやって当たり前とみなされる。

「公務員（市の職員）は皆のためにあらゆるものごとを受け入れ続けるのが当たり前」というイメージを持たれており、かつ、実際にそのようにふるまうことを業務として設定されていることを明確に感じた。同時に、そのことが公務員の生命を損なうことに繋がるのではないかという危惧を抱いた。

表1　専門職と公務員の比較

類似点
・自己利益よりも公益の促進を目的とする ・社会に必要な、欠くべからざる立場である
異なる点
・職務内容の固定性、一定性、継続性 ・自律性や自己裁量権の有無（または強弱） ・尊敬・感謝を得られるか否か ・道徳性の由来 　専門職：自律性やステイタスがあるゆえに 　公務員：独占性や権力性ゆえに ・求められる道徳的態度 　専門職：より積極的（最善を尽くす） 　公務員：やや消極的（社会規範を犯さない＋α）

たしかに、公務員は、自らを犠牲にして公益を資することを旨としている。その点で、公務員は専門職と似ている。しかしながら、主に自律性の有無という点で両者は異なる（表1）。

道徳的に推奨されるが要求はされない、または称賛に値する行為のことを「超義務（supererogation）」的行為と呼ぶ[17]。専門職はしばしば、超義務的対応をすることを、なかば義務として要求されることがあるが、同様の要求が公務員にも向けられているのではないだろうか。しかし、たとえば医師の場合、「職業的超義務行為を義務から区別せず、患者の利益のために行なわれるすべての行為を義務とするならば、長期的に見て患者や社会のためにならない結果になる可能性がある」ことが指摘されている[18]。同様に、ある一方の坂道を転がり落ちるように、公務員の滅私的な超義務的対応を義務から区別せずに要求するならば、多くの職員が健康を害し、結果的に市民サービスの質・量の低下や、組織の存続の危機を招くだろう。職業的自律性が低い立場や部署であれば、その負担感はいっそう増すことが予想される。そうなれば、職員自身の生命も、コミュニティ全体の生命も脅かされかねない。

表2に、災害発生時の自治体職員に実際に求められている義務（熊本市職員の場合）を抜粋した。わたしの師匠である哲学者・高

表2　熊本市職員に課せられる義務の例

倫理的義務 （高橋（2015）より）	法的義務 （「地方公務員法」より）	災害時の市職員の義務 （「熊本市地域防災計画」より）
災害時の救助者の倫理： A）できるだけ多くの人命救助、安全確保に努めるべきである。しかし、自らの身の安全が脅かされる状況においては、自らの安全の優先が許容される。 その際に、 B）できるかぎり、人の尊厳への配慮、人権への配慮、連帯への配慮などをすべきである。	30条： すべて職員は、全体の奉仕者として公共の利益のために勤務し、且つ、職務の遂行に当つては、全力を挙げてこれに専念しなければならない。 35条： 職員は、法律又は条例に特別の定がある場合を除く外、その勤務時間及び職務上の注意力のすべてをその職責遂行のために用い、当該地方公共団体がなすべき責を有する職務にのみ従事しなければならない。	第3章第1節第4項 「職員配備態勢」： 災害の発生が予想されるとき又は発生したとき、災害の規模、種別、程度に応じて配備態勢を段階的に待機配備、1号配備（震度5以上、218名）、2号配備（各対策部職員の1/3程度）、3号配備（各対策部2/3程度）、4号配備（震度6弱以上、全職員）と定めており、必要に応じた防災態勢をとるため、職員に対して参集通知を行なう。 参集通知を受けた職員は、あらかじめ各対策部で策定している職員の動員計画に基づき速やかに定められた部署につく。

橋隆雄は、「災害救助者の倫理」として、自らの身の安全が脅かされる状況においては、救助者みずからの安全の優先が倫理的に許容されると述べている。[19]「自らの命を守るのさえおぼつかないような極限の状況」には、災害時だけでなく、たとえば過重労働が常態化しているような状況や、ハラスメントによって追い込まれているような状況も含まれていると考える。そのような状況においてもなお、公務を遂行し続けることは、義務を超えた行為としてあつかうべきではないか。しかしながら、激震時には全職員を参集するという熊本市防災計画上の四号配備の規定は、本来、超義務とすべきところを義務として課している可能性がある。そして実際に熊本地震の際、すべての職員が多かれ少なかれ義務を超えて動いた。平時においてもそのような働き方をしている職員は多い。公務員の熱心なはたらきぶりを、社会が称えたりねぎらったりするのは好ましいことであると考えるが、だからといって彼らに超義務的なふるまいを強要し

てはならないと思う。

一般市民だけでなく、職員や職員家族の中にも災害時弱者（病者、障がい者、妊婦、子ども、高齢者等）に相当する人は存在する。また、熊本地震ではほとんどの職員が被災したが、中には家を失う等の深刻な状況に直面した人も少なくなかった。このような事情がある人たちは、本来であれば、超義務的対応はもとより、義務も免じられるべきではなかったのか。熊本地震を経験し、そのような多様な状況を抱えた職員への配慮が、新防災計画へ反映されることを産業保健部門として要望しているところである。（本書出版時には反映されていることを願う。）

そして、熊本地震によって、熊本市役所の産業保健スタッフも漏れなく疲弊した。多くの市職員同様、通常業務を滞らせることなく震災対応業務を実施する必要があったため、わたしたち自身の体調や生活の回復は後回しになってしまった。わたしたちはそれなりによくやったのかもしれないが、対応基準がないゆえに、マンパワーの限界を超えてやり過ぎてしまったのかもしれない。産業保健活動をおこなうことに対して批判を受けることもあった。また、年度初めの新体制が安定する前に被災したため、通常業務に関するスタンスのすり合わせができないまま、チームの関係性が固定化してしまった。「災害ハネムーン期」を過ぎて我に返ったのち、そこからくる歪みによって、スタッフの疲労感やぎくしゃく感が表面化した部分もあるように思える。（もちろん、産業保健部門のみならず他部門でも同様の問題が起きた可能性はある。）

医療に関する有資格者としての産業保健スタッフの倫理を考えるのであれば、それは医療専門職の専門職倫理に準ずるものでありうるだろう。熊本地震において市の産業保健スタッフが、一部、超義務的な対応をすることとなったのだとすれば、それは、医療専門職としては望ましい“Nice”なことであったかもしれない。しかしながら、先に書いた公務員全般の場合と同様に、超義務的対応をすべての（自治体の）産業保健部門の義務として課すことは、産業保健スタッフ自身の生命や健康を脅かすことに繋がり、そもそも医療専門職が配置されていないことも多い（自治体の）産業保健システムの崩壊を招きかねない。それはやはり、個体の生命、および集団の生命の基本的要求を損なうものとして、生命中心主義的に望ましいものではないと考える。長期的な善に繋げられるように、（自治体の）産業保健部門同士の全国的な「共助」のシステムを作る等、個人に課される負担を減ずる工夫が必要だろう。このような考えは、産業医の活動根拠である労働安全衛生法の理念とも合致すると思う。

高橋隆雄は、「医療従事者はアンパンマンです——医療従事者はアンパンマンのように、自己を犠牲にしながら他者を助ける。そして、アンパンマンが顔を失うと動けなくなるのと同様に、心身を削りすぎると働けなくなる。だから無理しすぎず、顔を焼いてくれるジャムおじさんを互いに見つけなさい」とことあるごとに述べている。わたしはこれに「公務員もアンパンマン」とつけ加え、医療従事者同様に、すべての公務員に（そして自分にも）エールを送りたい。アンパンマンに助けられている人々のためにも、アンパンマン自身のためにも。

おわりに

行政医師として働く間に、わたしは一匹の愛犬を見送り、二人の子どもを授かった。夫は家事も育児も分担してくれる。第一子の産後はわたしの職場復帰が早かったため、母乳を出す以外の育児はほとんど夫が担ってくれた。おかげで、幸いなことに、わたしはジェンダー女性として社会的・文化的にもたらされる負担の理不尽さに苦しめられることは少なかったように思う。しかしながら、それゆえ、妊娠・出産・授乳等に際して課せられる肉体的な変化に専念し、その結果を生きものとして引き受けることの鮮烈さを強く経験することができたような気がする。わたしの生命中心主義は、判断の主体としての責任だけでなく、むしろ自身の延長のような存在たちの基本的な利害関心を守るためのふるまい方として、より頑丈になったと感じる。

本章の執筆は第二子出産後の育休中にお誘いいただいた。第二子の離乳食が一日二回になり、保育園入園に向けた準備もしつつ脳内で骨組みを作り、職場復帰後の通勤バスの車内で運良く座れたときに推敲を重ねた。おそらく今後も、日々の生活と労働にてんやわんやしつつ、生命中心主義を基盤に「医療」、「治療」、「公衆衛生」、「生命」について考えたり、人間の道徳的行為のかたちを探ろうとする取りくみを続けていくだろう。そのときいつか、皆さんの中のどなたかが、生命中心主義にも関心を向けながら、ともに議論してくださることを願っている。

注

（1）厚生労働省の平成二八年（二〇一六年）医師調査による一二月三一日現在の行政機関の従事者の数値。

（2）日本医師会認定産業医ホームページより。

（3）Callicott (1983).

（4）レオポルド（一九九七）。

（5）Taylor (1986). 邦訳はないが、松丸久美による抄訳が小原監修（一九九五）に収録されている。

（6）鬼頭（一九九六）によると、環境倫理学の通常の議論の中で用いられる価値の概念は、次の三つに区分されている。テイラーの内在的価値（inherent worth）は、以下の区分における本質的価値（intrinsic value）と類似している。

使用価値（instrumental values）：

人間が利用するという観点からの価値。自然は、人間が利用するからこそ、そこに価値があり、だから守らなければならないという考え方。人間中心的な価値。

内在的価値（inherent values）：

人間が利用することから離れても、畏敬や驚嘆の対象として、自然には内在的になんらかの価値があるのではないかという考え方。たとえば、「美」等の審美的な価値、「原生自然（wilderness）」といった価値。人間の利用以外のさまざまな精神的な部分に属する点から捉えた価値。精神的なものも含めた形での一種の功利主義的な価値が基礎になっている。

本質的価値（intrinsic values）：

人間がそこに介在しなくても、自然それ自体に本質的に価値があるはずで、それを守るべきだという考え方。自然には、人間を離れても、人間以外の生物や無生物も含めたものの間の平等関係の中でさまざまな関係性を持って存在している。その中に存在するような価値があるという考え方。自然に守るべき本質的価値があるから、人間にとってどうであれ保存すべきであるというのが「保存」の考え方の根拠。「原生自然」という価値はこのレベルの価値でも取り上げられる。

（7）Taylor (1986: 156-158).（松丸久美による抄訳も参考にした。）

（8）Taylor (1986: 171-192).

（9）Taylor (1986: 198-218).

（10）Watson (1983: 251).

（11）生命中心主義への批判については、Spitler (1982)、Watson (1983)、Sterba (1998)、高橋（一九九六、二〇〇八）、伊勢田（二〇〇八）を参照。

（12）Watson (1983: chapter II).

（13）この項の一部は藤井（二〇一六）より抜粋した。参考文献や引用箇所の詳細については、拙論文の文献リストをご参照いただきたい。

（14）玉井ほか編（二〇〇九、二〇一二）。

（15）熊本市消防局の地震対応については『平成二八年熊本地震熊本市消防局活動記録誌』にまとめられている。インターネットでも閲覧可。

（16）SQD (Screening Questionnaire for Disaster Mental Health) は、被災者のストレス状況を、PTSD、および、うつ状態の観点から把握するチェックリストである。阪神・淡路大震災の対応の際に、兵庫県こころのケアセンターの加藤寛医師らによってつくられた。聴き取り調査用であるが、中越地震の際には質問紙として使用された実績がある。

（17）浅井ほか（二〇〇七）。

（18）浅井ほか（二〇〇七）。

（19）高橋（二〇一五）。

参考文献

浅井篤・板井孝壱郎・大西基喜（二〇〇七）「超義務（Supererogation）と医の職業倫理（Professional Medical Ethics）」『先端倫理研究』第二号、一三―二四頁。

伊勢田哲治（二〇〇八）『動物からの倫理学入門』名古屋大学出版会。
鬼頭秀一（一九九六）『自然保護を問いなおす――環境倫理とネットワーク――』（ちくま新書）筑摩書房。
高橋隆雄（一九九六）「糸の先にあるもの――環境倫理について――」、熊本大学文学会『文学部論叢』第五〇号、二三―三八頁。
高橋隆雄（二〇〇八）『生命・環境・ケア――日本的生命倫理の可能性――』九州大学出版会。
高橋隆雄（二〇一五）「災害時の倫理――トリアージの倫理から災害時の倫理へ――」『先端倫理研究』第九号、一八―三六頁。
玉井真理子・永水裕子・横野恵編（二〇〇九、二〇一二）『子どもの医療と生命倫理　資料で読む』（初版、第二版）法政大学出版局。
藤井可（二〇一六）「先端医療は我々に何をもたらすのか――生殖補助医療と予防接種を例に――」『人間と医療』第六号、一四―二三頁。
A・レオポルド（一九九五）「自然保護――全体として保護するのか、それとも部分的に保護するのか――」（鈴木昭彦訳）、小原秀雄監修『環境思想の系譜3　環境思想の多様な展開』東海大学出版会、四五―五八頁。
A・レオポルド（一九九七）『野生のうたが聞こえる』（新島義昭訳、講談社学術文庫）講談社。
Callicott, J. B. (1983) "Animal Liberation: A Triangular Affair," in: Donald Scherer and Thomas Attig eds., *Ethics and the Environment*, US: Prentice-Hall, Inc. pp. 54-67, 72.（J・B・キャリコット（一九九五）「動物解放論争――三極対立構造――」（千葉香代子訳）、小原秀雄監修『環境思想の系譜3　環境思想の多様な展開』東海大学出版会、四五―八〇頁）
Spitler, G. (1982) "Justifying a Respect for Nature," *Environmental Ethics*, Vol. 4, pp. 255-260.
Sterba, J. P. (1998) "A Biocentrist Strikes Back," *Environmental Ethics*, Vol. 20, No. 4, Winter, pp. 361-376.
Taylor, P. W. (1986) *RESPECT FOR NATURE: a theory of Environmental Ethics*, UK: Princeton University Press.（一部抄訳：P・W・テイラー（一九九五）「生命中心主義的な自然観」（松丸久美訳）、小原秀雄監修『環境思想の系譜3　環境思想の多様な展開』東海大学出版会）
Watson, R. A. (1983) "A Critique of Anti-Anthropocentric Biocentrism," *Environmental Ethics*, Vol. 5, No. 3, Fall, pp. 245-256.

読書案内

『哲学者に会いにゆこう2』（田中さをり、ナカニシヤ出版、二〇一七年）哲学、倫理学、情報科学、学術広報と幅広い専門性を持つ著者によるインタビュー集の続編。テーマは「身体性」と「子どもの哲学教育」。藤井のインタビューも収録されている。

『動物からの倫理学入門』（伊勢田哲治、名古屋大学出版会、二〇〇八年）動物を手がかりにしながら、規範倫理学、メタ倫理学、生命倫理学や環境倫理学等について幅広い解釈や説明が展開されており、倫理学の入門書としておすすめ。生命中心主義についても五頁も割いて解説されている。

『環境思想の系譜3　環境思想の多様な展開』（小原秀雄監修、東海大学出版会、一九九五年）おもに西洋社会における環境倫理の展開を追った論集の最終巻。テイラーの『自然への畏敬』の一部抄訳も収録されている。現在は販売していないようなので、大学図書館などで検索を。

第4章　日本人のスピリチュアリティ
――生と死をめぐる日本的ケアの源流――

吉田李佳

はじめに

現代は死が見えにくい時代だといわれる。医学の進歩によって、先進国では乳幼児死亡率が激減し、平均寿命が劇的に延びた。そのうえ、高齢者の多くが病院や施設で死を迎えるようになり、家庭の中に老いや死の影が薄くなった。わたしたちは平生、物質的には申し分なく豊かになった世の中で、目先の欲求を満たし、便利で快適な生活を享受することに気を取られている。そのような日常に、死や死後の世界に思いをはせる余地はたしかに少ない。しかし、一方で日本はいまや超高齢社会となり、介護や孤独死の問題が社会的にクローズアップされている。少子化が進む中、墓守の問題も深刻になり、自然葬や墓じまいなどの話題も一般的になってきた。わたしたちはこんにち、忘れかけていた死をふたたび直視せざるをえなくなりつつある。

死を意識するとき、わたしたちの眼前には、人生におけるふたつの課題がおのずと浮かび上がってくる。ひとつは、自らの意志で生きがいある人生を送ること、もうひとつは、先人の事績や精神をなんらかの形で受け継いでいくことである。そして、人生は他者と様々に関わりあいながら展開されていくものだから、このふたつは、実は地つづきの事柄である。

他者との関わりあいについて、もう少し深く考えてみよう。わたしたちは、誰もがみな、家族、学校、職場、親族、地域社会など、いろいろな関係のネットワークの中で、お互いに支えあいながら生きている。支えあいは他者に対する関心と配慮から出発する。そして、関心や配慮には様々な対象とヴァリエーションがあり、それは死者にも及びうる。そうであれば、死者に対する関心と配慮という意味で、弔いの儀礼を「死者に対するケア」と捉えることもできるだろう。これはいささか奇妙な表現に思われるかもしれないが、ケアの本質は「傷つきやすさ」や「ぜい弱さ」に対する感受性と応答であり[1]、死者もまた、ある意味では傷つきやすくぜい弱な存在といえるから[2]、葬儀や年忌供養などの弔いの儀礼をケアの一種と見なしても、それほど不自然ではないだろう。

いま「ケア」ということばを使ったが、ケアは含意のきわめて広い概念であり、様々な捉えかたができる[3]。ケアの相互関係という点から見れば、ケアする側とケアされる側は、立場的には対等ではない。しかし、そのケアが及ぼす作用は双方向的であり、適切なケアは、ケアされる側だけでなくケアする側にも善をもたらす[4]。してみると、弔いの儀礼もまた、死者と生者の双方になんらかの善をもたらす営みといえるのではないだろうか[5]。

おおむねこのような認識に立ち、本章では、弔いの儀礼が生者と死者の双方にもたらす善について、日本人の伝統的なスピリチュアリティにそくして考察したいと思う。ここでいうスピリチュアリティとは、昔から連綿と受け継がれてきた死生観や霊魂観、目に見えないものに対する感受性などのことである[6]。現代では霊魂の存在を認めない人も多いが、日本人の心の基層にアプローチするための手つづきとして、本章ではひとまず霊魂の存在を前提として考察していくことにしたい。

それではまず、日本人の伝統的なものの見かた、考えかたについて、いくつかの観点から考察していくことにしよう。

1　日本的心性

(1)日本人の幸福観

人生には限りがあり、誰の身にもいつかは必ず死が訪れる。その自覚は「いかに生きるか」という問いのきっかけとなる。そしてわたしたちは、せんじつめれば「幸福」を求めて生きているのであるが、さて、それでは、わたしたちが人生に求める幸福とは、具体的にはどんなものだろうか。

実は、やまとことばの語源をさかのぼってみると、幸福という観念に相当する「サチ」は狩猟・漁労による多収穫を、同じく「サキハヒ」は植物の繁茂を意味していたという[7]。どうやら、古代の日本人にとって幸福とは、人間の生活をささえる物がたくさんあることだったようだ。これは、たとえば「大切なのは「(ただ)生きる」ことではなく「よく生きる」ことである」と考え、幸福を哲学的に追究した古代ギリシア人とはきわめて対照的である。しかし、おだやかな自然環境の中で精神的な幸福を追い求めることのできた古代ギリシア人と違って、日本人は古来、地震、津波、洪水、台風、落雷などの頻発する厳しい環境を生き抜かなければならなかった。温帯モンスーン気候特有の、自然の暴威と恵みの両義性を生きてきた日本人にとって、多収穫や豊年万作の喜びが無上のものだったことは想像にかたくない。幸福が精神的な境地ではなく、生活に直結した物質的な満足を意味したのも、けだし当然といえるだろう[8]。

しかし、人生には物の多寡とは別の幸不幸もある。その最たるものは死別の悲しみではないだろうか。人はいつの時代も、親しい人と死に別れれば深い悲しみに苛まれたに違いない。日本最古の歌集である『万葉集』にも、死別を嘆く痛切な歌が数多く残されている[9]。

親しい人が亡くなると、人はふたつの課題に直面する。ひとつは、亡き人がどこへ行ったかを納得することである。その納得のしかたが、その人のいなくなった現実世界をどのように再構築するかという、もうひとつの課題に関わってくる[10]。

それでは、日本人は古来、人は死んだらどうなると考えていたのだろうか。

（2）日本人の生命観

社会は、そこに生きる人々に共通の、ものの見かたや行動パターンに基づいて営まれている。西欧では、長い歴史の中で一神教的な考えかたが根を下ろし、それを基盤にして社会秩序が形成されてきた[11]。しかしそれは、日本人がもともと持っていた考えかたとは異なる。そして、日本の近代化、つまり西欧型の社会制度へのモデルチェンジは、二〇〇年あまりに及ぶ鎖国を突然断ち切る強い外圧によるものだったため、わたしたちの思考回路は、かならずしもスムーズに、あるいは十分に西欧的な観念に接続したとはいえない。わたしたちはいまも、西欧近代的な合理主義とは矛盾する風習や生活習慣を、日常の中にダブルスタンダード（二重規範）として保ちつづけており、そこに日本人の伝統的な生命観がかいま見えるように思われる。

なかでも特徴的なのは、弔いをめぐる様々な習俗である。この国では、いまでも多くの人々が、お盆や正月には万障繰りあわせて里帰りをし、先祖の墓参りをする。精霊流しなど、地域ぐるみの供養の習俗も連綿と受け継がれている。人間だけでなく、ペットや実験動物さえ心をこめて供養をする[12]。日本人は昔から、死者の冥福を祈る「供養」というならわしを大切にしてきた。

また、習俗としてのお盆やお彼岸は、先祖に対する追慕や敬意の表現であると同時に、先祖との定期的な交流の機会でもある。毎年決まった時期に先祖を家に迎え、しばらく一緒に過ごす。あるいは、日々の生活や人生の節目ごとに先祖の墓に詣で、挨拶や近況報告をする。施設で暮らす老親や、遠方に住む親戚との交流にも似た、まるで、この国では死者も生者とは違うありかたで生きつづけ、折に触れて親類縁者と交流している、とでもいえるような習俗ではないだろうか。

それでは、死者はどこでどのようなありかたをしているのだろうか。

日本では昔から、死者は草葉の陰、つまり自然の中に存在しているといい伝えられてきた。また、先祖は「山の神」として山の彼方にいるが、田植えの時期になると「田の神」となって里に下りてくるとも伝承されてきた。正月になれば、人々は門松を立て、鏡餅を供えて、家々に一年のみのりと繁栄をもたらす「歳神」を迎える。こうした伝承や風習から、日本では古来、人は死んだら自然界に帰って神となり、ときどき人間界に戻ってきて生者と関わりを持つ、と認識されていたことが窺われる。自然界は、人間のごく身近にありながら、死者の住む「あの世」でもあったわけである。

魂があの世とこの世を行き来しているという観念は、やまとことばからも見て取れる。たとえば、日本語では卵が孵化することを「かえる」と言うが、国文学者の益田勝実はこれを、かつてカラ（体）から去ったタマ（魂）が、いままた新しいカラ（体）に帰ってきた、という生命の循環の思想の表れではないかと指摘している。また、古代の人々は、気絶すること、すなわちタマが（一瞬）カラから去ることを「しにかへる」、息を吹きかえすことを「いきかへる」と表現したという[13]。タマがあの世に行くことと、この世に戻ってくることのどちらも「かへる」と表現したのである。このようないいかたからも、古代の人々は、あの世とこの世が隔絶した世界だとは思っていなかったことや、生命の本体である魂は肉体が死んでも消滅せず、あの世とこの世を循環しつづけると考えていたことが窺われる。

日本人の霊魂観を、やまとことばからさらに探ってみよう。

（3）日本人の霊魂観

前項で述べたように、日本では古来、人間は生命や精神の原動力であるタマ（魂）と、それを宿すカラ（体）とによって成り立っていると考えられていた。タマがカラに宿っている間は、その全体がミ（身）とよばれる。死とはタマがカラから離れることであり、タマが抜けたカラは、生命のないナキガラ（亡骸）とよばれる。[14]また日本では、人間の身体をミとよぶだけでなく、果実や穀粒、魚介類や獣肉の食べられる部分も「ミ」という。それらを食べると人間の「ミ」になる（滋養になる）わけである。また、受胎を「種を宿す」といい、妊娠することを「身ごもる」という。人間のミ（身体）が食物というミによって養われ、種を宿し、新たな生命体としてのミを結ぶ。このような植物モデルの生命観は、いかにも農耕の民にふさわしい。ここには、人間は自然という大きな生命システムの一部であるという洞察がある。次項で触れるが、日本的な観念では、自然と人間はおたがいが他方の構成要素でもあり、明確には分けられないのである。

やまとことばには、タマのほかにも、自然界の霊的存在を表すものがある。たとえばチ、ヒ、ミという接尾辞である。これは自然現象や自然物が持つ力の主体を指し、「ククノチ」（木の神）、「ムスヒ」（天地万物を生み出す神霊）、「ワタツミ」（海を支配する神）というように使われる。[15]また、人間に禍いを及ぼす霊的存在、つまり祟りをなす怨霊や妖怪のたぐいを指すモノ、モノノケということばもある。

もう一つ、カミということばがある。これは、一言でいえば「威力ある恐ろしい霊的存在」を指し、モノ、モノノケに近い。具体的にはカミナリを指したり、オオカミなど獰猛な動物を指したり、こだま、鬼など得体の知れないもの、あるいは山、海、川、坂、道などの境界を領有し、通行人に威力をふるう存在をも指した。山や海や川は、その巨大で威圧的な存在感から、そこに強大な力を持つ霊が宿り、時として猛威をふるうと思われていたようである。[16] これが日本の神観念の原型だろう。日本の神は、自然の事物と一体化して威力をふるう、ある種の人格を持った存在としてイメージされていたのである。そしてそれは、人間を導いたり、守ったり、温かく包み込んだりするような意志は持たず、したがって、人間に親しまれ、慕われる存在ではなかった。

また、日本では古来、権力者がなんらかの強烈な負の感情を抱いて亡くなった場合、その霊がこの世に祟りをなすと見なされ、それを封じ込めるために、その人を神として祀ることがあった。日本の三大怨霊とされる崇徳天皇、菅原道真、平将門をはじめ、怨みと失意のうちに亡くなった権力者が、のちに神として祀られた例は多い。[17] それは、ときに人間のコントロールのまったく及ばない暴威をふるう自然の営みを、自然界の諸霊、とりわけカミのしわざと考えたことの延長上にある。[18]

次項では、古代人の自然観をさらに追ってみよう。

(4)日本人の自然観

よく指摘されることだが、日本人にとっての自然と西欧人にとっての自然は違う。「自然」は英語の nature の訳語だが、それはおおむね「人間をとりまく環境世界」ないし「人の手が加わっていない状態」という意味で、その概念の中に人間や人為は含まれていない。ところが、やまとことばには、西欧的な意味での nature にあたることばは存在しない。それは、さきほども述べたように、日本人が古来、人間を自然の一部と感じてきたからだろう。人は、自らをその一部として含む総体を客観化することはできないものである。

一方、西欧では自然が人間と対置され、人間の管理下におかれるべきものとされてきた。西欧の思想の基盤をなすユダヤ・キリスト教には、人間を「神に代わってすべての被造物を管理統治することを任された存在」とする考え方がある。[19] 人間にそのような特権的な地位が与えられているのであれば、一歩進んで、人間にはまた、自然の諸法則を解明し、自然界を支配する力をも与えられている、と考えられてもおかしくはない。事実、ルネサンス以降の西欧では、人間は自然を客観的に観察し、分析し、数値化し、操作することで自然科学を発達させ、科学技術を開発してきた。

しかしそれは、西欧の気候風土が、厳しくはあっても比較的安定していたことと深く関係しているのではないだろうか。西欧と比べて、日本の自然環境や気候風土は変化に富んでおり、恵み豊かである一方、しばしば猛威をふるって人間の生命や生活を脅かす。わたしたちにとって自然はいまなお、人間の管理や支配の及ばない、人知を超えたものである。日本人は古来、自然に服従しつつ、その暴力性となんとか折りあいをつける術を探りながら生きてきた。[20]

前項で述べたように、古代の日本人は、自然界にはカミをはじめ様々なタイプの霊的存在が住んでいると考えていた。このように、自然の万物に精霊（アニマ）が宿ると考え、それを崇拝する信仰形態は「アニミズム」とよばれる。[21] 自然発生的な土着宗教はみな基本的にアニミズム的な性格を持つが、日本のアニマには、その性質や宿る場所によって様々なよび名がある。諸霊の世界がそれだけリアリティをもってイメージされていたのだろう。

また、アニミズムの世界観に生きる人々は、平生から自然の諸霊と交流し、関わりあいながら生きているが、そのきわめて日本的な一例が『古事記』に記述されている。あるとき、雄略天皇が葛城山で、姿かたちやしぐさまで自分たちとそっくり同じ一行に遭遇した。いぶかしく思った天皇がその名を問うと、一言主神《ひとことぬしのかみ》[22]であるという答えが返ってきた。畏れ入った天皇が、自分の太刀や、百官の着ていた衣類まで脱がせて献上すると、一言主神は手を打ってそれを納受し、みずから天皇を長谷の山まで送った、というのである。このエピソードから、日本の神はどうやら、物を差し出すという形で敬意を表されることを喜ぶ存在らしいことが窺われる。ひょっとしたらこの記述には、物を差し出すことが、神とうまくつきあっていくための知恵のひとつであることを伝承する意図も含まれているのかもしれない[23]。

次節では、神々と人間とのそのような関係について、さらに考察を進めよう。

2　日本的ケア性

(1) 神に対するケア

日本では古来、社を建てて神を祀り、お伺いをたて、供え物をするという形で神と関わってきた。このような神との伝統的なコミュニケーションパターンは、おそらく、神の態度（＝自然の暴威）に様々に応答しているうちに次第に確立され、洗練されていったものだろう。神を祀り、お伺いをたて、供え物をすると災害が鎮まる。それは神が喜んでいるからである。それを怠ると禍いが生じるのは、神が怒っているからである。古代の人々はそのように考えたに違いない。このような考えかたは、現代人には呪術的、非科学的な迷信にも思われるが、少なくともそれなりに筋はとおっているし、なにより、神に鎮まってもらうことには切実な必要性があったからだろう、このような神とのコミュニケーションのしかたはひとつの定型として定着することになった。

後で触れるが、相手のご機嫌を伺い、相手の好むものを差し出すことは、神に対してなされるだけではない。わたしたちは日頃から、人との関わりあいの中でも、相手の身になって考え、相手を喜ばせ、相手とよい関係を築こうとする。この「相手に対する関心と気づかい」、「要求に対する適切な応答」、「よき関係の構築」は、ケア倫理（人間の傷つきやすさを前提として、他者にケア的に関わるべきとする考えかた）の基本であるが、国際的にも定評のある日本人のホスピタリティの高さは、このような「神に対するケア」によって育まれてきた一面もあるのではないだろうか。たとえば、かつて「お客様は神様です」という名セリフで人気を博した歌手が、後にこのセリフについて、お客様をいかに喜ばせるかを考えなければいけない、という意味で言ったのだと説明したという。日本人にとって神と人間（お客様）は類比的な存在であることを示唆する話である。近年では、二〇二〇年東京オリンピック招致運動の際に「おもてなし」ということばが話題になったが、これもまた、相手を大切にし、相手を喜ばせるために心を尽くすことである。

本来、神は人間を超えた力の主体である。しかし日本の神は、人間とは別格の存在でありながら、人間に対して「祀る」、「物を差し出す」、「お伺いをたてる」という形で自分たちと関わることを要求する、いいかえれば「ケアを求める」存在でもある。古代の人々はひょっとしたら、そのような神に対して、畏れつつしみつつも、どこか自分たちと似ているという共感のようなものを覚えていたのかもしれない。

人間と似ているという点で、日本の神にはもうひとつ、きわだった特徴がある。それは、「神が神を祀る」ということである。哲学者の和辻哲郎によれば、「記紀」に登場する神は、祀る神、祀られるとともに祀る神、祀られるだけの神、祀ることを要求する祟り神の四種に大別されるという。[24]「祀る」ということの持つケア性にかんがみれば、これは神々の世界におけるケアのネットワークを意味しているように思われる。人間は、疲れ、傷つき、衰え、死すべき存在として、お互いに助けあい、その弱さを補いあって生きている。ところが「記紀」によれば、どうやら神々も人間と同じように、疲れ、傷つき、死にさえする存在であり、人間と同じように仲間によるケアを必要とするらしいのである。日本の神々はこの点でも、やはり人間とよく似ているようである。

（2）互酬的ケア

ところで、「神に対するケア」には互酬性の要素が強い。互酬性とは文化人類学の用語で、贈与に対して返礼が期待されること、つまり「お返し」を意味するが、ここでは、神を喜ばせる見返りとして、人々が安寧や繁栄を手に入れてきたという意味である。このような互酬的関係は、西欧的な神と人間との関係とは大きく異なる。キリスト教の神は「愛の神」であり、返礼などまったく期待せず、すべての人に無条件に惜しみなく愛をそそぐ。その愛に目覚めた人は、自らも同じように一方向的、献身的に他者をケアすることで神の愛に応えようとする。それしか返礼のしようがないし、神自身もそれを望んでいるとされるからである。[25]しかし日本の神は、そもそも人間のためを思ってその力を行使する存在ではない。だから、その力が禍いとして行使されないよう、人間は様々な手だてで神のご機嫌をとる必要がある。つまり、日本的な「神に対するケア」は、はじめから災厄を除けるという目的をもってなされるのである。そしてまた、「情けは人のためならず」（人に親切にすれば、めぐりめぐっていつか自分に返ってくる）ということわざに端的に表現されているとおり、見返りを前提としたケアは、日本人の対人倫理の原型でもある。相手の利益と自分の利益をつねに結びつけて考えることは、日本的ケアの特徴のひとつといえるだろう。お中元、お歳暮をはじめ、平生からなにかにつけて物の贈答を行う日本的習慣の中にも、物のやりとりによる心理的な貸し借りの繰り返しによって絆を深め、相互ケアの関係を維持する機能があるように思われる。

ただし、ここで注意すべきは、神に対するケアの見返りは物質的な利益だけではないということである。神を祀る儀礼（祭祀）の直接の目的は、それによって神との間に良好な関係を結び、神に鎮まってもらって、豊作や安全を担保することだが、この目的とは別に、祭祀にはそれ自体が人間に活力を与えるという一面がある。祭祀に臨むと、人はある種の高揚感や恍惚感を覚える。わたしたちはそれを、ケガレ（気枯れ＝生命力が衰えた状態）が祓われ、気（生命力）が満ちた状態と感じてきた。それは、神の本質が自然の生命力であり、神との触れあいはすなわち生命力との接触だからだろう。[26]

また、神に対するケアを怠らず、それを代々受け継いでいくことによって、人間の側には「ケアする者」としての主体性が確立されていく。つまり、日本では相互ケア関係の中で自己が形成されるので、他者と切り離された単独的、独立的な自己は自覚しにくい。これは、西欧的な自己が、唯一絶対なる神との契約関係における責任の主体として、個的に確立されてきたことと対照的である。

もうひとつ、自然の生命力という論点から付け加えておきたい。わたしたちは、仕事や人間関係など、日常の様々な苦労にふと疲れを覚えると、無性に海や山や森が恋しくなることがある。そして、そのようなときに自然と触れあうと、体の奥深くから癒され、心身に生命力がみなぎるような感覚を覚える。おそらくこのとき、わたしたちと自然との間には、ある種の根源的な共鳴が生じているのだろう。これもまた、人間と自然の同質性に基づく、生命力の浸透作用といえるのではないだろうか。

3　日本的救済

（1）日本人の信仰心

ここまで見てきたように、日本の神と人間との関係は、西欧的なそれとはずいぶん異なっている。信仰の対象の性質が違うのだから、関わりかたが違うのも当然だろう。この点についてもう少し考察してみよう。

前にも述べたように、日本古来の土着宗教である神道は、自然崇拝を特徴とする多神教であり、アニミズムの色彩を強く帯びている。[27] アニミズムは世界中の土着宗教に見られる信仰形態だが、西欧では、中東で生まれたキリスト教が拡がり、浸透するにしたがって、アニミズムが抑圧されて社会の表層から消え、あるいは断片的にキリスト教と習合した。[28] しかし日本では、やはり外来の宗教である仏教が伝来すると、仏教と神道が入り混じって融和的に再構成され、人々の生活に深く根づいて独特の姿を示すようになった。いわゆる「神仏習合」である。この事情については次項で考察するが、神道はもともと、農耕、狩猟、建築などにまつわる様々な儀礼の集積ともいうべきもので、その影響で、わたしたちの日常にはいまも、近代的な合理主義から見れば迷信的とも思われる形式的な風習がたくさん残っている。たとえば、多くの人々は、妊娠すれば戌の日に帯祝いをし、子どもが生まれれば成長の節目ごとにお宮参りをし、家を新築するときには地鎮祭を行い、新車を買えばお祓いを受け、新年には初詣でに行く。そして、そのときわたしたちは、たんに慣習にしたがっているだけのつもりでも、心のどこかで、安産、子どもの健やかな成長、祟り除け、交通安全、無病息災などの現世利益をひそかに期待している。こうした慣習にあまり関心のない都市生活者や若い世代の人々、あるいは、それらを迷信としてしりぞける合理主義者でさえ、いざ自分の身辺に災厄や不可解な出来事が続くと、お祓いや易占のような「合理主義とは相容れないもの」に頼る気持ちがふと頭をもたげることがあるし、その心理を見透かすかのように、新聞や雑誌には必ず星占いや姓名判断、家相・墓相判断の広告などが掲載されている。わたしたちはやはり、生命や生活の安全、安寧は、人知の及ばない力に左右されることを漠然と感じており、困ったときにはつい「神頼み」をしてしまうのである。そしてそのとき、わたしたちの関心はもっぱら、それによって得られる利益に向かっている。多くの日本人にとって信仰とは、一神教の信仰のように、特定の対象の生きかたやその教えを心のよりどころとしてそれにならうことではなく、「ご利益《りやく》」を求めて神仏に詣で、縁結びや学業成就、病気平癒などの願をかけることだった。そして、「ご利益」に対する関心に比べると、そこに祀られている神仏に対する関心は、一般に驚くほど薄い。「なにごとのおはしますかは知らねどもかたじけなさに涙こぼるる」という西行法師の有名な和歌があるが、西行のような出家者でさえ、「涙こぼるる」ほどの敬虔さと、「なにごとのおはしますか（どなたが居られるのか）」を知りたいという気持ちはつながらないのである。[29] ましてや一般の民衆にとってはなおさらで、「（そこに）何が祀られているか」よりも、「（そこに参拝すると）どんな効験《こうけん》があるか」の方がはるかに大きな関心事であるばかりか、ご利益を求めてあちこちの神社仏閣をわたり歩くことにさえ、特にうしろめたさや抵抗を感じない人も多い。世界を創造し、統治する唯一神の意志にしたがうことを信仰の基本とする一神教の人々の目には、これはきわめて無節操かつ身勝手な態度と映るのではないだろうか。しかし、先ほど述べたとおり、日本人と神との関係は、もともと「祀る・伺う・捧げものをする（＝神々のご機嫌をとる）ことで自然の暴威を防ぐ（＝危難を除ける・利益を手に入れる）」というありかただった。これは、神々と人間の共存共栄のための一種の取引ともいえる。取引であれば、そのギヴアンドテイク関係において、次第にテイク（現世利益）に関心が集中するようになったとしても不思議はない。

むろん、現世利益を求める気持ちは、人として自然で切実なものであり、地域や時代を超えた普遍的な祈りのパターンでもある。しかし、信仰の対象に対する関心が薄いこと、信仰の求め方が形式主義的であり、その実質が神との取引であることは、日本人の信仰心の特徴といえるかもしれない。

（2）神仏習合――救済された神々――

日本人の信仰の求めかたが形式主義的なのは、形式（儀礼）が神をなだめ、ご機嫌をとる手だてだったからである。神は、人間が全幅の信頼を寄せることのできる相手ではなく、適切なケアを求めて荒ぶる、手に負えない一面を持つ存在だった。しかし、仲間の神々や人間のケアによって一時的に癒されたとしても、それはかならずしも永続的な安定や真の安心にはつながらないし、ケアする側も安定的な存在ではないから、ケアのありかたにも揺れが生じうる。

ところが、そこに仏教が伝来し、曲折を経て、日本固有の神道との協調的融合という歴史的な出来事が生じた。前項で触れた「神仏習合」である。神仏習合は、仏や菩薩という仏教的位格を「本地（仏の本来の姿）」、日本古来の神々を、衆生を救うために人間にわかりやすい姿で現れた「垂迹《すいじゃく》（仮の姿）」とする「本地垂迹説」によって理論的に跡づけられたが、事柄としては、神々が仏法と仏教徒を守護する「護法善神」として仏の配下に受け入れられた出来事である。[30] 仏は、各々の神の個性はそのままに、そのありかたを根本的に変えたのである。

神々の世界でも人間の世界でも、仲間どうしの支えあい、つまり相互ケアがカバーする範囲は、欲求を満たすことによる一時的安定である。しかし欲求とは、ひとつ満たされればもうひとつと、際限なく生じるものである。そして次々に生じる欲求の充足を追い求めることで、心は繰り返し不安定なありかたへと反転する。それに対して仏教的な意味でのケアは、この欲望の連鎖を断ち切り、永続的な心の安定が得られるよう導くことである。神々は、仏の化身となり、もっぱら人間の救済に関わるようになったことで「永続的な心の安定」を得た、つまり救われたのである。

この「仏による神々の救済」という画期的な出来事は、人間にとっても一大事件だった。それまでの「荒ぶる神々」が仏の性質を帯び、仏による人間の救済をサポートするようになったのだからである。わたしたちはしばしば、神と仏をひとくくりにして「神仏」とよぶが、それは、神仏習合以後の神々が、人間が安心してすがることのできる対象になったことを示唆している。

それでは、神仏習合以後、日本人はどのように救済されただろうか。つまり、日本人の心のありかたはどのように変わったのだろうか。

（3）心の救済――その日本的様相――

はじめに述べたように、古代の人々にとってはおそらく、一時的にせよ自然が平穏に鎮まってくれて、収穫に恵まれれば、それが考えうる最良の状態だったことだろう。つねに自然の暴威やその恐怖にさらされていた古代の人々には、それ以上の心の救済、つまり苦しみや悲しみが根本的に解消された「永続的な安心の境地」など、おそらく想像もしなかったのではないだろうか。[31]

さて、それでは日本人は、仏教的な心の救済のみちすじをどのように受容したのだろうか。

このことについて考察する前に、仏教の基本的な救済観を確認しておこう。仏教は、釈迦《しゃか》というひとりの人間が悟りを開いてブッダ（本来は「（真理に）目覚めた者」を指す普通名詞）となり、人々に説き遺した教えである。それはブッダが説いた教えであると同時に、ブッダになるための教えでもある。[32]仏教本来の意味では、ブッダになること、すなわち真理に目覚める（＝悟る）ことが救済なのである。

仏教では、欲望、怒り、執着などの煩悩によって迷いの世界（地獄、餓鬼、畜生、修羅、人間、天上の六道）を永劫に「生まれ変わり死に変わり」しなければならないことを「苦」として説明し、この「生まれ変わり死に変わり」を「生死」と表現する。つまり「生死」は、繰り返し迷いの世界に生まれてきて、そのつど苦しまなければばならない、という否定的な意味を含んでいる。[33]仏道修行によって煩悩を滅し、この生死の繰り返し（輪廻）から脱出（解脱《げだつ》）することが本来の仏教的救済である。悟りを得て解脱した人はもう輪廻しない。つまり、二度と迷いの世界には生まれない。したがって死や死後について思いわずらう必要もなくなる。[34]死の恐怖や死別の悲しみも必然的に消える。これが仏教の基本的な幸福論であり、救済観である。

ところが、このような抽象的、哲学的な考えかたは、日本人にはあまりなじまなかったようである。日本の浄土系仏教では、生死の迷いを超えた悟りの境地を指す「彼岸」の概念は、「死んだ後の安楽な世界」と解釈された。いっさいの悩みから脱した仏の境地を指す「涅槃《ねはん》」も、やはり「死んだ後の安楽な世界」という彼岸の観念と同化した。そして、念仏すれば、つまり仏に帰依し、その姿を思い浮かべ、その名をとなえれば、誰もが死後に浄土（＝彼岸、涅槃）という理想の世界に行けるという教義が確立した。本来は「悟りを得ること」を示す「成仏」ということばも、浄土系仏教では「死んだ後に浄土に行くこと」という意味である。浄土門ではそれが救済なのである。[35]

浄土系仏教が生まれた鎌倉時代には、法華経を信仰の中心とする日蓮系の仏教も生まれ、また中国からは禅仏教ももたらされて一般に広まった。浄土系仏教が死後の救いを説くのに対して、日蓮系仏教はこの世を仏国土とすることを目指し、禅仏教は座禅によって悟りを得ることを目指す。現世における救済という意味では、日蓮系や禅宗の救済観の方がよほど仏教本来の考えかたに近い。しかし、仏の他力にすがることを教える浄土門は、民衆があるがままの自分をゆだねるのに十分な、また日本的なスピリチュアリティの受け皿としても十分な、際立った包容力を示している。日本人の多くは、多少の濃淡はあれ、浄土門の救済観に共感や親しみを覚える素地を持っているのではないだろうか[36]。特定の信仰がなくても、なんとなく「人は死んだら安楽な世界に行ける」と思っている日本人はあんがい多いように思われる。

（4）救済の二重構造

すでに述べたように、絶対的な救済のない世界で、人間や神々どうしのケアによってかろうじて「安心なき安心[37]」の境地にとどまっていた日本の神々は、「衆生を救う」という仏の願いに同化することで救われ、仏とともに救済のネットワークを形成して人間を救済へと導こうとした。しかし、念仏すれば死後は浄土に行ける、という教えが一般に広く受け入れられたことで、結局、人々の信仰のありかたは、一方で死後の救いにあずかるために仏の他力にすがりつつ、現実的な悩み苦しみに関しては神々に現世利益を願うという二重構造になった。このパターンは、こんにちまでつづく日本的な信仰心の一典型といえるだろう。多くの日本人は、死後の救済と現実的な悩みの解決を、別の事柄として切りわけて考えている。そして、生活環境や社会通念が大きく変わった現代でも、わたしたちの考えかたや行動パターンは、あいかわらず昔ながらの物質中心主義、現世利益志向に知らず知らずのうちに規定されているように思われる。

もっとも、現世利益志向は日本人に限った傾向ではないのかもしれない。病気や貧困などの現実問題の解決は、人間にとってつねに切実な願いであり、人知を超えた力にすがってそれを克服したいというのも、ごく自然な気持ちだからである。西欧社会の基盤をなすキリスト教の場合は、イエス・キリストを通して「永遠の生命を得る」ことが信仰の目的であって[38]、現世利益を主眼とすることは否定されているが[39]、それでも現世利益そのものを否定しているわけではないし、世界各地に伝えられて土着化する過程でも、必要に応じてなんらかの現世利益的な要素を取り込んでいる。たとえば、キリスト教徒の割合が国民の約三〇％を占める韓国では、病気からの回復などの奇跡を布教のおもな手段としているという。もともと韓国には、民衆の現世利益をかなえる手段として、古代からシャーマニズム（巫女信仰）の歴史があり、韓国のシャーマニズムにおける世界観や救済の構造がキリスト教と似ていることから、国家宗教だった仏教や儒教が衰退した宗教的空白期にキリスト教の受容が進んだといわれている[40]。しかし日本では、現世利益や先祖の救済などの日本的ニーズを教義化して土着化を図っているキリスト教のセクトもあるにはあるが[41]、韓国ほどの吸引力は示していない。日本では、キリスト教はもっぱら教育、福祉、医療といった「隣人愛」の社会的実践の母体として認知され、またクリスマスやヴァレンタインデーなど、元来の宗教的意味から大きく離れた商業ベースのイヴェントは普及しているが[42]、個人レヴェルでは、概して教養や精神修養以上のものにはなりにくいのが現状である[43]。それはおそらく、日本古来の世界観や霊魂観が一神教的なそれとなじみにくいことと、日本では仏教と神道による救済の二重構造が強固で、キリスト教がそれに取って代わる必然性が少ないからではないだろうか。

（5）現世利益と心の救済

ともあれ、現世利益を願う気持ちが普遍的なものだからこそ、物質的な豊かさをもたらした西欧近代文明が、ひとつの理想の実現としてグローバル化したのだろう。いまや救済とは、科学技術の恩恵によって物質的に満たされることとほぼ同じ意味になっているように思われる。いわば、科学技術が信仰の対象となったのである。しかし近代文明には、環境問題や格差問題といった深刻な負の側面があり、こんにちではもはや、物質的な豊かさの先行きどころか、人類や地球そのものの存続さえ危ぶまれている。先進国では心を病む人も多い。わたしたちはやはり、物質的に満たされるだけでは完全には救われないのである。現代が「心の時代」といわれたりするのも、その自覚の表れのように思われる。そして、結局は心のよりどころとして宗教が求められることになるわけである。

宗教の定義は難しいが、それが救済に関わるものであることは間違いないだろう。しかし、これまで考察したように、現世的な意味での救済には、少なくともふたつの次元がある。ひとつは病気がなおる、経済問題が解決する、受験に合格する、良縁を得る、子宝に恵まれる、あるいは不慮の事態から奇跡的に命拾いをするといった現世利益の次元であり、もうひとつは悲しみや苦しみ、憂い、憎しみ、さびしさ、むなしさ、不平不満といったネガティヴな気持ちが解消され、感謝や安らぎに満ちたポジティヴな心の境地を得ることである。宗教の本質を心の救済と見る立場からすれば、現世利益はあくまでも信仰の副産物であり、極論すればなくてもよいのである。実際、直面する不条理や不毛な苦しみを、現実を超越して揺るぎない信仰を確立するための試練と捉える考えかたもある。(44)

たしかに現世利益は、心の救済にとっていわば諸刃の剣である。それによって深い感謝や奉仕の精神へと導かれ、心の救いを得ることもあれば、ひとつの願いがかなったことでさらに次々と欲望が連鎖的に生じ、かえって葛藤のもととなることもあるからである。それどころか、あくなき欲望の追求が利己性を助長し、争いに発展することさえしばしばある。とはいえ、もともと傷つきやすくぜい弱な存在である人間にとって、深刻な問題を抱えたままポジティヴな心を保つことは容易ではない。ご利益を求めて「願をかける」こと自体が心の支えになることもあるだろう。この緊張関係が解消されるためには、現世利益を満たしつつ、感謝、信頼、知足、放下といったポジティヴな心へ、さらには謙譲、献身性、利他性といった徳性へと人を導く教義体系が必要になる。教義を持たない民間宗教と一線を画した創唱宗教の存在意味はそこにある、ともいえるだろう。そしてまた、心の救済の射程には、死者の救済も当然入ってくる。なぜなら、死者はかならずしもポジティヴな心で人生を終えたとは限らないからである。

(6) 先祖供養——死者の救済——

日本古来の死生観では、死とはタマ(魂)がミ(身)を離れることだったが、死後すぐのタマはアラタマとよばれ、とくに寿命をまっとうできずに不慮の死をとげたアラタマは、その無念さからこの世に危害を及ぼすと考えられた。人々はその無念を鎮め、おだやかなニギタマになってもらい、最終的には子孫の守り神になってもらうために「供養」を行ってきた。そして仏教伝来以降、人々はその供養に関して、仏教の持つ呪術的な力を大いにたのんだ。浄土系仏教が生まれる以前の平安仏教は、加持祈禱を重んじる密教が中心で、経典や呪文がアラタマをニギタマへ、そして仏へと変容させる力を持つと信じられていたからである。[45]

その後、鎌倉仏教が生まれ、キリスト教が伝来し、さらにキリシタンが禁制となり、時の政治権力によって寺請制度[46]が敷かれると、民衆は基本的にみな地域の寺院に所属することになった。寺院は信仰の場であると同時に、戸籍や教育を管轄する、現代風にいえば区役所や学校の役割を兼ねる機関となり、世俗的な意味でも民衆の生活に深く関わることになった。そして寺院側は、経営的な必要もあって、檀家に対して葬儀や年忌法要などの「先祖供養」を強調し、なかば義務化した。これが、しばしば「葬式仏教」と批判的によばれる日本仏教の特徴である。

先祖供養は、たしかに本来の仏教教理からは大きく離れた信仰形態である。しかし、それがこれほど長くつづいてきたのは、それが日本人のスピリチュアリティに合致していたからではないだろうか。あるいは、むしろ逆に、日本的スピリチュアリティが先祖供養という信仰形態を必要とした、という方が当を得ているのかもしれない。浄土門では、死者は浄土に行ってから悟りを得る（成仏する）とされるから、供養とは、これから仏となる死者に対する子孫からの一種のはなむけである。おそらく、そのような子孫の心づくしに応えて、死者はいずれ仏として子孫を守護してくれると考えられたのだろう。つまりお盆やお彼岸、年忌供養などは、先祖と子孫の絆を深め、この世とあの世の境界を超えた互酬的なケア関係を築くための文化的、宗教的装置ともいえるわけである。[47] 仏教には世界観の強制がないので、日本人のスピリチュアリティや、日本的なケア性を生かすフィールドとなりえたのではないだろうか。

いずれにしても、先祖供養という信仰形態は、日本的スピリチュアリティと仏教教理との折衷のたまものといえるだろう。[48]

4　終末期ケアとしてのスピリチュアル・ケア

これまで考察してきたような死生観や救済観を文化の基層に持つからだろう、日本人は、死が近づくと、先立った先祖の「お迎え」を待つ気持ちや、自然やふるさとを恋う気持ちが強くなるといわれる。[49] 古来、日本人にとって死とは自然界への回帰であり、自然界はまた先祖の住まう魂のふるさとでもあったからだろう。近親者にも、死者は自然界へ帰っていったとイメージされることが多いらしい。自然葬によって近親者を送った人々の手記によると、その人々には、故人は山、海、地球、宇宙といった広い世界へ帰って行き、生前に病によって中断された楽しみをそこでふたたび楽しんでいるとか、故人は自然と融合し、自然の一部となったなどとイメージされているという。[50]

また、古来、人とのつながりや相互ケア的な関わりの中に生きてきた日本人にとって、自分の死後も家族や親しい人は自分を忘れずにいてくれる、と信じられることは大きな慰めになる。とくに、霊魂や来世を信じない人の場合、死ねば自らの生がまったくの無に帰するというイメージのむなしさに耐えかねて、それまで自律的、自己完結的に生きてきた人であっても、いわゆるスピリチュアル・ペイン（実存的な苦しみ）が発現することがあるという。[51]無に帰するとは人々から忘れ去られることである。それが耐えがたい苦しみのもとになるのであれば、その人を支えるためには、その人自身が、みずからの人生が他者にとってもなんらかの意味を持ち、少なくともその人たちは自分のことを記憶にとどめてくれる、と信じられるようなケアが必要になるだろう。

結局のところ、日本人にとっては、ふだんから自然に親しみ、[52]最期のひとときまで身近な人々と心をかよわせながら過ごし、[53]死後も「死者として生きつづける」ことを信じて見送られる、という伝統的な生き死にのありかたが、安心して死にゆくためのひとつの理想形なのだろう。「死者として生きつづける」とは、霊魂を信じる人にとっては、死後も様々なしかたで現世の人々と関わりつづけることだろうし、霊魂を信じない人にとっては、自分が生きた証しがこの世に残り、なんらかの形で受け継がれていくことだろうが、いずれにしてもわたしたちは、最期のときまで親しい人たちとともにあり、死後もその人たちとの絆がつづくと信じることによって、死すべき運命を心静かに受け入れることができるのかもしれない。

結びにかえて

死は高齢者だけの問題ではない。誰もが、いつ、どこで、どのようにこの世の生を終えるかわからない。ふだんはそれを忘れているだけである。死がふたたび身近になりつつある現代という時代は、平生から死を思うべきであることをわたしたちに教えているようにも思われる。

日本人は古来、神々や死者をリアルな存在として手あつくケアしてきた。それは、そのケアの効用が生者にも及ぶ、循環的な性質を持つと信じられていたからである。そして、様々な価値観が混在する現代でも、戦没者や災害犠牲者の慰霊祭など公的な典礼も含め、わたしたちは弔いの儀礼を大切にしている。そしてそれは、故人の死を悼むだけでなく、その死からなんらかのメッセージを受け取り、故人の生と死の意味づけを行う機会でもある。死者と生者とのこのような声なき対話もまた、ある種の循環性といえるかもしれない。たとえ故人の生や死のありかたがかならずしもポジティヴなものでなかったとしても、それもまた、これからのわたしたちのよりよき人生、他者とのよりよき関わりかた、よりよき社会のための道しるべとなりうる。わたしたちが、かつてこの世に生きた人々を繰り返し思い出し、その人たちがこの世に残した足跡に思いをはせ、その人たちの願いを受け止めるとき、死者は生者の中に生かされ、生者とともに生きつづける、といえるのではないだろうか。

付記

本章は、高橋・吉田（二〇〇五）をベースにして、「死者との交流」ないし「供養」の意義についてさらに考察したものであり、随時この論文を引用、参照しながら論述した。当該箇所はその都度注に明示した。

注

（1）　メイヤロフ（一九八七：二一七—二一八頁）。

（2）　たとえば、仮に死者が生者によって不当におとしめられたとしても、死者は反論や仕返しができない。その意味で、死者を「傷つきやすく、ぜい弱な存在」と捉えることも、そこになんらかのケアが成り立つと考えることもできるだろう。

（3）　「ケア」という言葉は、ヘアケア、スキンケアなど日常の私的領域から、医療・福祉・教育などの職業分野にいたるまで、対象も意味もきわめて広く使われているので、そのすべての含意を一言で翻訳することは難しい。「気づかい」や「世話」はいつでもどこにでも存在するから、ケアとはむしろ、人間の様々な営みに伴う心のありかたと捉えることもできるだろう。

（4）　善という概念には倫理学的に様々な定義や議論があるが、ここでは「多くの人が認める、社会規範にかなった道徳的な価値（的行為)」という意味である。なお、善は生者、死者の双方に対していわれうるが、次項で考察する「幸福」は、個人が感じるなんらかの状態であり、通常は生者についていわれる事柄である。

(5)　ひところ日本では、「人は死んだら風になる」とか「墓はいらない」といったフレーズが、ある種の説得力を持って流布したことがあった。しかしそこには、弔うということ自体を否定するニュアンスはなかったように思われる。

(6)　死や霊魂など、現実世界を超えた神秘に関わる事柄は、大きくは宗教のカテゴリーに属するが、宗教ということばの持つ様々なバイアスを回避するために、ここではそれをスピリチュアリティとよぶことにする。なお、スピリチュアリティをめぐっては、一九九八年にWHO理事会で「健康」概念の定義にspiritualとdynamicの二語を追加するよう提案されたことをきっかけに、おもに医療界で注目され、日本でもスピリチュアル・ケアに関する議論が活発になった。巷間にも、目に見えない世界と現実世界との関係に着目するサブカルチャー的なムーヴメントが存在する。いずれにしても、スピリチュアリティという概念はあまりに包括的すぎるためか、その含意を適切に表現できる日本語が見あたらず、カタカナ表記のまま定着して現在にいたっている。

(7)　大野（一九七六：二〇三―二〇四頁）。

(8)　古代ギリシアで哲学的な観想生活に対する志向が生まれ、価値づけられた背景には、奴隷制度によってポリス（都市国家）の市民が生産活動（労働）から解放され、十分な余暇を持つことができた、という事情があることにも留意すべきだろう。

(9)　『万葉集』には、死者を悼む「挽歌」が二六三首（全体の五・八％にあたる）収められている。挽歌は、葬礼において死者の魂をよび戻す、あるいは死者の魂をなだめるために詠まれたのがその起源と考えられている。

(10)　これは、心理学でいう「喪の作業（mourning work）」のプロセスと重なりあうと思われるが、伝統的には宗教が担ってきた役割だろう。

(11)　西欧文明にも、ヘレニズム（ギリシア・ローマの多神教的な世界観に基づく文化）とヘブライズム（ユダヤ・キリスト教の一神教的な世界観に基づく文化）というふたつの源流がある。また西欧では、様々な政治的事情の結果として、それ以前の各地に存在した土着宗教の上におおいかぶさるようにキリスト教が広く伝播した。つまり、西欧文明における世界観も、実はかならずしも一枚岩とはいえないのである。しかし西欧では、政治権力と一体化したキリスト教が思想的にも絶対的な影響力を持ち、土着の宗教は強く抑圧され、歪曲されてキリスト教に習合された。そのため欧米では、少なくとも表面的には一神教的世界観が圧倒的に優勢である。

(12)　日本には、人形、針、筆、櫛等々、無生物さえねんごろに供養し、ねぎらいと感謝を捧げる習慣がいまも残っている。これは後述するアニミズム（精霊信仰）の日本的ヴァリエーションであり、また日本人のケア性の発露でもあるだろう。

（13）益田（一九八三：六―八頁）。

（14）これに関連して、考古学の知見では、縄文貝塚に貝殻だけでなく人骨や土器や動植物の遺物などが存在することから、貝塚はゴミ捨て場ではなく一種の墓地であり、現世の生から離れた「カラ」の場所だったと考えられている（益田一九八三：二四―二五頁）。

（15）「チ」は自然界の激しい有機的な活力（ククノチ、カグッチ、ヲロチ等）、「ヒ」は太陽の持つ力（ムスヒ、マガッヒ）、「ミ」は雨水を支配する霊格のひとつ（ヤマツミ、ワタツミ、オカミ）、「モノ」は怨霊である（大野一九七六：一八九―一九一頁）。

（16）大野は、「カミ」がカミナリ（雷）を表すことがきわめて多いことを、カミの意味を考える上で重要なことと指摘している。なお、カミは万葉仮名では「迦微」、「加未」などと表記され、平安文学では「かみ」とひらがな表記される（大野一九七六：一九二―一九七頁）。

（17）これも、彼らの怨みや怒りが、彼らの死後に生じた相次ぐ災厄の原因と考えられたからであり、その無念を晴らし、名誉を回復することで祟りを防ぐという功利的な目的からだった。

（18）以上、本項は高橋・吉田（二〇〇五）より「古代日本の自然観」の論考に依拠している。なお、この意味で、キリスト教の God を神と訳したことは、日本における神観念の混乱の一因となっているように思われる。日本では、自然の個々の事物に宿る精霊や、神格化された死者をカミとよんできたのであって、自然界全体を統べる一神教的な創造主としての神は存在しないからである。

（19）「神は言われた。「我々にかたどり、我々に似せて、人を造ろう。そして海の魚、空の鳥、家畜、地の獣、地を這うものすべてを支配させよう」」（『旧約聖書』「創世記」一章二六節）、「産めよ、増えよ、地に満ちて地を従わせよ。海の魚、空の鳥、地を這う生き物をすべて支配せよ。」（同二八節）

（20）和辻（一九七九）には、世界の気候風土と、それが育む人間の性格が端的に類型化されて提示されている。和辻は、湿潤が自然の恵みと自然の暴威の両義性を持つことから、温帯湿潤地域では人間が自然への対抗を断念せざるをえず、したがって、そこに住む人々のうちに受容的・忍従的な性格が育まれると指摘している。

（21）アニミズムは、自然界の諸事物に宿る霊魂（アニマ）を崇拝の対象とする信仰の形態で、イギリスの人類学者タイラー（E. B. Tylor 一八三二―一九一七年）が提唱した概念である。タイラーは、原始宗教から多神教を経て一神教へという進化論的な枠組みの中で、アニミズムを「宗教の起源であり、宗教発展の各段階を通じて存在し、すべての宗教の基礎をなすもの」として説明した。西欧優位主義を反映したこのような思考枠はこんにち説得力を失っているが、アニミズムという概念自体はいまでもよく用いられる。

(22) 一言主神は、初出の『古事記』をはじめ『日本書紀』、『続日本紀』、『日本霊異記』にも登場する神で、吉凶を一言で言い放つ託宣の神とされる。

(23) 以上、本項は高橋・吉田（二〇〇五）より「古代日本の自然観」の論考に依拠している。

(24) 和辻（一九六二：五六—五七、六四—六七頁）。

(25) 「「お前たちは、わたしが飢えていたときに食べさせ、のどが渇いていたときに飲ませ、旅をしていたときに宿を貸し、裸のときに着せ、病気のときに見舞い、牢にいたときに訪ねてきてくれたからだ。」〔…〕「はっきり言っておく。わたしの兄弟であるこの最も小さい者の一人にしたのは、わたしにしてくれたことなのである。」」（『新約聖書』「マタイによる福音書」二五章三五—四〇節）

(26) この事情は、たとえていえば赤ん坊の世話に似ている。適切に世話をすれば、むずかる赤ん坊の機嫌がなおり、世話をする人にひとときの平穏が訪れる。これを一種の現世利益とすれば、赤ん坊と触れあい、その世話をすること自体に喜びや癒しを感じるとき、世話をする人は他になんの見返りも求めず、ただそれだけで十分に満足する。そのケア行為そのものから、生命力という別の次元の見返りを受け取っているからである。また、赤ん坊をケアすることでケアする人と赤ん坊の絆が深まり、両者がそのケア関係の中で自己を実現する。この事情については高橋・吉田（二〇〇五）より「ケア的関係」の項に詳述した。

(27) 個々に名前と個性を持ち、統治する領分が分かれている人格神を崇拝するという意味で、神道は多神教であり、たんに「万物には精霊（アニマ）が宿る」というだけのアニミズムとは、厳密には異なる。

(28) 一〇月三一日のハロウィーンや一二月二五日のクリスマスはその代表的なものである。ハロウィーンはもともと古代ケルト人の収穫祭だったが、カトリックの万聖節の前夜祭として習合された。クリスマスは、ゲルマンの冬至祭、古代ローマの農耕神サトゥルヌスの祭儀、ローマ帝国の太陽神信仰ミトラス教の祭日などが習合してイエス・キリストの生誕祭となったものといわれている。

(29) いうまでもないが、この和歌の本旨は神仏に対する畏敬の念である。西行は出家者だから、現世利益に対する関心は薄かったのだろう。

(30) 以下は高橋・吉田（二〇〇五）より「神仏習合」の論考に依拠している（義江一九九六：一一—一四頁）。

(31) 大野（一九七六：二〇三—二〇四頁）。

(32) この点はキリスト教との大きな違いである。キリスト教の場合、人間と神は質的に隔絶しており、人間が神になるという発想はありえない。人間は神の愛と配慮の対象であり、その神の意志を「信じる」ことで救済が実現するのである。ただ、この救済の構造は「弥陀の本願」（衆生を救うという仏の誓い）にあずかることを救済と考える日本の浄土系仏教と似ていることも、しばしば指摘される。

(33) 仏教的には「生死」は、たんに生まれることと死ぬことを意味するだけでなく、「輪廻」（煩悩の世界を生まれ変わり死に変わりすることの繰り返し）と同義にも用いられる。つまり、迷いのただなかにある人間のありようを比喩的に表現したものである（中村ほか一九八九：五二一―五二二頁）。

(34) 釈尊は、死後の霊魂の存在などに関わる質問に対して「無記」（判断を示さず沈黙を守ること）をもって応じたと伝えられる。回答を避けた理由は、「無益で、法に適合せず、〔…〕涅槃に導かないからである」と説明される（中村ほか一九八九：四〇六、九八四頁）。

(35) 中村ほか（一九八九：四三七―四三八頁）。

(36) むろん、このような救済観が成立するにはそれなりの理由があるだろう。そのひとつに、一般大衆の多くは解脱のための修行に専心できる生活環境にないという事情がある。現実の生活の中で無理なく実践できる念仏によって誰もが救済されうる、という教えは、その日その日を生きるのに精一杯の大衆にとって、この上なく大きな希望となったに違いない。だからこそ念仏はこれほど受容されたのではないだろうか（末木一九九六：一四六―一四九頁）。

(37) 本居宣長の「もののあはれ」論では、絶対的な救済の体系のないところでは、死別の悲嘆や死の恐怖を抱えこんで生きざるをえない耐えがたさ（解消不可能な「あはれ」）は、悲しむべきことを悲しむことに安心を見出す「安心なき安心」という態度によって、はじめてひとつの安定に持ちこまれるとされる（相良一九七八：二九五―二九八頁）。

(38) 「金持ちが神の国に入るよりも、らくだが針の穴を通る方がまだ易しい」（『新約聖書』「マタイによる福音書」一九章二四節）、「だれも、二人の主人に仕えることはできない。〔…〕あなたがたは、神と富とに仕えることはできない」（同六章二四節）、「あなたがたは地上に富を積んではならない。〔…〕富は、天に積みなさい」（同一九―二〇節）といった記述に、この世での物質的な豊かさよりも「天」あるいは「神の国」を重視する価値観が見て取れる。

(39) 「だから、『何を食べようか』『何を飲もうか』『何を着ようか』と言って、思い悩むな。〔…〕何よりもまず、神の国と神の義を求めなさい。そうすれば、これらのものはみな加えて与えられる。」（『新約聖書』「マタイによる福音書」六章三一、三三節）

(40) とりわけ韓国のシャーマニズムが、人間の運命や生活を含めすべての現象は超越神に支配されていると考え、自分の運命改革のために霊界との仲介役をしてくれるシャーマンにすがる、という徹底した依存主義をとり、それが「人は行いによってではなく、信仰によって救われる」というキリスト教の根本教理と重なりあうことがその大きな要因といわれる（朴正義「キリスト教受容における韓日比較」（第四九回日文研フォーラム講演）より）。これはシュライエルマッハー（F. E. D. Schleiermacher 一七六八―一八三四年）のいう「絶対依存の感情（schlechthinniges Abhängigkeitsgefühl）」にも通じる深い宗教的感情ではあるだろうが、個人の責任や決断の放棄につながりかねない危険性もはらんでおり、信仰と主体的、実存的決断との関係が問題になると思われる。

(41) 日本におけるキリスト教の土着運動についてはマリンズ（二〇〇五）にくわしい。とくに、先祖の代わりに洗礼を受ける「身代わり洗礼」や、仏教の盂蘭盆会法要や年忌法要に似た「合同慰霊祭」、「追悼礼拝」によって先祖供養のキリスト教化を図っているセクト（マリンズ二〇〇五：一九七―二〇一頁）、神の祝福による商売繁盛の証言、礼拝における聖油による治癒儀礼など現世利益を強調するセクト（マリンズ二〇〇五：一三六頁）の事例は興味深い。

(42) 「互酬的ケア」の項で触れたように、日本には、日常的にひんぱんに物の贈答を行う習慣がある。クリスマスやヴァレンタインデーも、日本の場合、物の贈答による相互ケアの機会として機能しているのではないだろうか。これら外来のイヴェントが日本でこれほど一般化したのは、物の贈答という行為にこめられているケア性、すなわち他者に対する気づかいという精神が、クリスマスやヴァレンタインデーの元来の意味である「隣人愛」の精神と親和的で、日本人にとって違和感が少なかったせいではないかと思われる。

(43) これは、しばしば指摘されるように、明治期にふたたび日本にもたらされたキリスト教がおもに教養階級に受け入れられ、武士道の精神的伝統に接続したこととも関係しているように思われる。

(44) 良寛禅師の「災難に逢う時節には災難に逢うがよく候　死ぬる時節には死ぬがよく候　是はこれ災難をのがるゝ妙法にて候」（越後大地震の報を聞いて知人に送った書状の一節）ということばや、神の試しに遭って全財産と家族を失いながら「わたしは裸で母の胎を出た。裸でそこに帰ろう。主は与え、主は奪う。その御名はほめたたえられよ」（『旧約聖書』「ヨブ記」一章二一節）と語ったヨブのことばに、現世利益が捨象された信仰のありかたが見て取れる。

(45) 末木（一九九六：二八七―二八八頁）。

(46) 江戸時代、キリシタン禁制の実施手段として取られた制度。すべての家に対して檀那寺を持つことが命じられ、転居、奉公、結婚、旅行などの際には檀那寺の寺請証文や寺送り状が必要だった。

(47) 供養という営みの互酬性に着目すれば、そこに、自らもいずれ子孫の供養によって成仏を後押ししてもらえるという期待を読み取ることもできるかもしれない。

(48)　儒教の影響を主張する説も最近では有力である。以上、本項は高橋・吉田（二〇〇五）より「神仏習合」の論考に依拠している（加地一九九四：八―九五頁）。
(49)　そのような日本的ニーズを受け、仏教界では一九八九年に「仏教と医療を考える全国連絡協議会」を設置、病院や福祉施設での法話会、ベッドサイドでの法話の実践等の活動を展開している。
(50)　一方で、お盆に現世で故人と再会できるとは考えられていない。故人とは、生者がやがて死者となった段階で再会できるとイメージされているという。時代の波によって、埋葬の慣習だけでなく、日本の伝統的な霊魂観にも揺れが生じているのかもしれない（田口二〇〇三：二五〇―二五六頁）。
(51)　沖藤（一九八四）。
(52)　広井（二〇〇三：一五三―一六六頁）。
(53)　臨死患者の心理過程を観察したキューブラー＝ロスの報告によれば、「否認・孤独」、「怒り」、「取引」、「抑うつ」、の各段階を経て「死の受容」という最終段階にいたった患者は、親しい人々との関係を完全に離れ、ひとり従容と死に向かうという。しかし日本では、むしろ最期まで親しい人たちと「共にある」ことが死の受容をうながすことがしばしば指摘される。これは欧米人と日本人の自我の構造の違いを示しているのではないだろうか（キューブラー＝ロス一九七一：六五―一六九頁）。

参考文献

大野晋（一九七六）『日本語をさかのぼる』（岩波新書）岩波書店。

沖藤典子（一九八四）『平安なれ命の終り　ホスピス病棟からの報告』新潮社。

加地伸行（一九九四）『沈黙の宗教――儒教――』（ちくまライブラリー）筑摩書房。

菅野覚明（二〇〇一）『神道の逆襲』（講談社現代新書）講談社。

氣多雅子（二〇〇二）「苦からの脱却」、『アルケー』第一〇号、関西哲学会。

エリザベス・キューブラー＝ロス（一九七一）『死ぬ瞬間』（川口正吉訳）読売新聞社。

末木文美士（一九九六）『日本仏教史』（新潮文庫）新潮社。

『聖書　新共同訳』（二〇〇一）日本聖書協会。

相良亨（一八七八）『本居宣長』東京大学出版会。

高橋隆雄（二〇一三）『「共災」の論理』九州大学出版会。

高橋隆雄・吉田李佳（二〇〇五）「自然のスピリチュアリティ」、熊本大学文学部『文学部論叢』第八四号。

田口宏昭（二〇〇三）「自然葬と現代」、高橋隆雄・田口宏昭編『よき死の作法』九州大学出版会。

土橋寛（一九九〇）『日本語に探る古代信仰』（中公新書）中央公論新社。

中村生雄（一九八九）「たましい」、長尾雅人・福永光司・服部正明・高崎直道・井筒俊彦・上山春平・梶山雄一編『日本思想二　岩波講座・東洋思想』岩波書店。

中村元・福永光司・田村芳朗・今野達編（一九九八）『岩波仏教辞典　第二版』岩波書店。

益田勝実（一九八三）「古代人の心情」、相良亨・尾藤正英・秋山虔編『講座日本思想一　自然』東京大学出版会。

長谷正當（二〇〇三）『欲望の哲学――浄土教世界の思想――』法藏館。

広井良典（一九九七）『ケアを問いなおす』（ちくま新書）筑摩書房。

広井良典（二〇〇三）『生命の政治学　福祉国家・エコロジー・生命倫理』岩波書店。

マーク・マリンズ（二〇〇五）『メイド・イン・ジャパンのキリスト教』（高橋恵訳）株式会社トランスビュー。

ミルトン・メイヤロフ（一九八七）『ケアの本質』（田村真・向野宣之訳）ゆみる書房。

安田喜憲（一九八七）『一神教の闇』（ちくま新書）筑摩書房。

義江彰夫（一九九六）『神仏習合』（岩波新書）岩波書店。

和辻哲郎（一九六二）『和辻哲郎全集第一二巻　日本倫理思想史　上』岩波書店。

和辻哲郎（一九七九）『風土』（岩波文庫）岩波書店。

和辻哲郎（一九九二）『日本精神史研究』（岩波文庫）岩波書店。

読書案内

『現代霊性論』（内田樹・釈徹宗、講談社、二〇一三年）気鋭の思想家と宗教家が、タブー、占い、カルト、新宗教、靖国問題等々を俎上に載せながら、人間の営みと霊の関係について会話形式で行った講義録。現代における宗教の役割を考える。

『日本仏教史　思想史としてのアプローチ』（末木文美士、新潮社、一九九六年）六世紀なかばに日本に仏教が伝来して以来、あまたの名僧たちによって再解釈されつつ、またそのときどきの時代状況に対応して、日本の仏教がどのように変貌していったかをたどり、日本仏教の本質を検証した一冊。

『日本の自然崇拝、西洋のアニミズム』（保坂幸博、新評論、二〇〇三年）平明な筆致で宗教の本質に鋭く切り込んだ力作。自然に対する日本人特有の感情に注目しつつ、キリスト教的宗教観と対比させながら、日本人の宗教性を世界的な視野の中で分析する。

『救いとは何か』（森岡正博・山折哲雄、筑摩書房、二〇一二年）信仰を持つ宗教学者と信仰を持たない哲学者による、救済をめぐる鋭く深い対話。世界全体の幸福と個人の幸福、親鸞の「一人」の思想などを話題としながら、救いとはなにかという思索が深められていく。

第5章　生と死の現場に立ち現れる和解と赦し
——犯罪、ルワンダ、水俣、終末期ケア、認知症をめぐって——

石原明子

はじめに

人は、大切な人を殺されたとき、その後の人生をどのように生きていくのか。もしその死の原因をつくった人が身近にいたならば、どうやって共に生きていくことができるのか。そのような命にかかわる事態ではないにしても、もし人生の中でひどいことをされてゆるせないと思っていた相手が、そのわだかまりが解消されぬままあの世に旅立っていってしまったら、残された者は、どのようにその怒りと折り合いをつけるのか。(1) そもそも人は、この世で生きた人生の最後に、自分の生きてきた人生とどのように和解することができるのか。

筆者は、紛争解決学（紛争変容学ともいう）という学問を専門としている。個人の心の葛藤から、身近な人間関係の対立や葛藤、家庭や職場などの組織の中での人間関係の対立、地域でのもめごと、国家レベルあるいは国際関係の中での紛争まで、ありとあらゆる人間社会に存在する対立・葛藤にどのように向き合い、和解や平和をもたらしていけるのか、という学問である。

異なった人々がどのように共に生きていけるのかという「平和」の問いは、人類史上、常に最大の課題の一つであり続けてきた。その証拠に、千年単位の歴史をもつ伝統的な宗教の多くも、人が人と共に生きるための知恵を説いている。その意味では、紛争解決や平和についての知の体系は、ある意味では人類の最も古い知の体系ともいえる。いっぽう、現在、世界の高等教育機関で教えられている現代の紛争解決学は、宗教的知恵のみならず、心理学、社会学、経済学、政治学など現代の諸科学の知見を活用した一つの新しい知の体系として二〇世紀後半に始まったと筆者は考えている。

この学問が対象とする対立・葛藤には、多様なものが含まれる。心の葛藤から、国家レベルあるいは国際関係の中での紛争までと上記に書いたが、その中には、ビジネス交渉、裁判外紛争解決、戦争後の移行期正義や和解、離婚調停、いじめの解決、職場でのコミュニケーション、公共政策での合意形成や協働的デザイン、医療事故紛争解決などが含まれる。しかし、多様な対立・葛藤の中で、最も濃密なプロセスとなるのが、命にかかわる犯罪や事故、戦争など、生や死にかかわる問題に関する場面である。

筆者はその中でも、修復的正義[2]という、人が人に危害を与えたり、傷つけてしまったりした場合に、どのように被害者や加害者を含むそこに関わった人たちが真に和解をし、未来に向かっていくことができるのか、という学問を専門にしている。

現代の修復的正義は、一九七〇年代後半に、犯罪における被害者と加害者の和解のための対話プログラムという形で始まった。現在は、内戦後の和解、いじめの解決、公害や環境災害における地域再生、医療事故の解決などにも応用が始まっている[3]。修復的正義は、命にかかわらない犯罪や加害行為の解決にも用いられるが、殺人や戦争や、命にかかわる事故や人的災害の解決に向き合うことも多い。本章では、私たちの生と死のまわりに立ち現れる対立・葛藤と、和解あるいは赦しの可能性について、紛争解決学が対象とする「生と死にかかわる現場」に関するいくつかの事例から、考察を行っていきたい。

1　犯罪や事故で大切な人を亡くした人たち

愛する人、大切な人の命が犯罪や事故などで奪われたときに、その遺族は、どのようにその絶望に向き合い、その先を生きていく希望を見出すことができるのか。

そのような重篤な犯罪や事故が起こったとき、通常は、警察等が捜査し、検察により起訴された場合には、裁判というプロセスに入っていく。裁判では、被告人（加害者）が法律で処罰の対象となるいかなる加害行為をしたと考えられるかという起訴事実を検察官が朗読し、弁護人（弁護士）は被告人の弁護を行う。行ったとされる加害行為が、法律で処罰の対象となる行為に該当するか、正当防衛ではなかったか、行為を行ったときに責任能力があったかどうかなどが問われていき、裁判での判決に至る。一度で確定する判決もあれば、高等裁判所、最高裁判所といくこともある。やっと確定した判決に基づき、加害者は、刑務所に送られるなどの処罰を受けることになる。

しかし、このようなプロセスや判決結果は、往々にして、被害者やその遺族の傷つきや絶望を晴らすことに十分でないばかりか、時には、裁判上でのやりとりによってさらに傷つくこともある。被害者や遺族が一番望むことは、愛する人を返してほしいということであるし、犯罪直後には加害者に同じ痛みを味わわせたいと思う遺族もいるかもしれないが、しかしそれがかなわないならば、遺族は、本当のことを知りたい、自分たちの傷つきを理解してほしい、心からの謝罪を得たい、壊された人生の希望を見出したいというニーズをもつといわれている。

通常の刑事裁判は、上記の被害者のニーズに直接応えられる仕組みになっていない。裁判では、検察も被告人も、それぞれの立場を主張するため、対立的な弁論が基調となる。黙秘権も認められ、被告人は自分にとって都合の悪いことは積極的に語らないこともあろう。そのような中で、被害者や遺族が心から知りたい真実に細かに情報提供がされ、心からの謝罪がなされることは難しい[4]。事実関係については語られるかもしれないが、語っても語りきれないほどの被害者や遺族の心の叫びに十分に耳が傾けられて、それに応答されることは、裁判では難しい。

このような限界に対応するものの一つとして、裁判外で被害者・遺族と加害者との直接対話をサポートする修復的正義の取り組みが、各国で行われている。被害者加害者コンファレンス、被害者加害者和解調停などと呼ばれる。しかし、愛した人の命を奪った人と会いたい、話をしたいなどという人がいるのだろうか。実際、被害者には、加害者と会うなんてありえない、という人もいる。一方で、失った悲しみの先に、加害者と会うことを望む被害者もいる。例えば米国では、NGOなどが間に入り、州政府と連携して、加害者と会うことを希望する被害者・遺族と、加害者の面会を支援している。

この信じられないような被害者・遺族と加害者の面会については、いくつかのドキュメンタリー映像がある。英語圏で最も有名になったドキュメンタリー作品の一つに *Meeting with A Killer* がある。ここではそのストーリーを紹介する。以下はあらすじである。

このドキュメンタリーは、殺人事件の被害者となった女性の娘とその祖母（被害者の母親）が、一五年あまりのときを経てその加害者と直接会うことを望み、修復的正義の対話のファシリテーター（対話支援者）が間に入り、被害者家族（遺族）と加害者の青年が対話のミーティングを果たすまでが描かれる。

【事例①：殺人事件の被害者加害者対話】（ドキュメンタリー *Meeting with A Killer* より）

加害者は、一五歳のときに、仲間といっしょに通りすがりの女性を誘拐し、レイプし、銃で殺害した。その後逮捕され、刑務所に収監され、一五年近くたった今も収監中である。被害者の女性には当時五歳の娘がいた。一五年のときが経ち、殺された女性の娘とその祖母（被害者の母）は、加害者との面談を、被害者加害者対話支援サービスを行っている被害者支援団体に申し込んだ。「私には、解けていない疑問がある」。母を犯罪で失った当時五歳だった娘は大人になり、一児の母となっていた。

被害者支援団体の被害者加害者対話の担当者の女性は、準備のために、面会を望む被害者家族の自宅を訪問する。どうして加害者と面会したいのか、どのようなことを聞きたいのか、そして会うことが可能な心の状態かを確認するためだ。一方で、担当者の女性は、刑務所に収監されている加害者にも会いにいく。彼が今どのような状態で、自分がしたことや相手の遺族に対してどのような思いを持っているのか、被害者と面会することが可能な状態か、を会話して精査する。被害者家族と、加害者の両方に、別々に何度も面接を重ね、半年の準備を経て、とうとう、被害者家族が刑務所を訪ね、両者が直接対面するときを迎えた。

午前一〇時半、刑務所の礼拝堂。張り詰めた空気の中で、それぞれの紹介と、被害者家族の加害者への質問から、対話は始まった。半年間、両者のもとに通って話を聞いてきた担当者の女性が対話支援者として、間に入っている。緊張と申し訳なさと恐怖で今にも泣き出しそうな加害者の青年。「なぜ私の母を狙ったのか」「たまたまだった」。いくつかの質問の後、被害者の母が、娘が亡くなる前の最期の言葉を聞いた。加害者の青年は絞り出すように答えた。今殺されるばかりのとき、被害女性の最期の言葉は「あなたを赦します。神もあなたを赦すでしょう」であった、と青年は答えた。その言葉を聞いて、泣き崩れる被害者の娘とその祖母。祖母は、孫の肩を抱きながら「それがあなたのお母さんなのよ」と涙ながらに語りかけた。

お昼を挟み、午後まで面談は続く。午後は、その青年がどんな人生を送っていたかについて、質問が及ぶ。青年が答えた。生まれたときに母に捨てられ、孤児院で育った。引き取られた家の養父からは、性的暴力を受けた。家に居場所のない青年は夜の街を悪い仲間と放浪し始めた。ドラッグ、自殺未遂の繰り返し。そんなとき、彼は事件を起こした。養父に性的暴力を受け居場所がなかった青年の人生を聞き、被害者家族は顔を覆った。

午後の後半は、青年の将来について話が及ぶ。「私が仮釈放されるならば、どのようにお感じになるでしょうか」と青年。「あなたに行くところがあり、残りの人生で何か良きことをするならば、全く問題ないと思っています。ただ強く望むのは、あなたが出所するまでの間、刑務所内の学校で教育を長く受け続けることです。どんなに大変でもがんばってください」と被害者家族。「出所までに、特に高校卒業認定資格までは修了したいです」と青年。

長かった一日、面談を終える時間がやってきた。「一緒に写真をとっていい?」と被害者家族。そんなことが許されてよいのか、とでもいうように、遠慮して被害者家族のそばに行こうとしない青年を、被害者家族は招き入れる。うつむき加減にはにかむ青年と、何か重荷が一つとれたような穏やかさを表情にたたえる被害者家族が、一つのフレームに収まった（事例ここまで）。


殺人を含む犯罪をめぐる被害者と加害者の面談と対話、すなわち、修復的正義の被害者加害者コンファレンス・調停については、いくつかのドキュメンタリーがあるが、必ずしもハッピーエンドのものだけがあるわけではない。しかし、この作品は、殺人の被害者と加害者が対話を通じて和解していくという信じられないプロセスが実際に起こりえるということを示した作品である。真実を知って、加害者を赦す中で、被害者自身にも自分の人生への赦しが同時に起こるような瞬間。(5) 加害者も、赦されて更生に押し出されていくプロセスが、力強くわかりやすく描かれている。ぜひご覧いただきたく思う。

2　ルワンダ

ルワンダ大虐殺[6]は、二〇世紀の内戦の中でも、最も凄惨な内戦の一つとして知られている。凄惨といわれるゆえんは、ひとつには、一定期間中に亡くなった人の多さだ。大虐殺が始まってたった二か月の間に、ルワンダの国民の一〇％から二〇％が命を失ったといわれる。しかも、爆弾など大量破壊兵器ではなく、人々が日常に使っていた農具などが武器となり、それだけの人たちが命を落とした。命を落とす人の傍らには、命を落とさないまでも重症を負った人やレイプなどの被害を受けた人も多い。

ルワンダに限らず、内戦は、その戦争が終結した後にも対立と恐怖の苦難が続く。内戦は、同じコミュニティに住む者同士が敵味方になり、加害者被害者の関係となる。その戦争のトップが停戦や終戦を決めても、次の日から安心な毎日がくるわけではない。自分や家族を殺そうとした相手あるいは襲い殺した相手と、戦争のトラウマや不信感の中でどのようにもう一度共に暮らしていけるのか、ということに直面するのである。

そのため、内戦の終結から恒常的な平和が取り戻されるまでの「移行期正義」のプログラムの中では、コミュニティの一人一人の心と体の回復と同時に、和解すなわち信頼関係の再構築がとても大事になり、そこで、修復的正義の考え方が応用されることも多い。

ルワンダの移行期正義や和解の取り組みには、政府等によるレベルのものや民間レベルのものがある。ルワンダ大虐殺は、ツチとフツという二つのエスニック集団の間のコンフリクトとして語られることが多いが、背景としては植民地支配がある。植民地支配の宗主国であるベルギーは、ルワンダ人同士の間に差別化を図るため、ツチとフツというエスニックの違いを強化し固定化し、最初はツチをルワンダ人の中で支配階級に置くことで、ルワンダ人全体を統治しようとした。しかし、ツチがルワンダの独立を目指すようになると、ベルギーはフツを優遇するなどした。そのような中で両エスニック集団の間で軋轢が激化し、一九九四年にフツのツチに対する大虐殺が始まり、二か月で国民全体の一〇％から二〇％が犠牲になる凄惨な内戦となり、最後はツチが勝利する形で大虐殺のコンフリクトは終結した。

現在のルワンダ政府は、主にツチからなる政府であり、政府は「あの内戦は、フツのツチに対する大虐殺という過ちであった。だからそれを反省し、それが二度とない社会をつくろう。私たちはルワンダ人として一つだ」というストーリーで、和解や国家構築を行っている。一方的にフツを悪者にするこの整理の仕方には様々な批判もあるが、その詳細を論じることは本章では行わないものの、いずれにしても、このような状況下で、多くの和解の取り組みが政府や民間レベルでなされている。ここでは筆者が訪問調査した和解支援なども行う現地NGOリーチ・ルワンダ(7)の活動の中から、一つのストーリー(8)を紹介したい。

【事例②：NGOリーチ・ルワンダの活動実例から】

ムカンゼイマーナ・ステファニアさんは、フツの出身だが、若くしてツチの男性に嫁いだ。二人の娘をもうけ、三人目の子どもを妊娠しているとき、ルワンダ大虐殺が始まった。ツチの男性に嫁いだステファニアさんは、夫、義理の兄、義理の母を失った。自身も、身重な体で、幼い二人の娘を連れて親戚の下に身を寄せ、なんとか生き延びることができたという。大虐殺から一〇年強のときが経ち、彼女たちの村には、刑期を終えた大虐殺の加害者たちが戻ってきた。

この村では、和解を支援するNGOリーチ・ルワンダが、「償いのプロジェクト」という、大虐殺の加害者が家を失った被害者の家を建てるというプロジェクトを計画し、その説明会を行った。「一三年間の祈りを神様がようやく聞き入れてくださった」とステファニアさんは喜んだが、しかし同時に「私たちの人生を破壊したあの殺人者たちが、今度は良いことをしてくれるなど、どうやって信じることができるのか？」という思いもぬぐえなかった。

彼女の家づくりに参加した加害者は総勢二〇名だったが、そのほとんどとステファニアさんは顔見知りであった。夫を直接殺した相手は、海外に逃亡した後に死亡しそこにはいなかったが、最初は、特に義理の姉が、ステファニアさんが加害者たちと話をするのを嫌がったこともあり、加害者たちに話しかけることもあまりなかった。

しかし、変化は違うところからやってきた。大虐殺のときにおなかにいたステファニアさんの一三歳の長男が、家をつくる加害者たちと友達になったのだ。学校が冬休みになると、長男は毎日建設作業を手伝った。次に、大虐殺当時お母さんに手を引かれて逃げ惑った今は一八歳になった長女が、加害者たちと昼食を食べてよいか聞いてきた。ステファニアさん家族と、加害者たちは、食事を共にするようになった。

日本から尋ねてきた学生が「加害者との関係はどうですか？」と聞くと、ステファニアさんはこう答えた。「受刑者は自らの罪を告白しました。彼らは悪事を働いた者ですが、同時に愛されるべき人間でもあるのです。彼らが私のために家づくりをしていることは分かっていたし、また私が受け入れることで、彼らも殺人という罪の重荷を減らすことができると理解していました。それは彼らの重荷を私が共有するということでした」（事例ここまで）。

被害者が、「私が受け入れることで、彼らも殺人という罪の重荷を減らすことができる」、「それは加害者の罪の重荷を私が共有するということ」とはどういうことか。被害者という重荷を背負った彼女が、さらに背負うならば、さらに重くはならないのか。彼女の言葉には、加害者の罪の重荷を一緒に背負ってあげることは、自分の被害者としての重荷が軽くなることにもつながる、というような響きもある。人は、なぜ、人を赦す、赦そうとするのだろうか。

一方加害者の側の心理はどうか。人は一般に、自分が加害者になったとき、自分がしたことに向き合うことは難しく、目をそむけたくなることが多くある。そのような中で、被害者が加害者に対して先に「赦し」を差し出し、加害者は赦されることによって、やっと自分がしたことに向き合えるようになり、責任に押し出されていく、という現象がときどきみられる。このような現象を、紛争解決学では、「いざないとしての赦し(invitational forgiveness)」と呼ぶ。

内戦地のように、コミュニティのほとんどの人が加害・被害関係をもつ場合には、そこに向き合って赦し和解することなしには、内戦後の生活を共に暮らしていくことは難しい。そのようなコミュニティでは、修復的正義や和解への取り組みが必要であるし、「いざないとしての赦し」の現象もときどきみられる。

3　水俣病公害事件

内戦では、同じコミュニティの人同士が傷つけあうために、終戦してからも共に生きていくことが簡単ではなく、終戦後に様々な和解の努力が必要である、ということを前節で述べた。しかし、ある種の類似の状況は私たちの身近にもある。地域の中で多くの命が失われ、障がいや病を得させられ、地域の人同士が加害者と被害者の関係となることは、重篤な公害や中毒事件などでもある。

熊本県南の水俣を中心とする地域は、チッソの工場排水に含まれた有機水銀中毒による水俣病(9)に苦しめられた地域だ。原因企業であるチッソがこの地域で操業を始めたのは、明治期の一九〇八年のことであった。チッソの前身である曽木電気は水力発電を水俣から近くの大口につくり、その電気の活用先として、水の豊かであった水俣に、日本窒素肥料株式会社(のちにチッソと社名変更)を創立し工場をつくっていった。水俣病の原因となる有機水銀の発生にかかわるアセドアルデヒドの生産は一九三二年に開始された。水俣病患者が公式に確認されたのは一九五六年といわれているが、一九三〇年代にも、同様の症状の人がみられたことは地元の人によって語られている。

チッソの財力は、十五年戦争[10]の前後の時期でみるならばきわめて大きく、終戦後はGHQによって日本の十五大財閥として、財閥解体の対象となった。チッソは戦時中、日本が朝鮮半島を植民地支配する中で、今の北朝鮮に大きな工場をつくっていた。一九四五年に日本が戦争に負けて、北朝鮮からも日本人工員は引き上げ、水俣のチッソの工場に合流した。戦後復興の時期、チッソは他の企業に先駆けていち早く成果をあげ、一九五〇年代後半には、当時の日本の化学工業製品で唯一の輸出製品を生産していた企業であった。

そのような一九五六年、保健所にこれまでみたことのない症状の患者が報告された。公式確認された最初の水俣病患者である。当時は原因はわからず、「奇病対策委員会」が水俣市に立ち上げられた。一九五九年、熊本大学医学部は、この「奇病」の原因がチッソの工場排水の有機水銀であることを発見する。しかしこの熊本大学研究班を中心に原因究明にあたっていた厚生省食品衛生調査会の特別部会は、国の命令で突然解散させられた。同年、チッソ病院でも猫に工場排水をまぜたエサを食べさせて発症することが確認された。だがこれも、会社上層部に公表を止められてしまう。その後、国が公式に、この病気の原因がチッソの工場排水の有機水銀であることを公表したのは、それから九年後の一九六八年であった。技術転換で、有機水銀排出の原因となるアセドアルデヒドをチッソが生産する必要がなくなった四か月後のことであった。産業・経済を優先するために隠し続けた九年の間、この「奇病」については、様々な原因説が唱えられ、同時に、人々の間では伝染病だという誤ったイメージが固定化されていった。

原因を国が正式に公表した後、被害への補償が始まるが、それからも「患者は金欲しさに水俣病のふりをするニセ患者だ」とか「チッソをつぶす水俣の敵」というように、地域内で患者への差別は根強くあり、そのような中で、闘う一部の患者やその支援運動家たちと、それ以外の一般市民の間で大きな軋轢があり続けた。チッソを救うか、患者を救うかの二者択一のように語られた時代。その雰囲気が変わったのが一九九〇年代前半だと地元の人々はいう。一九九四年に新しく水俣市長になった吉井正澄氏が患者に公式に謝罪し、「水俣病の患者救済も、チッソを含む水俣市の経済も両方大事」という方針を打ち出し、地域再生と人間関係の再構築が開始された。その水俣の再生の精神的支柱となった一人が、杉本栄子さんという水俣病患者であった。杉本栄子さんのストーリー[11]を紹介したい。

【事例③：水俣病患者　杉本栄子さん】

水俣病患者の杉本栄子さんが、漁の船に最初に乗ったのは、三歳のころ。網元[12]だった父親に連れられて、海と魚に囲まれて少女時代を過ごした。数十人の網子を抱える杉本家では、彼らと寝食も共にし人の出入りが絶えることがなかった。常に将来の網元としての帝王教育を受けた彼女は、小学校三年生のときには、父親の代わりに地域の網元同士の会議に出て、役割を果たすこともあったという。

彼女の母親が集落で最初の患者として水俣病を発症したのは、一九五九年のことであった。最初の患者としてメディアに報じられると、次の日から村人は杉本家に寄りつかなくなった。当時、チッソの工場排水が原因だという事実は隠されており、伝染する奇病と思われていたからである。寄りつかないばかりか、雨戸をあけるならば、窓をあけるなと石を投げられた。

こんなひどいことをされて「やり返したい！」といった小学生の栄子さんに、網元だった父は、「村人を憎んではいかん。彼らも前はいい人だった。漁も大漁のときと時化《しけ》のときがある。今は時化のときと思え。森に感謝して、山に感謝して、水俣病をのさりと思え」といった。のさりとは、水俣では「(天からの)授かりもの」「恵み」というような意味がある。大漁のときには「ああ今日はのさったなぁ」という。獲れなかったときには「今日はのさらんじゃった。精進しよう」となる。人から何かいただきものをしたときも「のさった」という。

そんな網元だった父も、その後急性水俣病を発症して亡くなり、栄子さん自身も水俣病の症状に苦しめられる一生となった。結婚し、五人の子どもを授かるが、夫と共に水俣病で長期間入院したり、痛みなどで苦しみ続ける人生だった。子どものころから「こんな目にあって、水俣病をのさりと思うとはどういうことか。わからない」とずっと考え続けたという。

栄子さんは、長い年月、悶え考え続けて、その意味がやっとわかるようになった、という。「この水俣病は、山や海を壊してしまった人間への神の怒り。みんなの代わりに私たち患者が病んでいる。水俣病が隣の人ではなく自分のところにきたことを、喜びとする。チッソの人たちも助かりますようにと祈り、人間そしてわが身の罪に侘びて祈る。チッソも、行政も、ゆるす[13]」と、のちに語り部となった栄子さんは語るようになった。

実際、栄子さんとの出会いで変えられていった人も多い。水俣の対立構図の中では、大きくいえば、水俣病患者や漁民は、チッソの繁栄下で生活する大半の市民からは、初期には伝染病と差別を受け、原因がわかってからも「金欲しさに症状を訴えるニセ患者。彼らのせいで水俣のイメージが悪くなって経済も悪くなった」と敵意を向けられた。そのうえ実際の水俣病をめぐる闘争運動の激しさもあり、その傷つきと対立構造の中で患者の「敵側」の人たちは、仕事で患者の家を訪ねなければいけないときには、患者に怒鳴られるのではないか、殴られるのではないか、と負の思いとびくびくした感情で訪ねて行っていた、という。しかし、多くの人がいう。杉本家を訪ねると、「敵側」の人たちも「よく来たね。食べんね」と食卓に招かれた、と。拍子抜けしながら、食事に預かり、人間として友として話しているうちに、自然に互いの人生の話になり、そこではじめて生の患者の暮らしや苦難の体験を聞き、言葉を失った、という[14]。

当時の地域内での対立は、水俣病へのきちんとした理解に基づいた対立ではない。例えば患者の多発地帯である漁村と町中は一〇キロの距離、車のない時代には歩いて二時間の距離であった。さらに水俣には、山に住む人たちもいる。今のようにインターネットがあるわけでもない。原因企業のみならず国など行政も一緒になって水俣病の原因を隠した時代に、声を奪われた患者たちのリアリティは知られていなかった。

杉本家で食卓に招かれ、そこで初めて患者の身に起こったことを知り、愕然として、水俣病の問題に取り組んでいくための責任に押し出されていった、という話を、筆者は地元の方々から少なからず聞いている。彼らが共通していうのは、初めて知り驚いた、ということと同時に、赦された、と感じたということである。これまで全く水俣病の実態や患者の苦難を知らずに、無関心あるいは差別の対象としてきた自分に対して、栄子さんから「あんたの役割は、これからたい！」と背中を押され、責任に押し出されていった[15]、という。

患者に市長として公式謝罪し、地域の人間関係の修復（「もやいなおし[16]」）と水俣の地域再生に尽力した吉井正澄市長（当時）やその下で働く行政官たちにも、杉本栄子さんは、夫の雄さんと共に大きな影響を与えたという。

二〇一五年の水俣病慰霊式の患者の祈りの言葉を担当したのは、杉本栄子さんの長男である杉本肇さんであった。杉本肇さんは「母はいった。国も、県も、チッソもゆるす、と。どういう気持ちでこれをいったのか」と今は亡き天の母に問いかけた。筆者は杉本肇さんに、この「ゆるす」の意味がどういう意味だったと思うか、ということを聞き、語り合ったことがある。「それは、水に流して無かったことにするという意味では決してない。赦す、私たちをこんな目にあわせたあなたたちを赦すから、人として受け入れるから、だから、同じ人としてこの痛みを理解し、二度とない未来をつくることに一緒に踏み出せ！という、突き付けにも似た、最後の覚悟の祈りの行為であったろう」と杉本肇さんはいった（事例ここまで）。

水俣病公害事件の被害を受けた人の人数というのは、正確に把握されていない。というのは、市民すべての健康調査・疫学調査は一度もされていないからだ。水俣病患者である、あるいは、水銀中毒の影響を受けた可能性が高いとして制度的救済の対象となった人だけでも六万人以上、それ以外に、水俣病公害事件の初期には何の認定も救済も受けずに苦しみ亡くなり行政による被害者のリストに入ってこない人もいる。[17] また、申請をしても救済対象にされなかった人、水俣病の症状があっても偏見を気にして申請できない人、自分の考えとして申請しない人、実際には影響を受けたが健康被害を自覚していない人もいる。

数えるほどかもしれないが、水俣病の患者の中には、この問題の苦難と怒りに向き合った末に「赦す」といった人が杉本栄子さん以外にもいる。緒方正人さんは「私はチッソだった。チッソがこの世で最も赦されなければならない」といった。[18] 緒方正実さんは「行政も向き合って、最後は過ちを認めた。そのことに対してきちんと受け入れなければ、人としての道に反する。彼らが向き合いしてくれたそのことに対して、私は行政を赦す」という。赦すという意味、その理由は人によって違うのだが、この向き合った末に「赦す」といった人たちの周辺から、水俣病をめぐっての敵味方の壁がとけ、共に、二度と水俣病を繰り返さない新しい社会づくりをすることに向かった変化が起こってきたことは事実である。ここにも、「いざないとしての赦し」がある。

水俣は、世界に誇る紛争解決、修復的正義、和解や赦しの深い思想と文化が発生した地域であると考えている。水俣の受難から再生への道のりを、紛争解決学の視点で整理して、未来に遺産として残していくことが大切である、と感じている。

4　終末期ケア

殺人事件や戦争、公害といった、誰かが誰かの命を殺めてしまうというきわめて深刻な状況での和解や赦しの事例をみてきたが、「生と死のディスクール」という大きなテーマでいえば、私たちの生と死の現場はそのような重篤な事件の場のみではない。きわめてありふれてみえる「普通の人」の「普通の終末期」にも、和解のテーマは立ち現れる。

介護や終末期の別れは、それぞれの家の葛藤の物語が、一気に噴出する場であり、同時に大きな和解がもたらされることもある。在宅ケアに携わる医療者から聞いた話を元に、再構成して[19]事例を紹介する。

【事例④：がん終末期の在宅介護の家族の物語】

六〇代の男性である香川武松さん（仮名、以下同）は、肝臓がんの末期で、在宅でケアを受けながら残された人生の時間を過ごすことを決めた。武松さんは、現役時代、家庭を顧みなかったころがある。若いころは、仕事、仕事といって、子育てに関わったことはほとんどなく、家族の誕生日も記念日も無視、自分の実父母の介護はすべて妻に押し付けた。長男が不登校になったが、たまに家に帰っては、「不登校なんて、心の弱いやつのすることだ」と吐き捨てた。一〇年ほど前に、長く勤めた会社が倒産し失職、妻の啓子さんがパートで家計を支えるようになった。そのころからとみに酒の量も増えた。酒のせいもあってか、肝臓をやられてしまった。

現在は、妻の啓子さんと二四歳になる長女の香里さんが武松さんと同居中だ。啓子さんは、それでも夫のことを愛しており、過去のことも納得して、最期の看取りの介護を家でしているが、香里さんは、父が赦せず、自宅で病床にある父と話そうともしなかった。香里さんは思う。家を顧みず、さんざん家族を苦しめたあげく、自分が病気になったときだけ面倒をみてもらおうなんて虫が良すぎる。高校生のとき、父を家で見かけたことがほとんどなかった。たまに帰ってくると思えば、酒に酔って女性の口紅をシャツにつけて帰ってきた。「仕事のうちだ」というが、口紅をつけることの何が仕事なのだろう。第一、父は本当に働いていたのか。母がほとんど家計を支えているようにみえた。たまに戻ってきたと思ったら、偶然家に来ていたボーイフレンドをいきなり殴り、追い出した。母は赦しても、私は父を赦さない……。そんな家族の葛藤が、あらわれていた。

あるとき、訪問看護を行う看護師の訪問中に、妻の啓子さんがぽつりぽつりと昔の話を、看護師に始めた。夫と出会ったときのこと、両親の反対を押し切っての駆け落ち同然の結婚、そして一人娘の香里さんが生まれたときのこと。昔気質な性格で、素直になれない性格で、「本当は男の子がほしかった」といってみたりしたが、いつも香里さんの写真を持ち歩いては自慢して歩いていたこと。そんな武松さんが働いていた会社が傾き、仕事を失ったのは、香里さんが中学生のころだった。酒の量は増え、武松さんは家に帰ってこないことも多くなった。スナックで会った女性のところを転々としていたらしい。香里さんが高校生になったときには、香里さんのボーイフレンドと家で鉢合わせになって、殴りかかり追い返した。香里さんがボーイフレンドを追いかけて家を出て行ったあと、武松さんもまた出て行き、その日は、近所のごみ溜めに酔いつぶれて寝ていたところを警察に保護された。ごみ溜めで、泣きながら「おれの香里は誰にもやらんぞー」と叫んでいたらしい。バカな人だと思う、でも本当は、人一倍家族にいいところをみせたかったのだと思う。だから、会社が倒産して、一家の大黒柱でいられなくなって、居場所がなくなったと感じたのだろう。そんなバカな人だけど、今、本当に弱って、下のことも自分でできなくなって、この家で静かに最期のときを迎えている。口に食べ物を運ぶと、何もいわず、涙をツーっと流すことがある。そんな夫をみていると、もう昔のことはいいかな、という気がしてくる……と啓子さんは話した。仕事から帰宅した香里さんが、部屋の外で、途中から話を聞いていたことに、看護師は気づいていた。

そんな話を聞いた次の訪問のとき、少しだけ、香里さんが変わった気がした。相変わらず、介護には参加しないが、面倒をみる母とみられる父を、面と向かって罵倒するということはなくなっていた。とうとう、武松さんの衰弱が激しく、痛みを取るために、傾眠状態であることも多くなった。状態が悪いと連絡を受けて、訪問すると、布団の横に啓子さんと香里さんが膝をつき、武松さんの手を握っていた。香里さんが「お父さん」と一〇年ぶりに呼びかけたその直後、武松さんは安心したように、旅立った（事例ここまで）。

筆者は最近、終末期の和解というテーマに取り組み始めるようになった。人の最期に、大切な人と、あるいはこの世界と、そして自分自身の人生と和解して亡くなっていけるかどうかは、亡くなりゆく人にとっても大事なことに思える。また、遺される者にとっても、別れた後の人生や、悲嘆からの回復プロセスに大きく影響すると思われる。

しかし同時に、最期の別れのときというのは、和解する最大のチャンスなのかもしれない。まだ関係が続くと思えば、何だかんだと理由をつけて向き合うことを避けたくなっても、最期のときと思えば、その過去に深く向き合い、また過去から解放される一歩を踏み出す勇気と覚悟が生まれることもあるのだろう。

香川さん家族の物語では、「娘の香里さんがみてきた父との風景」「妻の啓子さんが見てきた夫との風景」は少し違うものであった。自分のことだけでなく、母に苦労をかけた父が赦せなかった香里さんは、母親の思い出の中の父親の姿がそんなに悪いものではなかったと知り、少し安心したのかもしれない。他者が抱える異なった風景や物語と出会い、自分の風景や物語が変化していくことは、和解や紛争解決で大切なプロセスだ。人生の最期の看取りという時間が、異なった物語と出会い、新しい物語と共に歩み出すための勇気を、家族に与えたのだろうか。

ところで、人生の最期と和解というテーマについて、中国からの留学生に面白い話を聞いた。中国の彼の出身地域では、亡くなりゆく人を看取るための個性的な習慣がある、という。彼の地域では、その人の死期が近づいたと判断されると、病院から家に連れて帰り最後の一週間ほど、二四時間体制で家族や地域の人がそばについて見守るそうだ。そして興味深いのは、その亡くなりゆく人に「誰か、仲直りしたいと気になっている人はいないか」と聞くそうである。そしてその名前を聞き出すと、その相手を枕元に連れてくる。そして、両者の仲直りのチャンスをつくり、その人をこの世から送り出すという。また、家で死なないと天国に行けないとも地域的には信じられており、仮に病院で心臓が止まったとしても、体を家に連れ帰ってきて、家で死亡宣告をしてもらうそうだ。

とても個性的な風習だが、何かとても、納得させられるものがある。気になっている人と和解して亡くなっていけるかは、この世に天国というものがあるとして、天国に行けるかどうかに大きくかかわってくる気がする。また、遺される人も、わだかまりをもったまま相手が亡くなってしまうのと、和解して亡くなっていくのでは、その後の人生の心の重荷が違ってくるに違いない。そして同時に、上記でも述べたように、最期の別れのときというのは、和解する最大のチャンスということもある。

5　認知症

老いてこの世の旅路を終える道のりで、認知症という状態は、今や多くの人が通る道のりである。二〇五〇年には、日本人の一〇人に一人が認知症とも推計されており、国民病の一つともいえる。

老いのプロセスでは、本人も家族も多くの葛藤を抱える。認知症ともなれば、なおさら葛藤も多い。紛争解決学を専門とする筆者のところにも、認知症に関連する対立・葛藤の事例の相談が増えてきた。自分がいったことを忘れて、怒り出す高齢者にどう対応したらいいのか。「妄想」をもつ家族の言葉にどのように向き合ったらよいのか。あんなに厳しかった父が、認知症になって、昔自分が厳しく説いていたことなんてなかったかのように老いていることが受け入れられない、などである。

認知症の症状には、「中核症状」と「周辺症状」があるという言い方がされる。「中核症状」は、脳の神経細胞の破壊による直接的な症状で代表的なものは記憶障害、見当識障害などである。それに対して「周辺症状」は、その

「中核症状」ゆえに二次的に出てくる症状で暴力や暴言、徘徊、不潔行為、うつ、幻覚・妄想、人格変化などである。「周辺症状」の行動に関する部分は、以前は「迷惑行動」「問題行動」といわれていた。

しかし、認知症の様々な事例を紛争解決学の視点を用いて聞いていくうちに、筆者は興味深いことに気がついた。そのような「問題行動」「迷惑行動」とされるような「周辺症状」は、なんら症状ではなく、認知症になった方のれっきとした「表現」や「コミュニケーション」なのではないだろうか、ということだ。周りがその「表現」や「コミュニケーション」を読み解けてない場合に「症状」と名前を付けているだけなのではないか、と感じ始めた。また、その「問題行動」をうまく解決できた、などという事例を分析すると、まさに「紛争解決」の理論通り、ということに気づき始めた。

紛争解決の現場で、私たち紛争解決の実践者は、人々が話している言葉の内容自体よりも、その裏にある深い本音やニーズ、あるいは魂や命の方向性をみるように訓練を積んでいる。人は、正常な人であっても、言葉の内容のレベルでみると、矛盾したことや論理破たんしたことをいっていることは少なくない。しかしその裏にある深い魂や本音の部分では、一貫性があるということが多いものだ。典型的な例では、浮気をした夫との離婚についての話し合いのとき、夫からの慰謝料が二〇〇万円と提示されていたのに対して、妻は「そんな半端なお金では納得できない」といっていたとしよう。そこで、夫側は「わかった。三〇〇万円出す」といった瞬間に、妻は「お金の問題じゃないのよ！」と泣きだした、といった例だ。言葉の表面だけみていると、「お金が足りない」といっていたのに急に「金の問題ではない」と言い出すとは、妻の主張は論理破たんしているが、その裏にある本音や言葉にならない思いのレベルでは、何か一貫したものがある。「あなたのこと信じてたのに裏切って。私の痛みを理解してよ。私の人生返してよ！」といいたいのかもしれない。

認知症の人のコミュニケーションも、言葉の表面だけみると、論理的に破たんしていたり、事実と違っていたり、さらには妄想があるようにみえることがあったとしても、上記の離婚協議の話し合いと同じような視点でみていくと、何か読み解けていくような気がするのである。具体的には、紛争解決の実践の現場では、対立や紛争の中で怒っている人に向き合うときに、紛争解決の実践者は、その人がその場でいう言葉自体の内容に注目するのでなく、その人の非言語的な表現（表情や声のトーン、雰囲気）などに注目したり、その人のライフヒストリーから隠されたトラウマや強い思いがないかといったことを推測したりしながら、その人の本音や魂の声を聞き取ろうと努力する。そのような視点をもって認知症の方に接すると、何かみえてくるものがたくさんある気がするのである。

一つ例をみてみたい。ここでも、プライバシーの観点から、認知症の方の家族やそこに関わるケア専門職から聞いた複数の事例を合わせて、再構成して紹介する。[20]

【事例⑤：認知症の方の家族の物語（前半）】

田中珠代さん（仮名、以下同）は八六歳。認知症の診断を受けている。珠代さんは、最近ずっと、「夫はあの女とも、その女とも浮気をしていた。あぁ、私の人生には何も良いことがなかった」と、夫が十人以上の女性と浮気をしていたことを主張し、泣き、嘆いている。

それを聞き、娘の聡子さんは、母の言葉をどのように受け止めるべきか、心を痛めている。まじめで優しかった父…尊敬していた父と母。本当に父は十人もの人と浮気をしていたのだろうか。母の病気による「妄想」なのか、これは真実なのか。聡子さんは介護の中で悩んでいる。

一方、珠代さんの夫の高太郎さんは、妻一筋、やましいことをしたことはないと自負がある。身に覚えがないことを日々いわれ、困惑するばかりだ。自分は確かに女性にもてる部分はあったかもしれないが、決して一線を越えるようなことはなかった。最初のころは、妻の主張は病気による「妄想」なのだからと理解し受け止めねばと思っていたが、してもいない浮気を「した」ともいえず、「していないよ」と否定すると、また妻は余計に暴れ出す。そんなことを繰り返す中、愛してきた妻の相手をすることにもうんざりし、介護に疲れている（事例前半ここまで）。

このような事例について、これまでの医療では、「これは認知症による「妄想」「暴言」ですね。ご家族もつらいでしょうが、「症状」ですから、我慢して聞き流してください」ということになったり、あるいは「薬で鎮静をかけましょう」ということになったりする。しかし、そんな風に片づけてしまっていいのだろうか。この、他者からは「妄想」と見なされるが、本人にとっては「真実」な話の中で、珠代さんはどんな奥深い思いを表現したいのだろうか。

筆者の取り組む紛争解決学では、葛藤を抱える人の背景や人生史から、その人の本音に想像をはせて読み解く。昭和初めの生まれの珠代さんは、戦前は女学校、戦後に女子大学まで行き、本当に優秀な女性であった。しかし当時の時代背景では、どんなに優秀な女性も、その学歴をもって社会で働くよりは、結婚をして家庭に入るのが当たり前であった。珠代さんも例外ではなく、学業を終えたあと、職業婦人として生きてみたいという夢があったが、親から反対され、見合いで結婚し、夫の高太郎さんに身をささげてきた。その優秀な能力をもち、家事や子育ても完璧なまでにこなした。彼女の完璧な妻としての働きがあり、支えられて高太郎さんは出世した。出世とともに、出張ばかりで、家を空けることも多くなった。そんな過程で、高太郎さんは会社で秘書だった女性との関係がささやかれたことがあった。

単純にいえば、珠代さんの「十人と浮気していたのよ」と暴れ嘆く行為の裏にある思いは「人生のすべてをあなたに費やしてきたのに、私の人生を返してよ」というようなことではないかと感じる。この「私の人生を返してよ」という思いは、夫の浮気という「物語」を通じて語られているが、より本質的には「私はもっと私の能力を発揮して、私の人生を生きたかった」という叫びなのではないだろうか。珠代さんの怒りは、夫に対してというよりも、女性は社会的に活躍するよりも家庭に入るべきだ、という当時の時代の価値観に対して向けられるべき怒りや嘆きでもある可能性がある。あくまでも仮説であるが、珠代さんの「夫の浮気の物語」は、単に事実かどうかとか、夫婦の関係性の問題として読み解くのでなく、珠代さんの過去の人生、生きてきた時代背景などを理解しないと、その嘆きの裏にある本音は読み解けないのではないだろうか。

仮説が正しければ、珠代さんは、時代に向けるべき怒りを集約して夫に向けている、ともいえる。しかし珠代さんが認知症だからそうなのではない。一般に人は、認知症でなくても、「敵」を間違える。本当は怒りを向けるべき対象は別なのに、別の人に怒りを向けたりする。母親に十分に愛されなかった人が、母に似た人に特別な思いを向けてしまう、とか、会社で上司から理不尽に叱られたストレスを、上司に言い返す代わりに自分の部下に向けてしまったりもする。このように人間は、様々な「投影」の中で生き、感情のエネルギーを、その感情を生み出した真の原因とは異なったところにぶつけながら生きる、というようなことは往々にある。そう考えると、認知症の人の「妄想」も、いわゆる「普通の人」が対立や傷つきや怒りの中にあるときに取る行動と、大して差はないようにみえるのである。

認知症研究の第一人者の一人の方とこの考え方について対話したときに、その方は「認知症の人は、神への怒り、問いかけをし続けているのです」といった。「自分自身のなくなりゆく能力や機能。そして自分の愛する人も次々に天に召されて身近から奪われていく。私の人生はこれでよかったのだろうか。『神よ。あなたはなぜ私からこんなに奪っていくのですか』と問いかけている」と。しかし、その方は続けた。「でも、彼らは、神との和解能力も高いのですよね」と。

パーソンセンタードケアという、認知症の人のケアのアプローチの中でも人間性を大切にしたアプローチを提唱したキットウッドは、認知症の人の症状は「性格」「人生史」「身体的健康」「神経の機能障害」「とりまく社会心理状況」の五つのファクターで決まってくるという説を提唱した。[21] 認知症の人が、しばしば「最近のことは覚えていないのに、昔のことはよく覚えている」という話がある。高齢の認知症の人は、人生を生きてきて背負ってきた荷物を背中にして、神に問いかけているのかもしれない。「私の人生を神様どう思いますか？　私は、どう受け止めたらいいのでしょう？」と。そしてその神への問いかけを、家族やケアワーカーやいろいろな人に、いろいろな形でぶつけているのかもしれない。そう考えると、老いるというプロセス、そして認知症という状態は、何ももたずにこの世に赤ん坊として生まれてきた私たちが、また何ももたずに天に戻っていく前に、人生史を通じて背負ってきた荷物を一つ一つ降ろそうとしている大切な和解の取り組みに思えて仕方がないのである。それを症状だ、といってコントロールの対象としてみなすこれまでの医療は、実にもったいないことをしているし、人間存在に対する冒とく行為をしているようにさえみえる。

ところで、珠代さん家族の物語には、続きがある。

【事例⑤：認知症の方の家族の物語（後半）】

珠代さんの状態が悪化し、とうとう家で介護ができなくなり、夫の高太郎さんと娘の聡子さんは、珠代さんのグループホームへの入所を決めた。

珠代さんがグループホームに入所する直前のこと。夫の高太郎さんは、「いろいろあったが、あぁ、これで一緒に暮らすのも最後なのだなぁ」と思うと、「最後にきちんと、これまでの五〇年連れ添った人生のお礼と謝罪はきちんとしなければ」と思ったという。そして、高太郎さんは、ベッドで横たわる妻の傍で、今までの人生でしてきてくれたことに「ありがとうね」と、十分にしてやれなかったことに「ごめんね」と、心を込めて毎日伝えた。聞こえてるかなぁと思いながらも、毎日毎日、一週間続けたという。すると、入所する前の日のこと。高太郎さんと珠代さんがいた部屋に、突然、すーっと風が吹いたのを高太郎さんは感じた。高太郎さんはいった。「そのとき、空気が何ともいえない清涼な神々しいような感じに変化しました。そのとき、私も妻も涙を流してました」。

その後、珠代さんはグループホームに移ったが、浮気のことを口にすることはなくなり、今はとても穏やかにみえるという。高太郎さんがいう。「私たちは離れていても、今が一番、妻の心と魂がすぐ隣にあるような気がしているのです」（事例後半ここまで）。


筆者はこの話を伺ったときに、心が震えた。彼らに吹いたと彼らが感じた清涼で神々しい風を、私も自分の体で感じたように思ったからである。人の人生は葛藤の連続だが、ときに、うつくしく深遠な和解の瞬間がやってくる。そしてその和解の魂の震えは、伝播する。

筆者には、最近娘が生まれたが、ゼロ歳の娘と認知症の高齢者をみていると、限りなく共通点があるように感じる。生後九か月の我が子は、言葉が通じない、気に入らないと暴れて泣き出す、なんでもこねくり回して口にいれる。なぜ、赤ん坊がそれをしてもみんな「今が一番かわいいね」と笑顔になるのに、高齢になって、同じ状態になると忌み嫌うのか。

出産にあたってお世話になった助産師の方が、面白いことをいっていた。「赤ちゃんはね、黄泉の国からやってくるんです」。命のないところに、命が発生する。無から有がやってくる、ということだ。そう考えると、この老いとしての認知症は、黄泉の国から来た人間が、また黄泉の国に戻っていくための大切なプロセスであるように思えてならない。赤ちゃんを恵みとして受け取るように、老いや認知症を天に帰るための恵みの時間と受け止められるような社会がつくれたら、どんなに豊かであろうか。筆者は、そんな思いを抱えながら、認知症をめぐって立ち現れる葛藤と、そこから立ち現れる人生との和解の研究を、最近行っている。

おわりに

本章では、紛争解決学を専門とする筆者が研究や実践の中で出会ってきた事例から、生と死の現場に立ち現れる対立や葛藤、和解と赦しの在り様について、紹介し、論じてきた。

犯罪については、殺人事件の加害者と被害者の対話による和解と赦しの物語を、ルワンダ大虐殺では、移行期正義（戦後の復興プロセス）における加害者による被害者の家づくりプロジェクトをめぐる人々のふれあいと変化の物語を紹介した。通常は「加害者が反省して誠意をみせるまでゆるさない」というような言い方が世間ではされるが、被害者がむしろ赦しを差し出して、加害者が赦されたことを感じ、そののちに自らがしたことに向き合う勇気を得て反省をしていくという、「いざないとしての赦し」という現象もあることを紹介した。そして、筆者らの住む熊本県で起こった水俣病公害事件でも同じことがみられた。赦すとは、単に水に流して過去をなかったことにするのではなく、起こった痛みに真に向き合い、二度とその痛みが起こらない未来に向かって共に歩み出すための祈りの行為だというとある水俣病被害者の考えにも触れた。また、最後には、そのような生と死をめぐる和解と赦しは、大きな事件を通じて起こるだけでなく、誰にでもくる人生の終わりのプロセスでたくさんの宝物のように起こっている、ということを紹介した。

水俣病公害事件の被害者で語り部のある方は、「人生は、自分を苦しめた相手を赦すその一点に向かってある、といっても過言ではないかもしれない。赦せないという葛藤や、正義のための闘いも含めて、最後は相手を赦したいというその目的に向かって、すべての歩みはあるように思う」といった。その方は、水俣を訪ねた東京電力福島第一原発災害の被災者の方の「私は赦したくても、今は怒りでいっぱいで、赦せないのです」という声に、こう答えた。「赦すということは、真に怒りきった者のみが、加害者に与えることができる特権なのかもしれません」。

震災、犯罪、公害、戦争などで、自分自身の生と死に向き合った方々、そして身近な愛する人の命を失った方々、あるいは、命を奪う側になってしまった方々の葛藤の物語は、実はその葛藤自体が、和解あるいは赦しへのプロセスであるようにもみえる。同じ人として相手と再びつながりたい、和解したいのに、あるいは赦したいのに、できないからこそ、葛藤する。相手のことがどうでもよければ、私たちは葛藤さえしないだろう。水俣病公害事件の語り部の方がいったように、あらゆる葛藤を含めて、私たちの生きる道のり自体が和解のプロセスであるようにみえる。

対立や葛藤は、和解や赦しと反対の言葉のように私たちはとらえがちだが、本当は違うのかもしれない。人生という葛藤の連続の中に、本当は、深くて一貫した、生きる意味自体との、天との和解の取り組みが内包されているように、筆者には思える。キリスト教的にいえば、十字架を背負って天への道を歩むことであり、仏教的にいえば、悟れないことを悟り、苦しみながらも慈しんで生きる仏の道なのかもしれない。生きること自体が和解の道のりである。

注

（1）「ゆるす」という言葉について、本章では原則、未来に向かってあることが許可されるかどうかの「ゆるす」には「許す」の文字を、過去に行った加害や傷つけへの「ゆるす」は「赦す」の文字を用いる。両方のニュアンスをもつ場合は、ひらがなで「ゆるす」と表記する。

（2）ゼア（二〇〇三）。修復的正義は、英語では restorative justice であるが、日本に最初に翻訳されたときには「修復的司法」という言葉で訳出された。のちに、司法以外の場面にも応用可能であることから、「修復的正義」という訳が使われることが多くなり、筆者も後者を用いている。

（3）石原（二〇一四）。
（4）しかし、当事者同士の力関係が非対称な場合の紛争では、被害者が真実を知るために、裁判が大事な手段になることもある。
（5）被害者学やトラウマの研究によれば、被害者は、加害者が赦せないだけでなく、被害にあった自分や自分の人生が赦せないという気持ちにおちいるということが指摘されている。
（6）ルワンダ大虐殺については、日本語の文献では、武内（二〇〇九）に詳しい。筆者が、NGOリーチ・ルワンダを調査したときの論文は石原（二〇一五）。
（7）NGOリーチ・ルワンダは、ルワンダ現地の平和構築のNGOであるが、日本のバプテスト教会から平和構築と和解のミッションで派遣されている佐々木和之博士（現在ルワンダのプロテスタント人文社会科学大学の平和学科長）が長年関わって、中心の一人として活動しており、筆者も佐々木博士の導きで調査を行った。石原（二〇一五）など。
（8）このストーリーの登場人物には、筆者のルワンダの調査においては直接会うことはできなかった。このストーリーは、佐々木博士が帰国時に日本で行ったルワンダの活動報告のときに伺ったもので、佐々木（二〇〇八）や佐々木博士から提供された資料から、再構成した。
（9）本章での水俣病の記述については、歴史的な経緯については、水俣市水俣病資料館、環境省、相思社の三つの団体・組織の水俣病年表、熊本日日新聞社による『水俣病小史』（高峰二〇〇八）を主に参考にして作成した。また筆者は、二〇〇九年より現在まで、途中で抜けた時期はあるものの水俣に在住しており、「地元の方々から」と本文に書いてある場合は、在住の中で地元の方々に伺った話に基づいている。
（10）柳条湖事件から太平洋戦争までの期間を総称してここでは十五年戦争と表記した。
（11）杉本栄子さんのストーリーは、映画『のさり』の中の同氏の語りのほか、杉本栄子さん自身やそのご家族による水俣病犠牲者慰霊式での「祈りの言葉」や、筆者が水俣に在住する中で見聞きした情報に基づいてまとめている。
（12）当時漁師は、数十人単位で集団で漁をしていた。漁船をもち、その集団のトップでいわゆる雇い主が網元、雇われ者が網子であり、当時の水俣では、網元と網子は大家族のように食住も一緒に行っていた。
（13）この言葉は、杉本栄子さん自身やご家族による水俣病犠牲者慰霊式での「祈りの言葉」と、筆者が水俣に在住する中で杉本栄子さんを直接知る人から聞いた言葉等をまとめて記載した。「チッソも、行政も、ゆるす」の「ゆるす」の表記については、二〇一五年の慰霊式での杉本肇さんによる祈りの言葉の原稿で平仮名で表記されているため、それに従い表記した。
（14）筆者が水俣に在住する中で聞いた複数のストーリーを合わせて、表記している。

（15）同上。

（16）水俣では当時、地域の人間関係分断の解決への取り組みを「もやいなおし」と名付けた。もやいとは、①船と船をつなぐこと、②地域で複数の人が共同で作業すること、を意味する言葉である。「もやいなおし」は、絡まったり壊れてしまったりした人と人とのつながりや関係性を結び直す、というような意味がある。

（17）ここでいう制度的救済となった六万人以上とは、水俣病患者として行政認定を受け公健法による補償を受けた者、裁判によって勝訴した者、一九九五年の政治解決による医療手帳・保健手帳の交付対象者、上記以外で裁判提訴後に和解して救済を受けた者、二〇一〇年の特措法で対象となった者（保健手帳からの切替者以外）を足し合わせた数である。

（18）筆者が緒方正人氏から一九九五年前後に直接に聞いた言葉である。その思想については、緒方（二〇〇一）などを参照のこと。

（19）在宅ケアに関わる医師・看護師等から聞いた複数の事例を合わせ、個人が特定されないように改変して掲載した。

（20）認知症の方の家族やそこに関わる医療者から聞いた複数の事例を合わせ、個人が特定されないように改変して掲載した。

（21）この考えが提唱された論文は、Kitwood（1996）であるが、パーソンセンタードケア自体については、良書が日本語に複数翻訳されており、また、日本人筆者による著書もある。

参考文献

石原明子（二〇一四）「第三章　修復的正義の哲学とその応用」、安川文朗・石原明子編『現代社会と紛争解決――学際的理論とその応用――』ナカニシヤ出版。

石原明子（二〇一五）「ルワンダジェノサイド後のコミュニティでの和解実践――NGOリーチ・ルワンダの活動から――」『熊本大学社会文化科学研究』一三号、一三五―一五六頁。

緒方正人（二〇〇一）『チッソは私であった』葦書房。

佐々木和之（二〇〇八）「修復と和解の受け皿を求めて」『ウブムエ』一〇号、二―五頁、佐々木さんを支援する会。

高峰武（二〇〇八）『水俣病小史　増補第三版』（水俣学ブックレットシリーズ6）熊本日日新聞社。

武内進一（二〇〇九）『現代アフリカの紛争と国家　ポストコロニアル家産制国家とルワンダ・ジェノサイド』明石書店。

ハワード・ゼア（二〇〇三）『修復的司法とは何か　応報的司法から関係修復へ』（西村春夫・細井洋子・高橋則夫監訳）新泉社。

Kitwood,Tom (1996) "Dialectical Framework of Dementia," in: Robert T. Woods ed., *Handbook of The Clinical Psychology of Ageing*, Chichester: Wiley.

Ramsbotham, Oliver, Tom Woodhouse, and Hugh Miall (2011) *Contemporary Conflict Resolution*, 3rd Edition, Cambridge: Polity.（オリバー・ラムズボサム、トム・ウッドハウス、ヒュー・マイアル（二〇一一）『現代世界の紛争解決学』（宮本貴世訳）明石書店。ただし、第二版の訳）

参考とした映像作品

西山正啓監督（二〇〇四）『のさり　杉本栄子の遺言』。

Jackson, Lisa F. (Director) (2001) *Meeting with A Killer: One Family's Journey*, The System (TV Series).

読書案内

『責任と癒し――修復的正義の実践ガイド――』（ハワード・ゼア著、森田ゆり訳、築地書館、二〇〇八年）和解の実践的指針・哲学である修復的正義のエッセンスを、わかりやすくまとめている本。和解とは過去にあったことを忘れて水に流すことではなく、加害者が責任をとり、被害者が癒されていく中で、共に未来を作り上げること。そのための指針が書かれている。

『現代社会と紛争解決――学際的理論とその応用――』（安川文朗・石原明子編、ナカニシヤ出版、二〇一四年）日本で初めての紛争解決学の大学院専門職コースをもつ熊本大学で主に当該分野の教育に関わる教員（非常勤講師等も含む）らによる論集。経済学者、心理学者、哲学者など、多様な学問立場から紛争解決学を論じている。

『痴呆を生きるということ』（小澤勲、岩波新書、岩波書店、二〇〇三年）認知症と共に生きる人々のありようを、人間とは何かという深くて慈愛に満ちた洞察から語る専門医による名著。認知症について、深い気付きを与えてくれる。

映像作品案内

『のさり　杉本栄子の遺言』（西山正啓監督、二〇一四年）水俣病患者で語り部、そして水俣再生に大きな精神的支柱となった杉本栄子さんの語りを中心とした映像作品。水俣病における修復的正義の精神を体現している一人である杉本さんの経験とその哲学が、水俣の風景と共に描かれる。

第Ⅲ部　古今東西の死生観——文学テクストから探る——

第6章　明治期日本の生と死をめぐる言説
――ラフカディオ・ハーンと夏目漱石――

坂元昌樹

はじめに

日本列島に暮らす人びとは、その歴史において地震や火山噴火、台風、津波などの様々な「天災」＝自然災害を経験してきた。多くの痛ましい被害をもたらした各時代における自然災害の体験と記憶は、しかし一方においては、それぞれの時代の中で、人間の「生」と「死」をめぐっての豊かで深い思索を生み出してきたのである。近代以降の日本においても、自然災害は悲惨な被害をもたらしただけではなく、その同時代における多様な言説を導くうえでの源でもあったのである。

そのような例として、本章においては、『怪談』『骨董』などの再話作品で著名な文学者であるラフカディオ・ハーン（小泉八雲、一八五〇―一九〇四年）と、日本の近代小説を文明批評へと昇華した多くの作品が知られる小説家の夏目漱石（一八六七―一九一六年）の二人の文学者による「生」と「死」をめぐる思索の問題を取り上げる。具体的には、一八九六（明治二九）年の六月に発生した明治期最大級の自然災害である明治三陸地震とそれに続く三陸大津波に際して、この「天災」を契機として両者が書いたそれぞれの文学的エッセイを対象として、明治期日本の「生」と「死」をめぐる思考とその周辺について考えてみたい。

近代日本の文化上の一時期を代表したと同時に後世への知的な影響も大きかった文学者のハーンと漱石であるが、両者は知られる通り、その生涯の経歴を通して各時期における様々な接点を有している。例えば、ハーンと漱石は、いずれも現在の熊本大学の前身である第五高等学校（第五高等中学校）で英語教師として教鞭を執った経験を持っている。[1] そして、後に東京帝国大学文科大学においても、前後する時期に英文学を講じる教師として勤務することになったことも広く知られる通りである。[2]

そして、両者はその経歴のみならず、著作においても、各時期に数奇な接点を示している。一八九六年における明治三陸地震とそれに続く三陸大津波に対する文学的エッセイを通した反応は、そのような接点の一つといえるかもしれない。ハーンと漱石は、一八九六年六月に発生した明治期のこの巨大な災害について、ほぼ同時期に、それぞれのテクストの中で言及したことが知られる。ハーンは、一八九六年一二月にアメリカの雑誌『アトランティック・マンスリー』に「生神」と題する論考を発表しており、一方、漱石は同じ年の一〇月に第五高等学校の校友会雑誌『龍南会雑誌』において「人生」という題名の論説を掲載している。この両者のエッセイは、多数の犠牲者を生んだ同時代の自然災害としての明治三陸地震・三陸大津波に言及しつつ、この「天災」によって喚起された知的洞察を鋭く語っている。また、それぞれのエッセイは、その後の両者の文学者としての展開を検討するうえでも興味深いものである。以下、明治三陸地震・三陸大津波の同年に発表されたハーンと漱石のテクストを読み解き、この明治期の「天災」がこれら二人の知識人の思考や想像力にどのように影響したかを考える。

1　明治三陸地震・三陸大津波という「天災」

明治三陸地震は、一八九六年六月一五日午後七時三二分に、東北地方三陸沖で発生したマグニチュード八・二―八・五規模の明治期最大級の巨大地震であった。同地震に伴う大規模な津波＝明治三陸大津波が地震発生から約三〇分後以降に次々に発生した結果、三陸地方沿岸を中心として日本の津波災害の歴史上においても記録的な被害をもたらし、同地震と津波による死者は約二万二千人、流出や損壊の被害家屋は一万戸以上に上った。二〇一一（平成二三）年三月に発生した東北地方太平洋沖地震（それに伴う東日本大震災）に際して、同じく東北地方を襲った大津波を伴う歴史的な巨大災害の先例として、この明治三陸地震とそれに続く三陸大津波への言及が度々行われたことは、記憶に新しいところである。

この明治三陸地震とそれに続く三陸大津波による惨状は、明治期の新聞雑誌メディアを通じて様々に報道されており、さらには後年の吉村昭によるルポルタージュ『海の壁　三陸沿岸大津波』（一九七〇年）といった著作においても詳細に紹介されている(3)。ハーンと漱石のエッセイを検討する前に、その発生当時のメディア報道の一部に言及しておきたい。例えば、『東京日日新聞』は当初報道で「三陸地方大海嘯《おおつなみ》起る」との見出しで次のように伝えている（六月一七日付）。「（十六日盛岡発）県下気仙郡盛町海嘯ありて、死傷無数なり。又釜石市街も大半流出、人畜の死傷多し、電信局も流出す。」「時下入梅の季節とは云ひながら、厭ふべき一種の気温に時々雨風さへ交り、今にも変事あらんず有様なりしが、果せる哉我が東海岸に於て一大海嘯を起し、非常の損害を与ふるの報に接せり、即ち東は陸前国釜石海岸より北は陸中宮古港に至る凡そ三十余里の間、或は全村悉《ことごと》く海水に没し、或は全戸咸《み》な逆浪に奪はれ、溺死せしもの負傷せしもの其数幾何なるを知らず〔…〕」発生まもない段階の報道記事の一部である。

五代目歌川国政（小国政）による錦絵瓦版『明治丙申三陸大海嘯之実況』（1896年）
三陸大津波の同時代的なイメージを伝える。（東京大学総合図書館所蔵）

地震と津波発生の直後の報道においては、この災害についての情報は錯綜しており、地震と津波の発生状況が具体的には不明なまま、その被害と死者の数がきわめて甚大であることのみが示唆されていた。しかし、地震と津波発生から三日を経た段階の報道では、具体的な災害発生経緯や数値を伴う被害状況と共に、被害を受けた地域の状況についても詳細に報道されていく。同じく『東京日日新聞』の六月一九日付の記事「大海嘯被害地」中の「(十八日盛岡発) 十五日午後八時半前後、俄に大海嘯起り、沿岸七十里の間皆大害を蒙り、流失家屋死傷人員共に算なく、惨状極まれり、只今迄の報知によれば盛町附近にて死者四千、流失家屋二千余戸。又釜石は悉く流出す、死者五千余名なり、大槌町附近は流失五百余戸、死者六百名。山田町は大半流出、死者無算。宮古町は半ば流出。鍬ヶ崎は悉く流出せり。」や同じく六月一九日付の「天地号泣の声に満つ」「宮城県下の惨状　溺死者三千余人」などの記事のように、次第に津波の発生状況や地域毎の被害状況が具体化され、死者数も数値化されることになるのである。

そして、地震発生直後の情報の混乱が急速に収束する過程で、この巨大災害の圧倒的な被害状況が、メディアのフィルターを通して増幅的に伝達されることになる。例えば、『時事新報』六月二一日付記事「三陸大海嘯に就て」では「先年尾濃地方の大地震の如き、死者の数は一万に足らず、且つ地震の災は惨ならざるに非ざれども、其惨中にも自から活路を求めて、幸に免るゝの機会なきに非ず、一家眷族枕を駢《なら》べて死するが如きは、先づ以て希有の例なれども、海嘯の変に至ては然からず。人も家も忽然捲き去られて、苟《いやしく》も免るゝに路なく、一瞬の間に桑田変じて海と為り、庭園田畑さへも洗ひ尽して一物の微を残さゞる其惨状は、地震の比に非ず」と報じており、この三陸地震と三陸大津波が、それに先行する明治期を代表する巨大災害であり、二万四千人以上の死傷者をもたらした一八九一（明治二四）年一〇月に発生した濃尾地震（美濃・尾張地震）よりも、一層悲惨な災害であったことが強調されている。

圧倒的な数の死者と膨大な地域への被害を生じた未曾有の惨事としての三陸地震と三陸大津波についての「惨状」を語る同時代言説の典型が、以下の『國民新聞』六月二四日付「三陸大海嘯　惨状の跡を観る」といった記事である。同記事は、明治期の新聞メディアによる自然災害を含む非日常的状況についての語りの一例として興味深い。

被害人民の流離大惨状　此の如く村流れ家倒れ、人畜大半非命に斃《たお》れたる跡の惨状如何ならん、記するに筆なく、語るに言語なく、〔…〕一朝の海嘯の為めに底の藻屑となり、親あつても子なく、妻あつても夫なく、兄を殺し、弟を亡ぼし、姉妹相別れ、兄弟相失ひ、寄辺なき幼童途に迷ひ、扶けざる父老道に満ち、昨日まで寝食せし家は夢の如き有様となり世にある事も打忘れ、腹も減らず涙も出ず、悲しんで泣く能はず、弔みて弔む能はず〔…〕乳呑子を失ひて見当らず、愛児を殺して只管《ひたすら》に捜索しつゝ、狂気の如く本心を失ふて唯遑々然《ただこうこうぜん》たるもの見るに忍びず、語るに忍びざるなり。

この語りは、当時の三陸地震と津波の被害についての客観的情報を新聞読者に提供することを目指すというよりも、その被害の「惨状」を読者に感覚的・心情的に訴えることを意図するように映る。対句を多用した類型的な表現や、「語るに言語なく」「見るに忍びず、語るに忍びざるなり」といった修辞が象徴するように、このような記事は実際の被害状況を客観的・分析的に伝達するものとはなっていない。それらの語りは、むしろ「三陸大海嘯」の正確な事実を覆い隠してしまい、災害に伴う特定のイメージをセンセーショナルに増幅する側面を持つ。

そのような特定のイメージを増幅する新聞メディアの言説は、被災地の状況や被災者に対する読者の同情や共感を喚起する一方で、時においては新聞読者の災害の事実に対する正確な理解を制限してしまうおそれも内包していただろう。しかも、このような語りに基づく報道は、当時の三陸地震と三陸大津波の災害を伝える記事の中で、新聞メディアだけでなく雑誌メディアによる報道も含めて、一つの典型的なパターンであるといってもよい。新聞雑誌メディアによる文字情報中心の報道は、読者にこの「天災」についての多くの情報を伝達していたが、それらの報道を通して当時の読者が得られた知識は、時において、限定的で断片的なものであったのである。そして、三陸地震と三陸大津波をめぐる多様な言説の中で、このような報道が実際に被災地を見聞できない当時の読者の「天災」認識に与えた影響力には、看過できないものがあったと考えられるのである。

そのような同時代メディアの中の災害報道の多様なあり方を確認したうえで、この明治期の巨大災害についての情報から、ハーンと漱石の二人の知識人がどのように自らの思考を展開したかを考えることとする。

2　ラフカディオ・ハーン「生神」

ハーンのエッセイ「生神（A Living God）」は、三陸地震と三陸大津波が発生した同年の一二月にアメリカの雑誌『アトランティック・マンスリー（*The Atlantic Monthly*）』に掲載されている。一八五七年にマサチューセッツ州ボストンで創刊されたこの雑誌は、文学や芸術から政治問題までを幅広く扱う定期刊行雑誌として、著名な作家や著者による執筆記事の掲載などでよく知られた雑誌であった。当時のハーンは同雑誌の常連寄稿者の一人であり、「生神」が掲載された一八九六年には、他にも複数の記事を同雑誌に掲載している。テクスト「生神」は、雑誌『アトランティック・マンスリー』での発表の後、ハーンが一八九七年にホートン・ミフリン（Houghton Mifflin）社から刊行した著作集『仏の畑の落穂——極東における手と魂の研究——（*Gleanings in Buddha-Fields: Studies of Hand and Soul in the Far East*）』において、その著作集の巻頭を飾る一篇として収録されることになる。(4)

　エッセイ「生神」執筆前後の時期のハーンは、一八九四年夏に第五高等学校を辞職して熊本を去った後、同年一〇月からの神戸での日刊英字新聞『神戸クロニクル（*Kobe Chronicle*）』の新聞記者生活を経て、一八九六年九月から東京帝国大学文科大学の英文学担当の教授として東京での生活を開始していた。このエッセイは、ハーンが東京に到着し新生活に入ってからまもない、一八九六年の秋頃に執筆されたと推定されるものである。

　このテクストは、全体のおよそ三分の一を占める濱口梧陵（濱口五兵衛、一八二〇—一八八五年）の物語によって、その発表された時代を超えて日本では著名なものとなった。その物語は、一八五四（嘉永七）年一二月に発生した安政南海地震（安政地震）とその大津波に際して、紀伊半島広村の濱口梧陵が多くの村人の命を救い、その結果「生神」として祀られたという内容である。この安政年間の大津波に際して、濱口が地震直後にいち早く津波の来襲を予見し、稲の藁山に火をつけて村人を安全な高台に誘導したという事蹟については、一九三〇年代に尋常小学校の国語教科書に「稲むらの火」として採用されたこともあって、現在に至るまで広く知られることとなった。(5)尋常小学校国語教科書への掲載のそもそもの契機となったのが、ハーンによるこのテクストであり、またこのテクストが「ツナミ（tsunami）」という語を英語圏に紹介する役割を果たしたことも、知られる通りである。

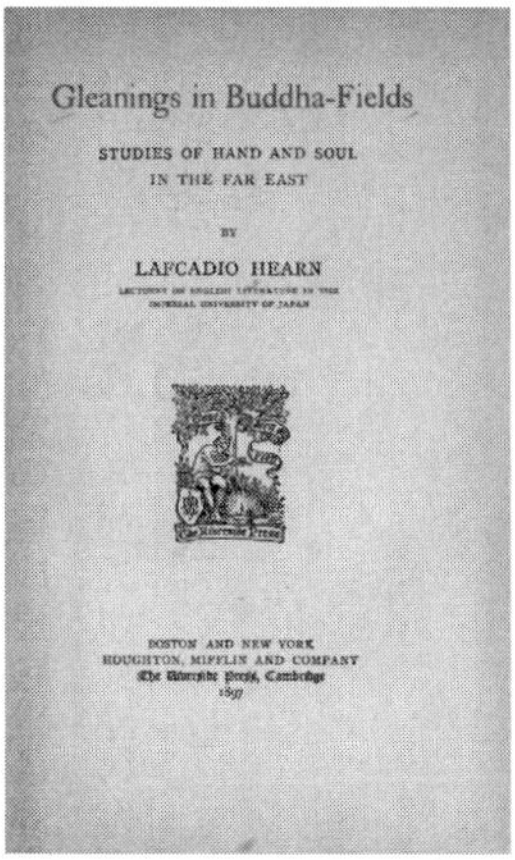

ラフカディオ・ハーン
「生神」収録の著作集
『仏の畑の落穂』（1897年）

日本の国の海岸地帯は、遠く有史以前から、数百年の不規則な期間をおいては、しばしば大きな海嘯の来襲にあってきている。それは地震や海底火山の活動によっておこる海嘯であるが、この恐るべき海水の急激な隆起を、日本のことばでは「ツナミ」といっている。近年起ったツナミは、一八九六年の六月十七日の夜におこった。このときは、全長約二百マイルにおよぶ高潮が、東北地方の宮城・岩手・青森の諸県を襲って、数百の町村を破壊し、ところによっては一村全滅したところもあり、約三万の人命をうしなった。これから語る浜口五兵衛のはなしは、明治を去ることほど遠い昔に、日本の国のべつの海岸地方に、やはりツナミの災害がおこったときの話である。

このエッセイ中でハーンが紹介する最近の「ツナミ（tsunami）」の例が、明治三陸地震に伴う三陸大津波を指すことは言うまでもない。ハーンはその発生日時を「一八九六年六月十七日の夜（the evening of June 17, 1896）」と記すが、既に記した通り、三陸大津波が発生したのは、正確には同年六月一五日の夜である。また、大津波による被害者について「約三万の人命をうしなった（destroying nearly thirty thousand human lives）」と記述するハーンの記述は、実際の死者数であった約二万二千人よりも過大に見積もっている。さらにハーンは大津波の被害地域を「東北地方の宮城・岩手・青森の諸県（the northeastern provinces of Miyagi, Iwaté, and Aomori）」とするが、実際には北海道の各地も大きな被害を受けており、その被害は当時の新聞でも報じられていたのである。そもそも、このテクストにおいて、ハーンは三陸大津波の原因となった明治三陸地震そのものについては言及していない。ハーンは同時代の日本国内における各種メディア報道を通じてこの災害についての基本的な知識を獲得したと推測されるが、客観的事実に関するハーンの記述が、実際には不正確な情報を含むことは注意される点である。

このエッセイ「生神」は、全体が三節から構成されている。最初の第一節は、日本の神社建築の様式についての記述から始まり、建築様式の考察を出発点として、ハーンは日本人の神道信仰が持つ性格を解説していく。ハーンは、日本人が神社に持つ観念を説明して、神社が祀る日本の多くの神々の中には過去に生きた偉大な人々の霊が含まれていることを述べ、死者を神として信仰するという日本人の宗教観を論じる。そして、そのような神道における信仰の特性についての言及を経た後で、ハーンは、日本人の宗教的な信仰生活における「生神（Living God）」の存在、すなわち生きている人間であっても神として崇拝される場合があることを同節の末尾で指摘する。

むかしは、生神というものはよくあったものなのだ。／大昔は、どんなつまらない身分の者でも、何かずば抜けて偉いことをしたとか、よいことをしたとか、あるいは賢いこと、勇ましいことをした者は、死ぬと、あれは神だと世間からいわれたものである。〔…〕ところが、そんなのよりも、もっと注目すべき神としての崇められ方があったのである。それはどういうのかというと、この世にまだ存命中の人が、その人の霊を祭った神社を建てられて、諸人からあがめられ、神として遇されたことだ。そのような神は、国の神というのではなくて、それよりも格の低い神、おそらく村邑の神とか、一地域の神として祭られたのである。たとえば、紀州有田郡の百姓で、生きているうちに神に祭られた、浜口五兵衛のばあいなどがそれだ。この人などは、わたくしなどが考えても、なるほど、神に祭られるだけの値打のあった人だと思う。(6)

日本人の信仰生活中の「生神」の典型として濱口梧陵（浜口五兵衛）を例示したうえで、続く第二節においてハーンは、明治期以前の日本の村落共同体における組制度の特性を説明し、それらが村落内部の秩序維持や相互監視、そして災害時の相互扶助という機能を持っていたことを語る。そして第三節において、この濱口の物語を記述していくのである。同節でのハーンによる「生神」としての濱口についての物語が、この人物を広く紹介した後年の杉村広太郎（楚人冠）著『濱口梧陵伝』（一九二〇年）とそれに収録された『濱口梧陵手記』に照らした際に、歴史的事実と異なる部分が多いことは、すでにこれまでも指摘されてきた通りである。(7) 特にハーンの記述における重要な事実との相違の一つが、紀伊広村の村人が多くの人命を救った濱口を「生神」として崇拝して、「濱口大明神（Hamaguchi DAIMYÔJIN）」を祀る神社を建立したとする点である。実際には、濱口は広村の住民の尊敬を集めたものの、その生前にも死後においても「濱口大明神」に類する神社が設けられることはなかったのである。この事実との相違は、エッセイ「生神」の主旨とも関係するだけに無視できない変更点といえるだろう。(8)

以上のようにハーン「生神」は、客観的事実に関しては、不正確な記述や史実との不一致を含んでいる。しかし、このテクストが興味深いのは、ハーンが同時代の明治三陸地震と三陸大津波という巨大災害への関心から出発して、その関心を時事的な雑感や表層的な紹介に収束させることなく、日本人の宗教的生活の考察という普遍的なテーマへと発展させたという点である。ハーンは、すでに神戸時代に英字新聞『神戸クロニクル』に一八九四年一〇月二七日付で掲載した「地震と国民性（Earthquakes and National Character）」と題した記事において、そのような災害をめぐる普遍化の思考を示していた。同記事のハーンは、一八九一（明治二四）年一〇月に発生した濃尾地震（美濃・尾張地震）などの災害に言及したうえで、日本においては地震や洪水といった自然災害のもたらす「不安定性（instability）」こそが、日本人が示す優れた忍耐力や回復力、環境への高い適応能力といった「国民性（national character）」の形成に寄与したという観点を提示していたのである。そしてエッセイ「生神」においても、ハーンは、日本の自然災害をめぐる歴史的なエピソードに言及しながらも、最終的には日本人の信仰生活における「霊魂（soul）」や「個性（individuality）」、「心霊（spirit）」といったもののあり方に思考を向けていくのである。

わたくしは、哲学を専攻している日本の友人に尋ねてみた。——いったい、浜口の生きている生身のからだが一方にあるのに、どうして村の人達は、それとはべつの場所に、浜口の霊魂のあることを、合理的に想像することができるのか。そのわけを聞かしてくれといって、尋ねたのである。それと同時に、かれら百性たちが、浜口の存命中に拝んだものは、浜口の数ある霊魂のなかの一つの霊魂だけなのであるか。もしそうだとすると、かれら百姓たちは、浜口の数ある霊魂のなかから、ある特定の霊魂だけが、かれらの礼拝を受けるために、それだけひとりでに離れて出てくるものだと考えているのか。——このことも、併せて尋ねてみたのである。

友人は言った。「その百姓たちは、人間の心霊や魂というものは、その人が生きている間も、同時に方々にいることのできるものだと考えているのですね。こういう考え方は、むろん、西洋の霊魂説とはだいぶちがっていますがね。」

この結末における友人との対話の中で、ハーンは「心霊」や「魂」が特定の個人に属するものであるという「西洋の霊魂説（Western notions about the soul）」の持つ合理性に対して、「万物の心は一なりという説（the doctrine of the unity of all mind）」を対置させて、日本の庶民の思考に真理が含まれるという立場を紹介している。ここでの人間の「霊魂」や「心霊」が「個」の存在を超えて遍在するという生命に対する認識は、「生神」が収録された著作集『仏の畑の落穂——極東における手と魂の研究——』において繰り返して登場するものである。例えば、同著作集に収められた仏教思想をふまえたエッセイ「塵（Dust）」中で、ハーンは以下のように記述している。

いったい、人間の個性とは何なのか？　人間が個性といっているものなど、あんなものは個性でも何でもありはしない。個性とは、無尽量の寄せ集めものだ。人体とは何であるか？　人体とは、幾千万億の生きている実体からつくりあげられた一個の形骸である。細胞という個体が仮りに寄り集まったものである。しからば、人間の霊魂とは何であるか？　それは、幾億兆という霊魂の寄せ集めものだ。われわれはみんな、だれもかれも、前世に生きていた生命のかけらが、無尽量に寄り合わさったものなのである。そして、絶えず人格を分解しては、また人格をこしらえ上げていく宇宙の作業は、つねに進行しており、今この刹那にも、われわれ各自のうちに、進行しつつあるのである。

エッセイ「塵」は、「生神」の一月前に雑誌『アトランティック・マンスリー』に掲載された作品である（一八九六年一一月）。このテクストの中で、ハーンは、人間の「個性」も「人体」も「霊魂」も、一切が常に進行を続ける巨大な「宇宙のプロセス（the universal process）」の一部であり、「生者」の感情・思想・願望といったものも、幾千万億もの過去の「死者」たちのそれらを合成し再成したものに過ぎず、過去に構成されたものが再び集結してできあがったものであると論じている。その立場によれば、「生者」も「死者」も同一の巨大なプロセスの内部にあり、「生」と「死」は本質的には区別されないことになる。このようなハーンの思考は、従来から指摘される通り、ハーンがそのアメリカ時代から強い関心を持った哲学者ハーバート・スペンサー（Herbert Spencer 一八二〇―一九〇三年）の進化論哲学を含む一連の思想から多大な影響を受けており、さらにそれに加えて、ハーンがアメリカ時代から来日後も含めて近接したインド哲学を含む仏教思想からの受容を顕著に示すものである(9)。

ハーンのエッセイ「生神」は、日本人の神道信仰の考察から出発して、生きている人間が神として崇拝される「生神」という存在を論じているが、このようなハーンの関心は、より根本的には「生者」と「死者」の分割線そのものを問い直すようなエッセイ「塵」に見られる思考によって支えられている。このようなハーンによる人間観の展開は、ハーン自身の広範な知的関心の上で成立したと同時に、同時代の三陸地震と三陸大津波という「天災」が喚起した思考や想像力と交錯するものであったと考えられないだろうか。ハーンは、同時代メディアの報道が伝達していた災害による多くの「生者」と「死者」の情報、被災地の「惨状」を語る言説を一面では受容しながらも、それらの錯綜した災害報道の内部に埋没することなく、巨大災害を契機として自らの思考をさらに深化させ、日本人の宗教的生活の内面の分析へ、さらにはより普遍的な人間の「生」と「死」をめぐる考察へと歩みを進めていったと評価したいのである。このエッセイ「塵」において、ハーンは以下のように結論づけている。

わたくしという一個人、――わたくしという一個人の魂！　いな、わたくしは一個の群集である。その数、千万億の集団に分けても、計量することのできない群衆である。幾多の世代に世代をかさね、無量無辺、阿僧《あそう》祇劫《ぎこう》を重ねきたったものである。げんざい、このわたくしというものを作り上げている集合は、これまでに、無足無辺の時に散乱し、そして、ほかの散乱したものと混り合ってきたものである。されば、やがてまた次に起るべき散乱を、何をもってか思い煩らうことがあろう？　おそらく、もろもろの太陽のまた別の代に燃えあがる幾億万年ののちに、わたくしの最もよいものが、ふたたびいっしょになる時がくるであろう。

「個人」という存在を構成する様々なものの集合は、過去に他のものであったのであり、将来は再び散乱して他のものと融合し、そしていつかはまた一緒のものになるだろうというハーンの言説は、同時代の巨大災害がもたらした膨大な「死者」たちに対しても、ある意味で鎮魂と追悼の意を示しているように思われる。ここには、「塵」の集合としての「個人」は、「生者」から「死者」へと姿を変えたとしても、いつか「生命」として必ず甦るという思考がある。エッセイ「塵」は、「生神」同様に、明治三陸地震と三陸大津波の発生した年に雑誌に発表され、翌年刊行の著作集『仏の畑の落穂――極東における手と魂の研究――』に収録された。「生神」「塵」の二つのテクストを含むハーンのこの著作集は、明治期日本のそれらの「天災」を執筆背景の一つとして持っていたと論者は考える。

3　夏目漱石「人生」

夏目漱石が熊本の第五高等学校に英語講師として着任した一八九六（明治二九）年に、同高等学校の校友会雑誌『龍南会雑誌』（第四九号、同年一〇月発行）に発表したエッセイが「人生」である。同雑誌において「論説」の名の下で掲載された「人生」は、後年の作家としての漱石の展開を予見させる初期評論として、従来から漱石研究史上においては注目されてきた。[10] 小説家として出発以後の漱石への考察から、いわば遡行する形式において「人生」を評価するそれら一連の先行解釈は、このテクストに関する多くの読解を生み出してきた。

「人生」は、校友会雑誌『龍南会雑誌』第四九号の中で、巻頭の「卒業式に於ける学校長の告辞」の記事に続く「論説」欄の最初に、「教授　夏目金之助」名で合計五頁を占めて掲載されている。校友会雑誌『龍南会雑誌』は、熊本大学附属図書館所蔵の同雑誌（複製本）によって現在も確認が可能である。第四九号の中で教師による寄稿であることを明示した文章は漱石の「人生」に限られており、他は当時の五高の生徒による執筆と推測される文章が並んでいる。冒頭の「空を劃《かく》して居る之を物といひ、時に沿うて起る之を事といふ、事物を離れて心なく、心を離れて事物なし、故に事物の変遷推移をなづけて人生といふ」という文章から開始するこのテクストもまた、明治三陸地震とそれに伴う三陸大津波という同時代の「天災」と密接に関係している。最初に、その基本的内容を概観したい。

このエッセイは、冒頭部分での「人生」に関する概念定義から論述が出発し、漢籍を主とする故事や成語への多彩な言及を経て、「人生」の含む「錯雑」な様相を提示していく。

加之《しかのみならず》個人の一行一為、各《おのおの》其由る所を異にし、其及ぼす所を同ふせず、人を殺すは一なれども、毒を盛るは刃を加ふると等しからず、故意なるは不慮の出来事と云ふを得ず、時には間接ともなり、或は又直接ともなる、之を分類するだに相応の手数はかゝるべし、況して国に言語の相違あり、人に上下の区別ありて、同一の事物も種々の記号を有して、吾人の面目を燎爛《りょうらん》せんとするこそ益《ますます》面倒なれ、比較するだに畏けれど、万乗には之を崩御といひ、匹夫には之を「クタバル」といひ、鳥には落ちるといひ、魚には上がるといひて、而も死は即ち一なるが如し、若し人生をとつて銖分縷析《しゅぶんるせき》するを得ば、天上の星と磯の真砂の数も容易に計算し得べし、(11)

ここで「錯雑なる人生」を説明するうえで、「人を殺す」例と「死」の呼び方の例という暗い印象の事例が示される点は、この論説が当時の五高の生徒向けの校友会雑誌に掲載された文章であることを考慮する際に注意される。このテクスト中の「人生」をめぐる語りは、奇妙なことに、冒頭の一段からそれほど明るいものでもなければ、楽天的でもない。この特徴は、後段でも反復されていくことになる。続いて、そのような「錯雑なる人生」を「写す」と同時に「綜合して一の哲理を教ふる」ものとしての「小説」の持つ機能が語られ、そこでは英国文学を使用した多彩な例示が行われる。しかし同時にそのような「小説」の持つ限界が、「人生」の中の「不可思議のもの」や「狂気」というものの存在によって示されることになる。続いて、このエッセイは明治期の日本に発生した二つの「天災」と「人意」の関係について、以下のように言及している。

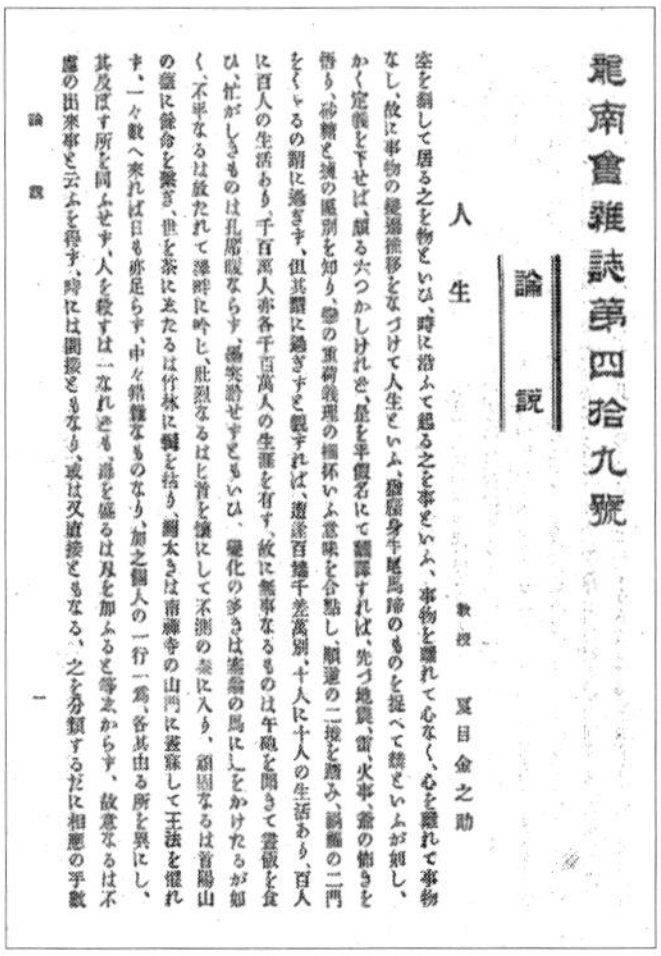
龍南會雜誌第四拾九號

論説

人生　　教授　夏目金之助

空を劃して居る之を物といひ、時に沿ふて起る之を事といふ、事物を離れて心なく、心を離れて事物なし、故に事物の變遷推移をなづけて人生といふ、猶麒麟身牛尾馬蹄のものを捉へて麟といふが如し、かく定義を下せば、頗る六つかしけれど、是を平假名にて翻譯すれば、先づ地震、雷、火事、爺の怖きを悟り、砂糖と鹽の區別を知り、戀の重荷義理の柵抔いふ意味を合點し、順逆の二境を踏み、禍福の二門をくゞるの謂に過ぎず、但其謂に過ぎずと觀ずれば、遂に百端千差萬別、十人に十人の生活あり、百人に百人の生活あり、千百萬人亦各千百萬人の生涯を有す、故に無事なるものは午砲を聞きて晝飯を食ひ、忙がしきものは孔席暖ならず、墨突黔せずともいひ、變化の多きは塞翁の馬に𩛰をかけたるが如く、不平なるは放たれて澤畔に吟じ、壯烈なるは匕首を懷にして不測の秦に入り、頑固なるは首陽山の蕨に餘命を繫ぎ、世を茶にしたるは竹林に髯を拈り、圖太きは南禪寺の山門に晝寐して王法を懼れず、一々數へ來れば日も亦足らず、中々錯雜なものなり、加之個人の一行一爲、各其由る所を異にし、其及ぼす所を同ふせず、人を殺すは一なれども、毒を盛るは刃を加ふると等しからず、故意なるは不慮の出來事と云ふを得ず、時には間接ともなり、或は又直接ともなる、之を分類するだに相應の手數

論説　　一

『龍南会雑誌』掲載の夏目漱石の論説「人生」（1896年）

三陸の海嘯濃尾の地震之を称して天災といふ、天災とは人意の如何ともすべからざるもの、人間の行為は良心の制裁を受け、意思の主宰に従ふ、一挙一動皆責任あり、固より洪水飢饉と日を同じうして論ずべきにあらねど、良心は不断の主権者にあらず、四肢必ずしも吾意思の欲する所に従はず、一朝の変俄然として己霊《これい》の光輝を失して、奈落に陥落し、闇中に跳躍する事なきにあらず、是時に方《あた》つて、わが身心には秩序なく、系統なく、思慮なく、分別なく、只一気の盲動するに任ずるのみ、若し海嘯地震を以て人意にあらずとせば、此盲動的動作亦必ず人意にあらじ、人を殺すものは死すとは天下の定法なり、されども自ら死を決して人を殺すものは寡なし、呼息逼《せま》り白刃閃く此刹那、既に身あるを知らず、焉《いづく》んぞ敵あるを知らんや、電光影裡に春風を斫《き》るものは、人意か将《は》た天意か、

ここで「天災」の事例として「三陸の海嘯」と「濃尾の地震」が提示されているが、前者が明治三陸地震に伴う三陸大津波を指し、後者が先述した一八九一年一〇月の濃尾地震を示すことは言うまでもないであろう。三陸大津波については、熊本時代の漱石は書簡中でも言及しており、この「天災」が、当時の漱石の関心を強くひいた同時代事件の一つであったことは間違いない。例えば、当時ドイツ滞在中の大塚保治宛の書簡では、「或は御承知とは存候へども過日三陸地方へ大海嘯が推し寄せ夫は夫は大騒動山の裾へ蒸気船が上って来る高い木の枝に海藻がかゝる杯いふ始末の上人畜の死傷抔は無数と申す位」（一八九六年七月二八日付）と書き送っている。また東京根岸の正岡子規宛書簡においても「世間は何となく海嘯以来騒々しきやに被存候」（一八九六年九月二五日付）と記している。そして、そのような三陸大津波への関心を背景としながら、漱石は「人間の行為」を、「三陸の海嘯」と「濃尾の地震」のような「天災」と同様に、「人意」の統制を超えたものと評価しているのである。ここでも「人意」の統制を超えた人間のあり方を語る際の事例は、「人を殺す」という事例となっている。ここでは、同時代に多数の死傷者をもた

らした「三陸の海嘯」と「濃尾の地震」という「天災」を比較の対象とするがゆえに、「人意」をめぐる例もまた、「死」を想起させる事例となっていることが推測可能であろう。その後に続く記述においては、芸術における創造行為もまた「人意」を超えた地点にあることを示唆している。さらに人心の把握の困難について、人間が自他の「心」を理解することの不可能性を強調したうえで、最終的に、改めて人間の「行為」と「心」についての予測の困難と、それに由来する「人生」の不確実性を言明する。

人生は一個の理窟に纏《まと》め得るものにあらずして、小説は一個の理窟を暗示するに過ぎざる以上は、「サイン」「コサイン」を使用して三角形の高さを測ると一般なり、吾人の心中には底なき三角形あり、二辺並行せる三角形あるを奈何せん、若し人生が数学的に説明し得るならば、若し与へられたる材料よりXなる人生が発見せらるゝならば、若し人間が人間の主宰たるを得るならば、若し詩人文人小説家が記載せる人生の外に人生なくんば、人生は余程便利にして、人間は余程えらきものなり、不測の変外界に起り、思ひがけぬ心は心の底より出で来る、容赦なく且乱暴に出で来る、海嘯と震災は、啻《ただ》に三陸と濃尾に起るのみにあらず、亦自家三寸の丹田中にあり、険呑なる哉、

この結論部分においては、「海嘯」や「地震」のような「天災」が、「人意」ではどうすることもできない「不測」の形で人間を襲ってくることと比較して、人間にとっての「人生」が内包する予測不可能な危うさを論じている。ここで「海嘯と震災は、啻に三陸と濃尾に起るのみにあらず」とある通り、「外界」で生じる「不測の変」の例として、三陸大津波と濃尾地震が再び言及されていることに注意を促しておきたい。このように、エッセイ「人生」においては、その結論部分も含めて、再三にわたって同時代の巨大災害が触れられることになる。

エッセイ「人生」の内包する漱石の思考の解釈については、各種の先行論が存在している。例えば「人生」に関して注釈を施した内田道雄は、このテクストが「二つのテーマ」を含んでおり、「一は、人生そのものを存在論的に考究すること。二は、そのように考究された人生に対して文学がいかに認識されるかを探求すること」であるとする[12]。その上で、漱石が「「人生」ではじめて、自らの表現手段として小説の可能性をもとめはじめた」ことの重要性を指摘する。その指摘は示唆に富むが、しかし、このテクスト中の思考の比重が、「小説の可能性」の肯定よりも、むしろ「小説」の持つ「理窟」の限界の指摘にあることに注意する必要がある。ジョージ・エリオット（George Eliot 一八一九―一八八〇年）、ウィリアム・サッカレー（William Makepeace Thackeray 一八一一―一八六三年）、シャーロット・ブロンテ（Charlotte Brontë 一八一六―一八五五年）らの一九世紀英国小説家を例として「小説の可能性」を称揚したうえで、しかし漱石が示唆するのはその内在的限界である。そのような「小説」の限界を招来する存在を、漱石は「人生」の中の「不可思議のもの」として位置づけている。

蓋し小説に境遇を叙するものあり、品性を写すものあり、心理上の解剖を試むるものあり、直覚的に人世を観破するものあり、四者各其方面に向つて吾人に教ふる所なきにあらず、然れども人生は心理的解剖を以て終結するものにあらず、又直覚を以て観破し了すべきにあらず、われは人生に於て是等以外に一種不可思議のもののあるべきを信ず、〔…〕われ手を振り目を揺《うご》かして、而も其の何の故に手を振り目を揺かすかを知らず、因果の大法を蔑にし、自己の意思を離れ、卒然として起り、驀地《ばくち》に来るものを謂ふ、世俗之を名づけて狂気と呼ぶ、狂気と呼ぶ固より不可なし、去れども此種の所為を目して狂気となす者共は、他人に対してかゝる不敬の称号を呈するに先つて、己等亦曾《かつ》て狂気せる事あるを自認せざる可からず、又何時にても狂気し得る資格を有する動物なる事を承知せざるべからず、漱石は「人生」の中の「不可思議のもの」とは、「因果の大法を蔑にし、自己の意思を離れ、卒然として起り、驀地に来るもの」であるという。「世俗」がそれを「狂気」と呼称することに対して、漱石は明確に批判的である。なぜならば、それらは人間の意志的な統制を遥かに超えた状況において生起するからである。この一八九六年の第五高等学校時代の漱石が提示する「人生」に潜む「不可思議」についての言説の由来については、その多様な経験上の、また思想形成上の背景を想定することが可能であろう。少なくとも、漱石の思考形成過程を東京帝国大学文科大学時代にまで遡行して、その重要な知的影響源としての同時代のヨーロッパや北アメリカの多様な哲学や社会思想からの受容の融合として検討する必要がある。(13)

それと同時に、このエッセイにおける人間の意志的な統制を超えたもののあり方を考える際に重要であるのが、「三陸の海嘯」と「濃尾の地震」という二つの同時代の巨大災害であるといえよう。それらの明治三陸地震・大津波や濃尾地震への言及は、「人生」における人間の行為や思考に関する予見不可能性・不確定性を記述するうえでの比較のための単なる例ではない。「人生」の中で、「三陸の海嘯」と「濃尾の地震」は、「人意」の統制を超えた現象の典型として位置づけられると同時に、続く記述の中で、同様に「人意」を超えたものとしての「人間の行為」の性格を導き出す重要な媒介となっており、これらの明治期の自然災害は、この評論の論旨の展開に深い影を落としている。すなわち、明治三陸地震とそれに続く三陸大津波という同時代の災害は、「人生」の中の周縁的な一要素というよりも、むしろこのテクストの示す思考の成立を促した重要な契機の一つであったと考えることが可能であろう。「生」の不安定性を語ると同時に「死」への意識を内包するように映るこのエッセイの持つ一面の暗さは、そのようなテクスト成立の契機に由来するのであろう。換言すれば、漱石は、それらの同時代災害を契機とした思考を通して、より「人生」についての洞察を深めえたのだといってもよいかもしれない。若き漱石は、同時代の「天災」と向き合いながら、自らの思考を発展させることで後年の表現世界につながる認識を言語化しえたともいえよう。

おわりに

本章では、一八九六年六月に発生した明治三陸地震と三陸大津波に言及したハーンと漱石の両者のエッセイを取り上げてきた。この明治期における巨大な自然災害の同時代経験を背景とすることで、ハーン「生神」と漱石「人生」という二つのテクストが成立し、そのテクスト中に人間の「生」と「死」をめぐっての固有の認識が展開され、それらの思考は、以後の両者の多様な著作活動においても、確実に継承されていったと考える。

ハーン「生神」と漱石「人生」が発表された一八九六年は、「天災」としての明治三陸地震と三陸大津波が東日本を襲った年であっただけではなく、日本国内においては日清戦争の戦後の時代としてその余塵を依然として色濃く残していた時代であった。周知のとおり、一八九四年六月に甲午農民戦争を契機として開始した日本の朝鮮半島派兵が、やがて日本と清国の全面的な武力衝突に至り、最終的に日本が遼東半島全域を占領して休戦条約を締結したのは一八九五年三月であった。近代国家としての日本が経験した最初の大規模な国際戦争としての日清戦争もまた、多数の犠牲者を生み出し、人間の「生」と「死」のあり方を人々に突きつけるような同時代の歴史的な出来事となったことはいうまでもない。ハーンは、著作集『心——日本の内面生活の暗示と影響——(*Kokoro: Hints and Echoes of Japanese Inner Life*)』(一八九六年)に収録された「戦後(After The War)」と題したエッセイの中で、日清戦争の戦地からの帰還兵士を前にした一老人が戦死者を語った言葉を記述して、同テクストを閉じている。

西洋のかたは、死んだものは帰らないとおぼし召すでしょうが、わたくしどもは、そうは思いません。日本人はだれでも、死ねばまた帰ってまいります。帰る道をみんな知っております。シナからだろうが、朝鮮からだろうが、海の底からだろうが、戦死したものは、みんな帰ってまいりました。――へえ、みんな、もうわたくしどももといっしょにおりましてな、日が暮れますと、故郷へ呼びもどすラッパの音を聞きに集まってまいりますよ。いまにまた天子さまの軍隊が、露助とひと戦さやる召集が下るときには、みんなそれ、あのラッパの音を聞くのでございます。(14)

日清戦争での「死者」が「生者」と同様に故郷に帰還するという認識は、「生神」でのハーンが注目した日本人の宗教観同様に、同時期のハーンの「生」と「死」をめぐる思考に関係したものと考えられる。本章では、ハーンと漱石の二つのテクストを対象にその主要な背景として明治三陸地震と三陸大津波を中心に論じたが、漱石の場合も含めて、一八九六年の両者の「生」と「死」についての思考の時代的な背景としては、日清戦争後の「戦後」という時代を同時に考慮することによって、より多角的な分析が可能となるであろう。ハーンにせよ漱石にせよ、日清戦争という同時代の歴史的状況からのその思索への影響は、小さくないように思われる。日清戦争という明治期日本の経験した最初の大規模な国際戦争があり、その「戦後」からの回復の途上にあった日本を襲った巨大災害こそが、明治三陸地震と三陸大津波であったのである。戦争と災害が連続する明治期の時代状況の中で、ハーンと漱石は、同時代メディアによる報道が伝達する多様な言説の一方で、それぞれの知的関心のあり方から出発して、その「生」と「死」をめぐる思考を創造的に展開していったと考えるのである。

注

（1）ハーンは、一八九一（明治二四）年から一八九四（明治二七）年までの三年間を第五高等中学校で英語を講じる外国人教師として熊本で過ごし、一方の漱石は、ハーンに続いて一八九六（明治二九）年から一九〇〇（明治三三）年までの四年三月の間、第五高等学校に英語教師として籍を置いた。
（2）東京帝国大学文科大学の英文科において、ハーンは一八九六（明治二九）年から一九〇三（明治三六）年まで、その後を承けた漱石は同年から一九〇七年まで在職した。
（3）吉村（一九七〇）。後に『三陸海岸大津波』と改題されて一九八四年に中公文庫から刊行され、さらに二〇〇四年には文春文庫から復刊されている。
（4）ハーン来日後の著作集としては、『知られぬ日本の面影（*Glimpses of Unfamiliar Japan*）』（一八九四年）、『東の国から（*Out of the East: Reveries and Studies in New Japan*）』（一八九五年）、そして『心』（一八九六年）に続く著作集である。
（5）「稲むらの火」は、一九三七（昭和一二）年刊行の尋常小学校五年生用の国語教科書「小学国語読本巻十」に掲載され、続いて「初等科国語六」にも掲載されて一九四七（昭和二二）年まで使用されている。
（6）小泉（一九七五b）の日本語訳（平井呈一訳）による。同書中の「塵」の日本語訳も同書に従う。
（7）史実との異同については、平川（一九八一）中の「第四章　稲むらの火」など。
（8）この事実の改変について、前出の平川（一九八一）は「日本人の心性の真実を伝えるための工夫であった」と評している。
（9）ハーンのスペンサー思想の受容については、田中・福澤編（二〇〇七）における一連の福澤清による論考が参考になる。
（10）例えば、早く猪野謙二は、漱石の出発期を検証した論考において、この評論が後の漱石小説を検討するうえで占める重要性を指摘する（猪野一九六六：「漱石　その序章」）。
（11）引用「人生」本文は、夏目（一九九五）による。
（12）高田解説・内田注釈（一九六九）中の「人生」の補注による。
（13）「人生」に見られる各種の知的影響源については、坂元ほか編（二〇一一）所収の拙論で論じた（「第五高等学校時代の夏目漱石――論説「人生」を読む――」）。
（14）小泉（一九七五a）の日本語訳（平井呈一訳）による。

参考文献

猪野謙二（一九六六）『明治の作家』岩波書店。
熊本大学附属図書館所蔵『龍南会雑誌』第四九号（一八九六）第五高等学校龍南会。
小泉八雲（一九七五a）『東の国から・心』（平井呈一訳）恒文社。

小泉八雲（一九七五ｂ）『仏の畑の落穂他』（平井呈一訳）恒文社。

坂元昌樹・西槇偉・福澤清編（二〇一一）『越境する漱石文学』思文閣出版。

高田瑞穂解説・内田道雄注釈（一九六九）『夏目漱石集Ⅱ』（日本近代文学大系二五）角川書店。

田中雄次・福澤清編（二〇〇七）『現代に生きるラフカディオ・ハーン』熊本出版文化会館。

夏目漱石（一九九五）『漱石全集』第一六巻、岩波書店。

平川祐弘（一九八一）『小泉八雲　西洋脱出の夢』新潮社。

吉村昭（一九七〇）『海の壁　三陸沿岸大津波』中央公論社。

Hearn, Lafcadio (1896) *Kokoro: Hints and Echoes of Japanese Inner Life*, Boston: Houghton, Mifflin.

Hearn, Lafcadio (1897) *Gleanings in Buddha-fields: Studies of hand and soul in the Far East*, Boston: Houghton, Mifflin.

読書案内

『海の壁　三陸沿岸大津波』（吉村昭、中央公論社、一九七〇年）明治期以降に三陸地方を襲った大津波について、本章で触れた明治三陸津波に加えて、昭和三陸津波、チリ地震津波を紹介したルポルタージュとして興味深い。

『仏の畑の落穂他』『東の国から・心』（小泉八雲著、平井呈一訳、恒文社、一九七五年）ハーンの主要著作についての日本語訳で知られる訳者によるもの。平明な日本語による訳が特徴であり、『仏の畑の落穂他』は『仏の畑の落穂』『異国風物と回想』の二書、『東の国から・心』は『東の国から』『心』の二書の日本語訳を含む。

『小泉八雲　西洋脱出の夢』（平川祐弘、新潮社、一九八一年）ハーンについての日本国内での代表的研究者による著作であり、本章で取り上げた「生神」についての分析を含めて、ハーンの人物と作品についての基本的な理解を深める上で役立つ。

『漱石全集』第一六巻（岩波書店、一九九五年）同巻は「評論ほか」を集めており、本章で取り上げた「人生」を含めて初期から晩年までの漱石のエッセイを概観可能である。なお、熊本大学附属図書館所蔵『龍南会雑誌』（複製本）はＷｅｂ上でも公開されている（www2.lib.kumamoto-u.ac.jp/ryunan/index.html）。

第7章　中国古典小説にみる幽霊と冥界

屋敷信晴

はじめに

（1）「六朝志怪」とは

『論語』先進篇で、子路は孔子に「敢へて死を問ふ。」という。「敢」という助字は、やりにくいことを思い切ってやるというほどの意味を持っているが、子路は孔子に対して聞きにくいと思いつつも、それでも思い切って死について尋ねた。子路は死に対してよほど強い関心を持っていたのだろう。しかし孔子はその問いに対して、「まだ生すら分からないのに、まして死など分かろうか。（未知生、焉知死。）」と、ややはぐらかすかのように答える。孔子は「子　怪力乱神を語らず。」（『論語』述而篇）というように、『論語』の中ではほとんど死後の世界について語らず、死についてもあまり積極的には語らない。しかし死について無関心であったはずはない。春秋時代の歴史を記した『春秋左氏伝』昭公二五年に「生は良いものであり、死は悪いものである。良いものは楽しく、悪いものは哀しい。（生好物也、死悪物也。好物楽也、悪物哀也。）」とある。言うまでもなく、人間にとって死とは最も憎むべきものでありながら、決して避けることのできないものである。そのため古来詩人たちは死に対するさまざまな思いを詩に詠んできた。ある者はひたすら嘆き、ある者は死は避けられないからこそ今の生を謳歌すべきだと主張し、またある者はそもそも生死など大自然の法則の一部に過ぎないのだと達観する。態度はそれぞれさまざまであるが、皆死と向かい合って自分の心と折り合いを付けようとしている。

しかし『詩経』大序に「詩とは志が胸中から現れ出たものである。（詩者志之所之也。）」と言われるように、中国古典文学の世界では詩は詩人個人の思いや志を表出するという性格が強い。そのためより広く一般的な死に対する意識を探るためには、小説の方が材料として適当であると考える。中でも本章では、六朝時代以前（六世紀以前）に記された「志怪」と呼ばれる小説群を主な材料として取り上げたい。

「志怪」とは「怪を志《しる》す」の意で、筆者が直接見聞きした、或いは人づてに聞いた怪異な出来事について記録したものとされる。その中には妖怪や神仙たちに関する話、死者が生き返った話、また別世界を訪問した話などの超自然的な内容が大量に含まれており、現代の我々から見れば、すべてが実際の出来事だとは考えられない。しかし当時の人々には事実の記録だとしてある程度リアリティをもってとらえられていたとするならば、それは人々の集合的無意識の産物と考えられ、当時一般的に超自然的な現象をどのようにとらえていたのかを考える手がかりにすることができる。

そこで本章では、六朝志怪の幽霊譚を主な材料に、中国古典の幽霊と冥界に対するイメージとその源泉について考えてみたい。また同時にできるだけ多くの六朝志怪の話を取り上げることによって、そのバリエーション豊かな奇想の世界について紹介することも目的としたい。

（2）人間くさい幽霊たち

中国古典の世界では幽霊とはどのような存在だと考えられていたのか。中国語では幽霊は「鬼」と表記されるが、最初期の漢字字典『説文解字』は次のように説明する。

> 鬼とは、人間が最後に帰着する存在である。〔…〕部首が「厶」なのは、鬼は陰の気で人間を害するからである。（鬼、人所帰為鬼。〔…〕从厶、鬼陰气賊害、故从厶。）**【漢・許慎『説文解字』】**

幽霊とは人間が最終的に帰着するものであると同時に、陰の気で人間を害する恐ろしい存在でもあるという。確かに篆書体の「鬼」の字を見ると、右側の涙滴型の部分は陰の気を表していると言われている。[1] しかし実際に幽霊が登場する六朝志怪を見てみると、やや雰囲気が違う。例として、まず六朝志怪の幽霊譚の中で最も有名だと思われる話を紹介しよう。

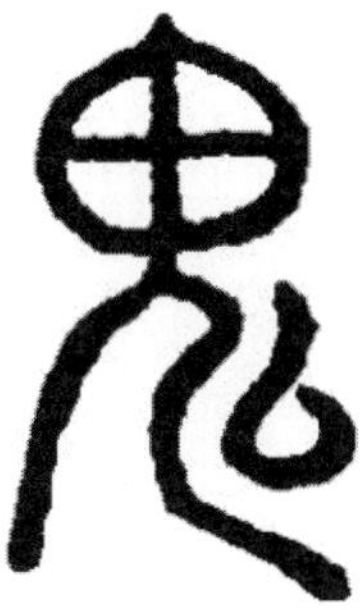

篆書体の「鬼」

> 南陽の宗定伯は夜に道で出くわした幽霊に自分も幽霊だと嘘をついたところ、行き先が同じ市場であったことから道連れとなった。幽霊は宗定伯は歩くのが遅いと言い、交代で背負い合うことになった。まず幽霊が宗定伯を背負うと、幽霊「お前は重いが、もしかして幽霊じゃないんじゃないか。」宗定伯「まだ新米だから重いんだよ。」交代して宗定伯が幽霊を背負うと、確かにほとんど重さが無かった。
>
> しばらくして、宗定伯「俺は新米だから幽霊の怖いものが分からないんだ。」

幽霊「人の唾だけは嫌だね。」

そして川を渡る際には幽霊は音も無く渡っていったが、宗定伯はざばざばと音を立てた。幽霊「どうして音がするんだ。」宗定伯「新米で慣れてないからさ。」

市場に到着すると、宗定伯は幽霊を担ぎ上げた。すると幽霊は驚いて大騒ぎしたので、地面に下ろすと羊に化けた。そこで宗定伯は唾を付けてそれ以上変化できないようにし、高値で売り飛ばしてしまった。〔要約〕【魏・曹丕『列異伝』(2)】

この話には「幽霊は重さが無い」「人間の唾を嫌う」など、幽霊の特徴に関する記載がいくつか見られる。しかし中でも印象的なのは、ただの人間である宗定伯にうかうかと騙され、挙げ句の果てには売り飛ばされてしまうという、幽霊の間抜けっぷりである。もちろんこの話の前提として、幽霊は人間を害する凶悪なものというイメージが存在しているからこそ、さらにその上手を行って一儲けする宗定伯の機転が引き立つわけではあるが、それにしてもこの幽霊は別に誰かに対して恨みを抱いて現れたわけでもなく、ただただ幽霊として普通に存在していたという書きぶりである。このような怖くない幽霊の最たるものが、次の話である。

漢の武帝の頃、酒屋を営んでいる池という男の店に三人の変わった姿の人が現れた。彼らは酒と食事を買い求め、ひとしきり飲むと帰って行った。しばらくすると後から来た客が「幽霊が三人林の中で酔いつぶれていたぞ。」と言った。〔要約〕【晋・干宝『捜神記』】

原文では「三奇客」となっており、幽霊たちは常人とは若干姿が違ったようではあるが、それでも買い物できる程度には怪しまれない姿に化けていたようである。それが酒に酔いつぶれて正体を現してしまうという、なんとも人間くさい幽霊である。このような人間くさい幽霊の話は、六朝志怪の中に枚挙に暇がないほど存在する。これらの幽霊たちは、なぜこのように人間くさいのであろうか。次節ではそれを考えるために、中国古典の死に対する認識について考えたい。

1　中国古典における死と冥界

（1）死と魂

そもそも幽霊の前提となる「死」について、中国古典の世界ではどのように考えていたのか。

　死とは、澌《し》（尽き果てること）である。人間の魂と肉体が分離することである。（死、澌也。人所離也。）【漢・許慎『説文解字』】

『説文解字』は、死とは魂と肉体の分離であるという。それでは分離した魂と肉体はどうなるのか。

　人が死ぬと魂気は天に帰り、形魄は地に帰る。（魂気帰于天、形魄帰于地。）【漢・戴聖『礼記』「郊特牲」】

　精神は天に属するものであり、肉体は地に属するものである。人が死ぬと精神は天の門に入り、肉体は地の根に戻る。（精神天之有也、而骨骸者地之有也。精神入其門、而骨骸反其根。）【漢・劉安『淮南子』「精神訓」】

いわゆる魂と肉体のことを『礼記』は「魂気」と「形魄」、『淮南子』は「精神」と「骨骸」と称しているが、やはり『説文解字』と同じく人間を魂と肉体の合体した存在ととらえ、死ぬと両者は分離して、魂は天に昇り、肉体は地に沈んでいくという。中国古典の世界ではこれがおおむね一般的な死のとらえ方であると言える。

しかし魂は一度抜け出してしまっても、再び肉体に呼び戻すことができればまた生き返ることができると考えられていたようである。そのため葬礼の一つとして、「復」と呼ばれる儀式が存在した。

復ではいずれの場合も東の軒から登って屋根の中央に立ち、北に向かって三度呼びかける。それから死者の衣を丸めて前方に放り投げ、司服が受け取る。呼びかけた者は西北の軒から降りる。〔…〕復では男性は名を呼び、女性は字《あざな》を呼ぶ。哀哭だけは復より先に行うが、その他の葬事は復の後に行う。（皆升自東栄、中屋履危、北面三号。捲衣投于前、司服受之。降自西北栄。〔…〕凡復、男子称名、婦人称字。唯哭先復、復而後行死事。）

【漢・戴聖『礼記』「喪大記」】

『礼記』の注に「息が絶えたら哀哭し、哀哭したら復し、復しても蘇らなければ葬儀を行う。（気絶則哭、哭而復、復而不蘇、可以為死事。）」とあることからすれば、本来この復という儀式は『楚辞』「招魂」で、死んだ屈原の魂に向かって「魂よ　帰り来たれ、君の恒幹を去り、何為《なんす》れぞ四方する。（魂兮帰来、去君之恒幹、何為四方些。）」と言うのと同様に、死んで肉体を抜け出して天に昇り行く魂を呼び戻し、肉体に再び宿らせて蘇ることを期待する儀式、いわゆる招魂儀礼であったと思われる。

以上のように、中国では伝統的に人間を構成する要素を大きく魂と肉体という二元論的にとらえ、その不可逆的な乖離を以て死と考えていた。それでは抜け出した魂の行き先は天だけかというとそうではないようで、六朝志怪では様々な行き先が想定されていた。それはどのようなものであったか。次節ではその行き先、すなわち冥界のありかについて考えたいと思う。

（2）冥界のありか①――「天」――

まずは先の『礼記』『淮南子』でも記されていた、魂が天に昇る、すなわち冥界が天にあるというものである。

蔡謨は隣家から魂を呼ぶ声が聞こえたので庭に出てみたところ、新たに死者が出た家から老婆がふわふわと天に昇っていくのを見た。老婆は家人の呼び声が聞こえるたびに振り返っていたが、しばらくして声が聞こえなくなると姿が見えなくなった。〔要約〕【劉宋・劉義慶『幽明録』】

原文では蔡謨は「復魄声」を聞いたとなっているが、これは先に紹介した『礼記』の復の儀礼のことであろう。[3]天に昇りゆく老婆の魂は、家族の声が聞こえても振り向くだけで戻らない。それは恐らく実際には復の儀式によって死者が復活することはほとんどなかったことを表すのであろうが、この話は復の儀式について幽霊側の視点から描いたものとして興味深い。また昇った先の天とはどのようなところであるか。

会稽の賀瑀は病気で死んだが三日後に生き返り、次のように語った。役人に天へと連れて行かれたが、そこには役所があり、部屋の中には棚があった。上段には印が、中段には剣があって、どれでも持って行って良いと言われたので、賀瑀は剣を貰った。門番は「印を貰っておけば神々を使役できたのに、剣では土地神を使役できる程度だ。」と言った。賀瑀は果たして土地神を使役できるようになった。〔要約〕【晋・干宝『捜神記』】

天にある冥界に召喚された賀瑀は、鬼神を使役できる道具を土産に地上に帰される。明記されてはいないが他の話を参考に考えるに、どうやら間違えて召喚されてしまったらしい。

このような死者の魂が天に昇るという考えはかなり古くから普遍的に存在し、ある意味で素朴なものである。六朝志怪以外に詩や散文にも見られるし、また湖南省長沙市で一九七二年に発掘された漢代の墳墓から出てきた帛画「昇仙図」にも、死者が天界に昇っていく姿が描かれている。[4]

またあわせて注目しておきたいのは、天の冥界には役所があり、役人も配置されているということである。門番も存在するということからは、役割分担の存在などある程度体系だった官僚組織があることがうかがえる。

(3) 冥界のありか② ——「地下」「墓」——

『礼記』『淮南子』では、肉体は地の底に戻ると記されていた。それでは今度は地下の冥界とはいかなるものなのか。

鄭の荘公は反乱を起こした弟を追放、弟を寵愛して反乱を幇助した実の母を幽閉して、「黄泉に行くまで母上には会わぬ。」と誓いを立てた。

しかし荘公が後悔していることを察した臣下の潁考叔は、「地下水まで届くトンネルを掘ってそこで母上に会われれば、誰も文句は申しますまい。」と言った。荘公はその言葉に従って母と再会し、母子は昔のように仲睦まじくなった。〔要約〕【『春秋左氏伝』隠公元年】

荘公の言葉は、原文では「黄泉に及ばずんば、相見ること無きなり。(不及黄泉、無相見也。)」となっており、注などに従えば冥界は大地のはるか深くにあり泉が湧いていることから、大地の色である「黄」と水の「泉」をあわせて冥界を「黄泉」「九泉」と称したようである。つまり地下と泉という冥界の要素をあわせ持ったトンネルを掘って擬似的な冥界を作ることによって、誓いを破らずに母との再会を果たしたというのである。

この『春秋左氏伝』の話では、荘公は「あの世に行くまでは会わない。」というのだから、母も自分も死後は共通の冥界に行くと考えていたことになるのだが、実は六朝志怪に見られる地下の冥界のほとんどは、埋葬された個人の墓の中に個別的な冥界が存在するというものであって、例えば仏教の地獄のような、万人共通の地下の冥界を語る話は非常に少ない。次節で取り上げる『列異伝』蔣済の話には冥界の意味で「地下」という言葉が出てくるが、実際には次項で扱う「泰山」のことを言っている。墓中の個別の冥界の例としては、次のようなものがある。

死者と再会させる術を使う道士のところに、妻を亡くした男がやって来て、亡妻との面会を依頼した。道士は「時を告げる太鼓の音が聞こえたらすぐに帰りなさい。」と言って術を使い、男と妻は涙ながらの再会を果たした。太鼓の音がしての帰り際、男の衣の裾が扉に挟まってちぎれてしまった。

一年程経ってこの男も死んだので、家族が妻と合葬しようと墓を開いたところ、妻の棺の蓋に男の服の裾が挟まっていた。〔要約〕【晋・干宝『捜神記』】

この話では冥界の様子の描写はほとんど出てこないが、少なくとも扉を備えた家で面会していたことになっている。そして扉に挟まってちぎれたはずの裾が実際には棺に挟まっていたということは、冥界での妻の家は棺であったということになる。つまり恐らくは墓室の空間が冥界に、棺がその家になっていたということであろう。

地下や墓中に冥界があるという思想は、『礼記』『淮南子』で述べられていた肉体は大地に帰るという思想と関係すると思われるし、それはもともと遺体を地面に葬る行為から発想されたと考えるのが自然であろう。ただし天が万人共通の一つの世界と発想されるのに対して、地下の冥界が個別の墓中の世界として発想される理由については、なお考察が必要である。(5)

またもう一点、注目したい点がある。

義興の周という人が都への旅の途中で日が暮れたので、近くの民家に宿を請うた。民家には若い娘が一人おり、「村はまだ先ですから、臨賀太守様は到着できないでしょう。」と言って泊めてくれた。真夜中、娘に対して「雷車を出せとの役所からの命令だ。」と告げる声が聞こえた。娘がすぐに出て行くと、程なく雷雨が降り注いだ。明け方娘は帰ってきた。

周は翌朝出立して泊めてもらったところをもう一度見てみると、そこには真新しい墓があるだけだった。周は言われたとおり後に臨賀太守となった。〔要約〕【晋・陶潜『捜神後記』】

この話には「幽霊が雨を掌《つかさど》る」「将来の出世を予見する」など注目すべき点がいくつかあるが、今特に取り上げたいのは、雷車を出す命令が下る部分である。原文では「官　汝を喚《よ》びて雷車を推さしむ。（官喚汝推雷車。）」となっており、はっきりと「官」という言葉が使われている。たとえ個別の冥界であっても、それを統括する官僚機構に組み込まれているということがうかがえる。

（4）冥界のありか③――「泰山」――

ここまで『礼記』『淮南子』に基づいて天と地の冥界について述べてきたが、そもそも中国の伝統的な冥界の中で

泰山図（『三才図会』）

最も有名なのは、山東省の名山、泰山にあるというものである。それを語る話は数多いが、中でも最も有名なのは次の話であろう。

泰山の人胡母班が泰山の近くを通りかかったところ、赤い服の役人に泰山府君の宮殿へと連れて行かれた。泰山府君は胡母班に娘婿の河伯に手紙を届けて欲しいと依頼し、御礼として青い靴を授けた。

数年後、胡母班は泰山府君に返書を届けに行った。その際厠に立った胡母班は、そこで父が枷をつけられて労役に服しているのを見た。父は胡母班に、この労役から逃れて土地神になれるよう泰山府君に口をきいてくれと頼んだ。泰山府君は「死者と生者は道理が異なっているので、近づいてはいけない。」と言ったが、胡母班がしきりに頼むので許可した。

一年ほどすると、胡母班の子供が次々に死んでしまった。胡母班はまた泰山府君に面会して哀れみを請うたところ、泰山府君は「だから言ったではないか。」と大笑いし、胡母班の父を呼び出して問いただした。すると父は孫に会いたくて呼び寄せたと答えたので、泰山府君は彼を交代させた。それからは子供はつつがなく育った。〔要約〕【晋・干宝『捜神記』】

東嶽大帝
（『三教源流捜神大全』）

このような泰山と死者の世界の関係がどうして生まれたのか。そのはっきりした理由は明らかではないが、泰山の神が人の命を掌るという観念は、前漢から後漢の頃に生まれたと言われている。

赤山は遼東の西北数千里に在り、中国人の死者の魂が岱山[6]に帰るのと同様である。（赤山在遼東西北数千里、如中国人死者魂神帰岱山也。）【『後漢書』「烏桓伝」】

泰山は天孫とも言い、天帝の孫と言われている。人の魂を召還することを掌っている。東は万物の生まれる方角なので、人の命の長短が分かるのである。（泰山一曰天孫、言為天帝孫也。主召人魂魄。東方万物始成、知人生命之長短。）【晋・張華『博物志』】

またこの話にも冥界の様子の具体的な描写はないが、「泰山府君」と呼ばれる権力者が君臨し、統治していることが注目される。[7]「府君」とは太守のことで、その地方を治める官僚機構のトップである。つまり泰山の冥界にもある程度整った官僚機構が存在し、その組織の下で死者が管理されているのである。

（5）冥界のありか④——「人間世界」——

ここでもう一つ、特筆すべき冥界のありかが存在する。

安西参軍の夏侯综は幽霊が普通の人間と同じように道に一杯いるのが見えていた。ある時、彼は道端の子供を指さして、「この子はきっと病気になるぞ。」と言った。

しばらくすると確かに病気になったので、母親が綜に訳を聞いたところ、綜は「この子がはねた泥が幽霊の足に当たり、怒った幽霊が病気にしたのだ。お供え物をやれば治るだろう。」と言った。その通りにすると治った。〔要約〕【晋・陶潜『捜神後記』】

泥をはねられたからといって怒る幽霊の人間くささは第一節で紹介した話と共通するものであるが、この話で特筆すべきは、見える人は限られるものの、幽霊は普通の人間と同じようにそこかしこにいるのだという点である。同様の話をもう一話紹介しておこう。

胡茂回は揚州から歴陽に帰る途中、町の東の祠で幽霊を見かけた。幽霊たちは「上官様が来たぞ。」と言って祠から出てきた。見れば二人の僧侶が祠の中に入っていき、幽霊たちは抱き合って草むらの中でぶるぶる震えていた。

しばらくして僧侶が帰っていくと、幽霊たちはまた祠に戻っていった。茂回はそれから仏教を信奉するようになった。〔要約〕【晋・陶潜『捜神後記』】

この話でもやはり幽霊は実はそこら中におり、見える人にはそれが見えるということになっている。しかも「晋の淮南の胡茂回は幽霊を見ることができる。見たくはないのだが、止めることはできない。（晋淮南胡茂回、能見鬼。雖不喜見、而不可止。）」と記されており、主人公胡茂回は僧侶や術士というわけでもないのに、幽霊が見えてしまうようである。

またこの話でも、幽霊たちは僧のことを「上官」と呼んでおり、彼らもまた何らかの形で官僚機構に組み込まれていることをうかがわせる。

(6) 現世の皮をかぶった冥界

以上、冥界のありかとして「天」「地」「泰山」「人間界」と見てきたが、いずれの世界においても幽霊たちはそれぞれの冥界で、ある者はぶらぶら歩き回り、ある者は労役に従事させられ、またある者は生前からの夫婦の愛を貫くなど、ある意味で「生きて」生活していた。しかも多くの世界には役所があり、それを統括する官僚機構が存在していた。つまり一言で言えば、死後の世界は現世とそう変わらないというのである。その最たるものが、見えないだけで我々生者と死者は実は同じ空間に存在しているのだという冥界観である。ではなぜこのような冥界が想像されたのだろうか。

その理由は恐らく、死後の世界に対する恐怖ではないだろうか。我々はいつかは必ず死ぬ。そして死んだ後一体どんなところへ行くのか。これは誰しも知りたいことである。しかし生きている者には死後の世界のことは分からない。必ず行かなくてはならないが絶対に事前に知りえない世界に対する恐怖、これこそが人間最大の恐怖と言ってもいいかもしれない。

そこでその恐怖を和らげるべく古代の中国人たちが考えたのが、今自分たちが生きているのとほぼ同様の世界だと考えることであった。肉体は滅んでもその魂はなお存在し続け、しかも生前同様に現世のような世界で暮らしていると考えるのである。その世界の秩序の中心に官僚機構が置かれているのは、六朝志怪の主な書き手と読み手が「士」と呼ばれる知識人階級であり、彼らの生きる世界が官僚の世界であったことの表れであろう。つまり、自分たちにとって既知の現世のイメージをそのまま冥界に覆い被せてしまうことで、未知の世界への恐怖を覆い隠そうとしたのではないだろうか。冒頭で触れた「人間くさい幽霊たち」というのも、このような冥界観から生ずるものであろうと思われる。

2　『列異伝』蔣済の話にみる冥界観

しかしその一方で、冥界は単なる現世のコピーではなく、相違点がある話もある。そしてそこには人間たちのさらなる願望や思いが反映されていると思われる。

魏の領軍将軍の蔣済の妻の夢に、亡くなった息子が現れた。息子は泣きながら、「死者と生者は道理が異なります。私は生前は大臣の子孫でありましたが、今あの世では下っ端の役人となっており、辛くてたまりません。この度廟付きの歌い手の孫阿様が泰山の知事となられます。どうか父上に、孫阿に私を楽な所に転任させるようにお頼み下さいませんか。」と言った。翌朝、妻は蔣済にそのことを話したが、蔣済は「夢など虚妄だ。」と言って取り合わなかった。

その夜息子は再び夢に現れ、「私は明日の正午に出発することになっています。どうかもう一度父上に申し上げて下さい。」と言った。翌朝、妻がもう一度蔣済に強く言ったので、蔣済がやっと孫阿という人物を探させたところ、確かにそのような人物がいた。蔣済は涙を流して、「もう少しで我が子に背くところであった。」と言った。

そして孫阿に事情を告げたところ、孫阿は死ぬのを恐れるどころか泰山の知事となれることを喜び、きっと息子を希望通りの仕事に転任させると約束した。

孫阿が帰ると、蒋済は自分がいる役所から孫阿がいる廟まで一定距離ごとに伝令を置いた。すると辰の時には孫阿の胸の痛みを、巳の時には危篤を、そして正午には死を伝えてきた。蒋済は「我が子の不幸は悲しいが、死者にも心があるというのは嬉しいことだ。」と言った。

一ヶ月余りすると、息子はまた妻の夢に現れて、「楽な仕事に転任することができました。」と告げた。〔要約〕【魏・曹丕『列異伝』[8]】

この話の中に出てくる冥界は泰山にあることになっているが、原文では「地下」とも表現されており、泰山型の冥界と地下型の冥界がミックスされた形になっている。また役所があり役人がいるという点は、ここまで見てきた冥界の話と共通している。しかしこの話には、その他にいくつか注目すべき事柄がある。個別にピックアップしながら検討していきたい。

（1）冥界と地位

この話の中心構造をなしているのが冥界の官僚機構であることは明らかである。しかし蒋済の息子は「私は生前は大臣の息子でしたが、今冥界では泰山の下っ端役人となっています。仕事のつらさ苦しさは筆舌に尽くしがたいものがあります。（我生時為卿相子孫、今在地下、為泰山伍伯。憔悴困苦、不可復言。）」と、生前は身分が高かったのに、死後は下っ端の役人になって苦労しているという。また逆に生前は廟付きの歌い手という低い身分であった人物が死後は泰山の知事になるともいい、現世と冥界の身分逆転現象が起こっている。これと同様の現象が、死とは正反対に不老長生の神仙になった場合も見られる。

劉安は高位の神仙に面会した際にも、幼い頃からの尊貴な身分の振る舞いが染みついていたため、神仙を取り仕切る者が「劉安は不敬であるので追放すべし。」と天帝に奏上した。師である八公の取りなしで許されたが、厠の番人をさせられること三年、その後は無位無官の神仙となって不死を得ただけであった。〔部分・要約〕

【晋・葛洪『神仙伝』】

劉安は漢の高祖劉邦の孫に当たる漢の王族で、淮南王に封ぜられていたが、反乱を起こそうとした疑いをかけられて処刑された。生前は学問や神仙の道を好んだと言われ、そのため死後に神仙となったという伝説も語られる人物である。しかしこの話では、人間界では王侯貴族であった劉安が、仙界ではよりにもよって厠番をさせられ、その後も仙界での官職はもらえなかったというのである。

このような冥界や仙界での地位逆転現象は何故起こるのか。考える手がかりとなるのは、蔣済から死後に泰山の知事となることを告げられた孫阿の反応である。

そして孫阿に会うと、詳しく事情を話した。孫阿は死ぬことを恐れるどころか、泰山の知事となれることを喜び、むしろ蔣済の話が本当でないことを恐れるばかりであった。孫阿「閣下のお話は私の願い通りです。御子息はどのような職を御希望でしょうか。」済「冥界の仕事の楽なものを与えてくれ。」孫阿「仰せのままに。」蔣済は深く礼を述べた。（於是乃見孫阿、具語其事。阿不懼当死、而喜得為泰山令、惟恐済言不信也。曰、「若如節下言、阿之願也。不知賢子欲得何職。」済曰、「随地下楽者与之。」阿曰、「輒当奉教。」乃厚賞之。）〔部分〕

孫阿は泰山の知事となれるのであれば、むしろ死にたいという。現世で低い身分でも、冥界に行けば高い身分になれる。現世と冥界は同じく官僚機構を持っているとしても、死後にどこに位置づけられるかは固定されていない。むしろ現世で身分の低い者こそが高い身分に付けられて欲しいという願望、それがこのような現象を引き起こしているのであろう。

（2）「死生　路を異にす」

ここまでの考察では、既知の現世のイメージを冥界に覆い被せてしまうことで、未知に対する恐怖を和らげていたと考えた。しかし同時に、冥界と現世の間に厳然と存在する深い断絶を完全に忘れることはできなかったようである。蒋済の話では、息子が母の夢に現れた際口にした言葉に「死生　路を異にす（死生異路）」とある。これは死者の世界と生者の世界は存在する道理が異なるという意味であるが、これに類似する言葉は、六朝志怪の中にしばしば見られる。

呉王夫差の末娘の紫玉は、韓重という若者と密かに結婚を誓い合っていた。韓重は遊学の旅に出るに当たり、両親に王に結婚を申し入れるように頼んでおいた。そして両親が結婚を申し入れたところ、王は怒って許さなかった。そのため紫玉は気がふさいで病死してしまった。

三年後に帰郷した韓重は悲嘆にくれ、紫玉の墓に参った。すると墓から紫玉の魂が現れ、泣きながら韓重に墓中の世界に来るように求めた。韓重「死者と生者は道理が異なる（死生異路）。悪いことが起こるのではないか。」紫玉「死者と生者は道理が異なるというのは（死生異路）、私も存じております。しかし今お別れしてしまったら二度と会えません。あなたは私が幽霊だからあなたに害を及ぼすと心配しているのですか。」韓重は彼女の言葉に感激し、一緒に墓中の世界に入って三日三晩過ごした。韓重の帰り際、紫玉は大きな真珠を一粒贈り、王に宜しく伝えるように頼んだ。

外に出た韓重が王に告げたところ、王は「我が娘をでたらめの話で冒瀆した上に墓を暴くとは。」と怒って韓重を捕らえた。逃げ出した韓重に助けを求められた紫玉は王の所に姿を現して、韓重は嘘をついていないと説いた。王の夫人は彼女を抱きしめようとしたが、煙のように消えてしまった。〔要約〕【晋・干宝『捜神記』】

宋の董青建が生まれる前、母の夢に現れた人が「お前の産む男の子は青い痣があるから、青建と名付けよ。」と言った。

成長してからは容貌も性格も優れていたため、一四歳の時に召されて役人となったが、ほどなく病の床につき、三日後に亡くなった。母が斎室の前に棺を置こうとしたところ、その夜に董青建の霊が現れて、「生と死の道は離れていますので（生死道乖）、棺を斎室の前に置いてはいけません。仏像を作る僧侶が私の遺体を迎えにくるでしょう。」と告げた。

翌日、果たして曇順という僧がやってきたので、母は董青建の霊の言葉を曇順に告げた。〔部分・要約〕【斉・王琰『冥祥記』】

先に挙げた胡母班の話でも、亡父を労役夫から土地神に異動させて欲しいと訴えかける胡母班に対して、泰山府君は「生死　路を異にす、相近づくべからず。（生死異路、不可相近。）」と言っている。

この「死者と生者は道理が違うのだ」というフレーズは、しばしば「だからあまり近づいてはいけないのだ」というマイナスのニュアンスで用いられる。実際胡母班の話では、土地神になった亡父が孫に会いたいからと胡母班の子供たちを冥界に連れて行くという悲惨なことになってしまった。現世と冥界の間にイメージの連続性を求めつつも、やはりそこには厳然とした区別がある、あるべきであるという意識もまた存在するようである。

（3）夢枕に立って謎掛けをする幽霊

もう一つ取り上げたい要素として「夢」がある。蔣済の話では、死んだ息子は母親の夢に現れる。他にも六朝志怪には死者が夢枕に立つという話が多く見られる。例えば次の話などがある。

晋の太元年間の初めに苻堅が襄陽に侵攻した際、軍中で亡くなった兵士の遺体を同郷の者が故郷に運ぶことになった。

遺体が家に到着する前日、死んだ兵士が妻の夢に現れ、「送られてくる遺体は私ではなく、他の所にある。お前が昔結ってくれた髻《もとどり》がそのままなので目印になるはずだ。」と言った。

翌日遺体が到着したので、妻は母親に夢のことを話したが信じてもらえなかった。妻は言われたところに遺体を探しに行ったところ、自分が結った髻の遺体があった。〔要約〕【劉宋・劉義慶『幽明録』】

原文には「死せし者　夜　婦の夢に与《あづか》りて云ふ（死者夜与婦夢云）」とあり、夢に現れたのは死者であると明示されている。古く中国では夢は睡眠中一時的に体から抜け出た魂の見聞したものであると考えていたとも言われている。そのような考えと、死とは魂が抜け出た状態であるという考えが合わさって、夢は死者とのチャンネルになりうるという考えが生まれたのだろう。

そして不思議なことに、夢に現れた死者はしばしば謎掛けをする。有名なものでは、後世のものであるが唐代小説「謝小娥伝」に見られる。主人公謝小娥は父と夫を強盗に殺されるが、その後二人は彼女の夢に現れる。

謝小娥は父の夢を見たが、父は「私を殺したのは「車中の猴、門東の草」である」と言った。また数日後、今度は夫の夢を見たが、夫は「私を殺したのは「禾中の走、一日の夫」である。」と言った。（小娥夢父謂曰、殺我者、車中猴、門東草。又数日、復夢其夫謂曰、殺我者、禾中走、一日夫。）

これは父を殺した「申蘭」、夫を殺した「申春」二人の名を漢字の謎掛けにしたものである。(9) これとよく似た、死者が夢に現れて謎掛けをする話は六朝志怪にも見られる。

晋の鄒湛は「甄舒仲」と名乗る以外何も言わない男の夢を何度も見た。そこで「甄舒仲とは西・土・瓦・舎・予・人・中に分解できる。きっと予が舎《わや》の西に積まれた古瓦の下の土の中に死人がいるに違いない。」と考え、調べてみるとその通りだったので葬り直したところ、その人は再び夢に現れて礼を言った。〔要約〕【劉宋・劉敬叔『異苑』】

死者たちは何故夢に現れて謎掛けをするのか。これに関しては、「謝小娥伝」とほぼ同内容である唐代小説『続玄怪録』「尼妙寂」でこのような謎掛けを用いる理由として、「冥界のことがらははっきりと言うことはできない。だから私は隠語によってお前に伝える。（但幽冥之意、不欲顕言。故吾隠語報汝。）」と述べている。これは前節の「死生　路を異にす」と同様、現世と冥界には厳然と区別があるので、秘密を漏らすことはできないというのである。冥界と現世は夢で通じることはできようとも、やはり区別があり、厳然とした断絶が存在すると考えていたようである。

おわりに

本章では、六朝志怪の幽霊譚を主な材料に、中国古典の幽霊と冥界に対するイメージとその源泉について考えてきた。その結果、冥界に対する恐怖心から現世のイメージをそのまま覆い被せたような、現世と連続しているような冥界観が形成され、その世界に存在する幽霊たちもまた人間くさい性格を持つものになったのではないかと考えた。しかしその一方で、やはり生と死には厳然とした区別があると認識していたようである。

さらに思い切って言えば、蔣済の話で蔣済は息子が妻に言っていたことが本当だと分かると、「もう少しで我が子に背くところであった。（幾負吾児。）」と言って涙を流し、それまでの「夢など虚妄だ。」と言い放っていた強気の姿勢とはまるで似つかわしくない姿を見せる。また最後に「我が子の不幸は悲しいが、死者にも心があるというのは嬉しいことだ。（雖哀吾児之不幸、且喜亡者有知。）」と、死後もその心が保たれていることを喜んでいる。[10] 或いはこの言葉からすれば、本章で見てきたような冥界観が形成された理由は自身の恐怖心を静めるためだけではなく、自分よりも先に死んでしまった近しい人が死後も生前と同様に、あるいは生前以上に幸せに暮らしていて欲しいという、ある種鎮魂の気持ちもあるのかもしれない。

注

（1）　白川（一九九六）など。
（2）　同話は晋・干宝『捜神記』にも収められており、主人公の名前が「宋定伯」となっている。
（3）　『世説新語』「賢媛篇」では同様の儀式を「伏魄」と称している。
（4）　曽布川（一九八一）など。

（5）高西（一九九六）では、天と地の冥界について地域性の観点から論じられており、さらに地下の冥界が万人共通の世界ではないことについて、仏教との関連を指摘されている。
（6）「泰山」は「岱山」「太山」とも表記される。また東方にあることから「東嶽」とも称される。
（7）泰山府君が冥界の支配者であるという思想は日本にも伝わっており、『今昔物語集』巻一九「代師入太山府君祭都状僧語」では、陰陽師安倍晴明が「太山府君の祭」なる術によって高僧の寿命を延ばしている。
（8）この話も晋・干宝『捜神記』に収められている。なお蔣済は実在の人物で、『三国志』「魏書」に伝がある。なお梁・陶弘景『霊宝真霊位業図』「第七右位」にも鬼官（冥界の役人）として「南山伯蔣済」の名がある。
（9）「車」の中の「さる」で「申」、「門」と「東」とくさかんむりを合わせると「蘭」、「禾」は稲の意味なので「田」の中を走り抜けると「申」、「一」と「日」と「夫」を合わせると「春」となる。
（10）「亡者有知」については、『説苑』政理篇と『孔子家語』致思篇に見られる「死者有知」の議論と関係があるかもしれない。

参考文献

川合康三（二〇一七）『生と死のことば　中国の名言を読む』（岩波新書）岩波書店。

白川静（一九九六）『字通』平凡社。

諏訪春雄（一九八八）『日本の幽霊』（岩波新書）岩波書店。

曽布川寛（一九八一）『崑崙山への昇仙　古代中国人が描いた死後の世界』（中公新書）中央公論社。

高西成介（一九九六）「六朝志怪小説に見られる死後の世界」『中国中世文学研究』第三〇号。

竹田晃（一九八〇）『中国の幽霊　怪異を語る伝統』東京大学出版会。

前野直彬（一九七五）「冥界遊行」『中国小説史考』秋山書店。

読書案内

『中国の幽霊　怪異を語る伝統』（竹田晃、東京大学出版会、一九八〇年）中国の幽霊に関する専著では最もよく知られており、専門家よりも広く一般の読者に向けられたものなので読みやすい。多くの話に基づきながら中国の幽霊観について解説されている。

『崑崙山への昇仙　古代中国人が描いた死後の世界』（曽布川寛、中公新書、中央公論社、一九八一年）主に天に昇るタイプの冥界について、墳墓壁画など出土資料の図像を元に解説。図版が豊富で読みやすく、文献資料とは異なる冥界の姿を知ることができる。

『生と死のことば　中国の名言を読む』（川合康三、岩波新書、岩波書店、二〇一七年）詩や思想書、歴史書などから筆者の印象に残った死と生について言及した言葉をピックアップし紹介したもの。本章で主に用いた小説資料とはまた違った、詩人たちの死に対する思いを見ることができる。

『中国幻想ものがたり』（井波律子、あじあブックス、大修館書店、二〇〇〇年）六朝志怪小説から明清白話小説まで、中国の多くの古典小説の中から「夢」「恋」「怪異」の三つをテーマにする話をピックアップし、その系譜について解説したもの。

第8章　死の病と救済の物語
――ハルトマンの『哀れなハインリヒ』を例にして――

荻野蔵平

はじめに

ヨーロッパ中世の人々にとって人生の最大の関心事はなにかといえば、それはなによりもまず死についての事柄であった。死は、幸運にも天寿を全うできた「穏やかな死」は一応置くとして、疫病、戦争、犯罪、事故や自然災害などさまざまな理由から、時と所を選ぶことなく突如として人間に襲いかかる。なかでも人々を最も恐れおののかせたのが「早すぎる死」や「突然死」であった。なぜなら、そのせいでおのれの罪を司祭に告白する機会を逸し、教会が定める「終油」という罪の赦しのサクラメント（秘蹟）を受けずに、この世を去るようなことにでもなれば、それは死者にとって、たちまち天国への門が閉ざされてしまうことを意味したからである。

突然死への恐怖がいかに大きなものであったかを物語るエピソードの一例として、少し時代は下るが、宗教改革の立役者マルティン・ルター（一四八三―一五四六年）が修道院へ入るきっかけとなった（伝説的）事件としての「電光の一撃」を紹介しよう。これは若きルターが、ドイツ東部エルフルト近郊のある村を歩いていたときに、突如として雷を伴う激しい嵐に見舞われ大地に打ち倒された際、聖女アンナに呼びかけ、修道士になることを誓ったとされる例の事件のことである。これについてルターは後に、『卓上語録』（一五三九年）の中で、「突然に死ぬことへの恐怖と不安にとりまかれて」修道士になることを決意したと語っている。つまり「命が助かるのであれば修道士になると誓った」というわけだ。

ところで、中世の人々にとって、死がどれ程切実なものであったかを如実に感じさせる言い回しに「メメント・モリ（memento mori）」と「われらは生のただ中において死の中にあるなり（media vita in morte sumus）」の二つがある。前者はラテン語で「死を想え」「死ぬことを忘れるな」という意味の最も人口に膾炙した宗教的スローガンの一つである。死は必ずや訪れるが、いつ訪れるかわからない。そのため常日頃から死に思いを馳せ、心して油断してはならぬという戒めのことばである。これはまた絵画のモチーフとしても広く用いられ、髑髏《どくろ》が死の象徴として好んで描かれた。

一方、後者の同じくラテン語の警句「われらは生のただ中において死の中にあるなり」は、スイスのザンクト・ガレン修道院付属学校の教師であったノートカー・フォン・ザンクトガレン（Notker von Sankt Gallen 九四〇—一〇二二年）に由来することばとされ、本章で取り上げるハルトマン・フォン・アウエ（Hartmann von Aue 一一六五—一二一五年頃）作『哀れなハインリヒ（*Der arme Heinrich*）』（一一九〇—一一九七年頃成立[1]）においても引用されている。それはちょうど主人公のハインリヒが、不治の病に襲われ、絶望のどん底に落ちた場面に当たり、詩人はこの戒めを「栄耀栄華を極めたと思っているとき、わたしたちはじつは死のなかに漂っているのである」（九五—九六行）と解説している。

本章では、中世ドイツ文学を代表する作品の一つと評される『哀れなハインリヒ』を例にして「生と死」の問題を考えてみたい。そこで語られているのは、生と死の試練、自己犠牲とエゴイズムの克服、そして神の意志への服従をめぐる一つの寓話である。

1　作者と作品

本作品は、ドイツ中世文学の中の、とりわけ宮廷詩人・騎士階級による「宮廷騎士文学」の興隆期（一二世紀後半―一三世紀前半）に属する作品である。この時期の作品は、おおむね二つのグループに大別される。その一つは「フランスもの」、そしてもう一つは「ゲルマン・ドイツもの」である。前者には、例えばヴォルフラム・フォン・エッシェンバッハ（Wolfram von Eschenbach 一一七〇―一二二〇年頃）作の『パルチファル』がある。これは『アーサー王物語』と「聖杯伝説」を題材とするもので、そもそもは、フランスのクレティアン・ド・トロワ（Chrétien de Troyes 一一三五―一一八五年頃）による『ペルスヴァルまたは聖杯の物語』（一一八〇年代）に基づくものであるが、受容の際にドイツ的変容が加えられ、主人公の内面的成長を描いているという点で、ドイツ教養小説の嚆矢とされることもある。

また、ドイツ中世文学最大の叙情詩人であるヴァルター・フォン・デア・フォーゲルヴァイデ（Walther von der Vogelweide 一一七〇―一二三〇年頃）において完成を見たとされる「ミンネザング（Minnesang）」にしても、その起源は、南仏プロヴァンス地方の吟遊詩人トルバドゥールによる「宮廷風恋愛詩（amour courtois）」に端を発することが知られている。

一方、後者を代表する作品としては、まずゲルマン英雄叙事詩『ニーベルンゲンの歌』を挙げねばならない。この作品は、長らく口承で伝えられてきた、アジア系の遊牧民族フン族によるゲルマンの一部族ブルグンド族の殲滅を主題とする伝説と、ジークフリート、ブリュンヒルトを主人公とするゲルマン英雄歌謡が、一二〇〇年頃に、氏

ハルトマン・フォン・アウエ
『マネッセ写本』挿絵（14 世紀）

名不詳の天才的詩人によって一大叙事詩にまとめあげられたものである。

では今回取り上げるハルトマンの作品はどうかというと、そのいずれにも属するものではない。この作品において語られるのは、不治の病を患う主人公の騎士ハインリヒが、純粋無垢な少女の献身的な愛によって自らの傲慢を悟り、業病が癒えるという物語だ。つまりこれは、『アーサー王物語』に代表されるような騎士道の完成や、宮廷風恋愛を主題とする宮廷文学でも、またなんらかの伝承に基づくゲルマン英雄叙事詩のいずれでもなく、「聖人伝風叙事詩」とでも名付けることのできるジャンルに分類される作品である。それではこれはハルトマンの手になるオリジナル作品かといえばそうではない。というのも、彼は作品の冒頭で、「この作品は自らの読書によって見つけた物語をドイツ語に書きなおしたものだ」（一七行）と述べているからだ。ただし、同詩人によるフランス語原典からの翻案作品である『エーレク』や『イーヴァイン』のような騎士物語とは違って、それと特定できるような（たぶんラテン語による）原典は確認されていない。

では『哀れなハインリヒ』の作者とは、どんな人物であり、どのような生涯を送ったのであろうか。それについては残念ながら、当時の多くの詩人たち同様、確実なことはほとんどわからない。しかし憶測の手掛かりがまったくないわけではなく、その点で重要となってくるのが「プロローグ」と呼ばれる文学作品の冒頭部分である。なぜならば、そこには詩人や作品の成立過程を知る上で貴重な情報が含まれていることがまれではないからだ。そもそも羊皮紙に手書きされた中世の文学作品は、今のわたしたちが現代の書籍としてイメージするものとはずいぶんとかけ離れていて、そこには作品名や作者名の記載はなく、すぐに物語が始まるのが通例である。そのため「プロローグ」の中にそれらの事柄についての言及が少しでも含まれていれば、人物像を探ったり、あわよくば作者特定の重要なヒントとなることもある。

さて作者のハルトマンは、「プロローグ」の中で、次のように自己紹介している。

一人の騎士がいたが、学識があったので本に書かれていたものはなんでも読んでいた。この人はハルトマン(Hartman)という名前で、アウエ(Ouwe)のミニステリアーレ(dienstman)であった。彼はさまざまな本を熱心に読みあさった(一―七行)。

このような熱心な読書を通して見つけたある物語――つまりこれが『哀れなハインリヒ』のことなのだが――について、ハルトマンはそれをこれから人々のために語って聞かせようというのである。だがまずはじめに、自分の名を名乗ったのは、「そのために要した苦労を褒めてもらいたいがためであり、そして死んだ後に、この物語を聞いたり読んだりする人々に自分の冥福を神に祈ってほしいと願うからである」(一六―二五行)と執筆の動機を明かす。

というわけで、この口上を根拠にドイツ文学史上ハルトマン・フォン・アウエ(Hartmann von Aue)と呼ばれることになったこの詩人は、騎士階級に属し、アウエという土地(ドイツ南西部シュバーベン地方か?)の「ミニステリアーレ(Dienstmann/Ministeriale)」の出身である。「家人」または「家士」とも訳される「ミニステリアーレ」は、騎士階級に従って戦闘に従事した、もとは不自由身分の戦士であったが、城代や宮廷侍従などの職務を通して功績をあげ、一三世紀以降、騎士階級の仲間入りを果たす。実際ハルトマンをはじめ、ヴォルフラムなど中世の名だたる詩人の多くがミニステリアーレの出身である。結局のところその一生については、ほかの詩人たちのわずかな言及などから推定して、一一六〇―一一六五年頃に生まれ、一二一〇―一二一五年頃に世を去ったとされる。

2　あらすじ

「プロローグ」のあと、この物語は次のようにしてはじまる。

彼の名はよく知られていた。その名はハインリヒ（Heinrich）と呼ばれ、アウエ（Ouwe）の生まれであった（四六―四九行）。

まずここで興味深いことは、詩人のハルトマンと主人公のハインリヒの二人の出身地が、ともに同じドイツ南西部シュバーベン地方のアウエとされていて、主人公のなかに作者が二重写しにでもされているかのような印象を受けることである。さてアウエに領地を持つ若き騎士である主人公の人柄は、物語の冒頭において最大級のことばで賞賛される。

その家柄と暮らしぶりには、非の打ち所一つとしてなく、この世のありとあらゆる誉れを一身に受けていた（五四―五七行）。

青春の花であり、この世の喜びの鏡であり、巌のように信義に固く、優れた教養の冠であり、また困窮する人々の避難所であり、一族のものたちを守る盾であり、そして施しは公平で過不足がなかった（六〇―六七行）。

だが騎士の理想ともいうべきそのハインリヒは、やがて死の病に見舞われるのである。

栄えの絶頂から、神のご命令により、人もさげすむ苦境に落ちた。らい病（miselsuht）[2]にかかったのである（一一六―一一九行）。

中世において医者が「レプラ（Lepra）」とも呼んでいたこの病についてシッパーゲスは、「中世においてこの病気があれほど恐ろしいものであったのは、それがもたらす死の故にではなかった。その病気での死はそれほど劇的なものではない。むしろ、不治の病であるとわかっているということ、また罹った人のひどい姿が恐ろしかったのである」[3]と述べている。今まであれほど彼を敬愛していた人々は、だれもかれもが背を向け、目をそらした。それは『旧約聖書』の「ヨブ記」（一章二節）に描かれたヨブの場合とちょうど同じであった。裕福な家長であり、信仰篤きヨブは、一夜にして財産を奪われ、家庭を破壊され、そのうえ「ひどい皮膚病」に苦しめられることになったからである。しかし、信仰深きヨブが神を褒めたたえ、その苦難を喜んで耐え忍んだのに対し、ハインリヒは絶望し、自分の生まれた日をさんざん呪ったのであった。そのため、それまで「騎士ハインリヒ（herre Heinrich）」と呼ばれ、皆から愛されていた主人公は、それ以降、その呼び名が「哀れなハインリヒ（der arme Heinrich）」（一三三行）に変わるのである。後世に付けられた本作品のタイトルも、もちろんこれによる。

だが彼はなんとか助かりたい一心で、四方八方手を尽くすが、どの医者からも見放され、最後に当時大変に評判の高い医学校のあったイタリア南部のサレルノに向かう。だがサレルノ随一と言われる名医に「あなたの病を治せるのは、穢れのない乙女の心臓の生き血だけである」と告げられるのである。[4]

しかし、そのような乙女を見つけ出すことなど、とうてい叶わぬこととあきらめた彼は、結局暗澹たる思いで故郷に帰り、自分の荘園の一部を管理する、これまでもなにかと目をかけてやっていた農園管理者一家に身を寄せることになった。ところで、その農夫夫婦には当時まだ八歳になったばかりの一人娘がいて、彼女はひまを見つけては、哀れな領主を慰めた。彼のほうでもこの娘にすっかり心をゆるし、「わたしの花嫁」（三四一行）などと呼ぶような間柄になった。

さてそれから三年あまりが過ぎたある日のこと、主人の病についてふと耳にした少女は、進んでわが身を犠牲にしたいと申し出る。ハインリヒは、はじめはかたくなに拒否していたのだが、結局その申し出を受け入れ、彼女を伴って再びサレルノの名医のもとを訪れることを決意する。

サレルノの名医は、もう来ないと思っていたハインリヒが、一人の少女を連れてやってきたことに驚くが、本心を確かめたのち彼女を全裸にし、手術台に縛り付ける。だが、隣の部屋の壁の穴からその様子をそっと覗いていたハインリヒは、彼女の体のあまりの美しさに胸打たれ、憐憫の情に耐えかねて手術の中止を申し出るのである。生き延びることになった少女は、自分の主人の臆病をなじり、何度も考え直すことを懇願するが、彼の決意が変わることはなかった。

こうして哀れな二人は帰国の途につくのだが、ふと気がつくと彼の体は、神の恩寵により、昔のままの健康な姿に戻っていた。彼は再び「りっぱな騎士ハインリヒ（der guote herre Heinrich）」（一三七二行）に戻ることができたのである。彼はやがてこの娘を妻にめとり、(5) 末永く幸せな日々を過ごしたことが語られ、この物語は幕を閉じる。

以上が本作品のあらすじである。この物語は、今から約八〇〇年以上も前に書かれた作品だが、今日読んでもなお実に新鮮な感動を覚える。栄華を極めた者が一夜にして奈落のどん底に落ちるといった状況は、いつの世にもあることなのだが、それに加えて、この作品には現代のわたしたちからすると、すぐには解き明かすことが容易ではないいくつかの謎が含まれているからである。ここでは、その中から二つの謎を取り上げ、当時の世界観、救済観、死生観なども射程に入れながら、そこに込められた作者の意図を探ってみたい。

ここでまず論じたい「第一の謎」は、「主人公はなぜ死の病に罹ったのか」ということである。なぜならば、すでに「あらすじ」でも述べたように、彼は名門の家に生まれ、富と才色を兼備した非の打ち所のない騎士の理想像として描かれているのみで、これといった（例えば同じ詩人の手になる『グレゴーリウス』の近親相姦のような）なんらかの特定できる罪を犯しているわけではないからだ。その彼を神はなぜあのような悲惨な境遇に落としめたのか？　あるいはまたこの病は、罰なのか、それとも救済にいたる試練であったのか？　これが「第一の謎」である。

次の「第二の謎」は、「第一の謎」と密接に関連しているのだが、「ハインリヒはなぜ快癒したのか」ということである。サレルノの医者が、自己犠牲を申し出た憐れな少女の胸に、手術用のメスをまさに突き立てようとした瞬間、彼はなぜ手術の中止を申し出たのか？　またそれによって快癒の機会が永遠に奪われることになることを十二分に承知していたにもかかわらず、彼はなぜ手術を断念したのか？　そしてそれをご覧になった神が彼に再び健康な肉体を戻されたのはなぜなのか？　これが「第二の謎」である。

3　「第一の謎」——主人公はなぜ不治の病に罹ったのか——

まず最初に、ハインリヒの病は神によって下された罰と考えることができるだろうか？　この問いについて彼は、「神は仕置き（rache）として、誰にも治せないこのような病を私にお与えになった」（四〇九—四一一行）と答えている。そしてこれがなにに対する「仕置き」なのか彼は正しく理解していた。というのもこう語っているからである。

幸せの門を守る尊い門番は、私のこのような高慢（hôchmuot）がお気に召さず、私に対してその門を閉ざしてしまった（四〇四―四〇六行）。

人が地上において享受する名声、栄誉、高貴な身分、富、健康な肉体といったものは、そもそも「幸せの門を守る尊い門番」である神からの賜物であるはずなのに、それらがあたかも自らの力により手に入れたものだと過信し、神をないがしろにしていたのではないか。傲慢と罪との関係を『旧約聖書（続編）』の中の「シラ書（集会の書）」は、恐ろしくもこう述べている。

土くれや灰にすぎぬ身で、なぜ思い上がるのか。だからわたしは、彼のはらわたを、生きているときに、つかみ出してやった。長患いは、医者の手に負えず、今日、王であっても、明日は命を奪われる。人は死んでしまうと、すべてを失い、爬虫類と野獣と蛆虫の餌食になるだけだ。高慢の初めは、主から離れること、人の心がその造り主から離れることである。高慢の初めは、罪である。高慢であり続ける者は、忌まわしい悪事を雨のように降らす。それゆえ、主は想像を絶する罰を下し、彼らを滅ぼし尽くされた（一〇章九―一一節）。

以上のことから、神が主人公に与えた恐ろしき一撃の原因とは、まずは自らのうぬぼれ、傲慢にこそあったと言えるだろう。だが、彼は自分の病苦が自らの心に巣食う奢り高ぶりによるものだと悟りつつも、それまでの自分を悔い改めようとする様子は微塵も見せることなく、なんとか病を治すことだけに躍起となる。どの医者にも見放されたハインリヒは、やがてイタリア南部のサレルノ医学校に向かう。一一世紀前半創立とも言われるこの医学校は、南フランスのモンペリエと並び称される医学教育の中心地の一つであったが、当時すでに多くの優秀な医者たちが集まっていた。さてそこで医者から「あなたは治る、しかしいつまでも治らない」（一八五―一八七行）と「不思議なこと」を告げられるのである。なぜなら「神様ご自身が医者になるならいざ知らず、さもなければこの病は治らない」（二〇四―二〇五行）からである。あきらめきれないままにさらに問いただすと、医者はこの病を治すただ一つの方法を打ち明ける。

あなたは、あなたのために自ら進んで命を捨てる覚悟のある、結婚年齢に達した乙女を手に入れねばなりません。しかしそんな心がけの人はおりますまい。だがそのために必要なのは乙女の心臓の血であって、それだけがこの病に効くのです（二三〇―二三二行）。

死亡宣告を受けたも同然のハインリヒだったが、そのような絶望的な状況の中で、彼に救いの手を差し伸べてくれる人物が現れる。それは、彼の領地の農地管理人夫婦の一人娘で、彼女は日ごろから領主を慕っていたが、その事情を偶然耳にし、自ら犠牲となることを申し出たのであった。

私こそは、またとない良薬。処女にして決意も固いのです。領主さまがお亡くなりになるくらいなら、領主さまのために私が死にましょう（五六一―五六四行）。

このように娘は言い張るが、親たちには言っていることがまったく理解できない。彼らは「お前はまだ子供で、死の苦しみもなにもわかっていないのですよ」と翻意を促すが、少女は「長生きして罪を犯し地獄に堕ちるよりは、この命と引き換えに永遠の命がほしい」と一歩も引き下がらない。だがやがて父と母は、ここでしゃべっているのは彼らの娘ではなく、我が子の口を借りて精霊が語っているのだと確信するにいたる。はじめは少女の申し出を固辞していたハインリヒだが、最後には彼女の熱意に負けて、一緒にサレルノに再び出向いていく。

ここでこれまでの主人公をめぐる状況を整理しておこう。彼は、すでに確認したように、これといった罪を犯したわけではないものの、心の中に巣食う傲慢の罪により神から病苦が与えられたと考えられる。だがこの体の病は、神による罰というよりは、後に明らかとなるように、その元となる魂の病に注意を向けさせ、改心させるための神の慮りではなかったのか。つまり彼は、病気に罹る前に、すでに病んでいたわけである。魂の病を知らしめるべく、神は肉体の病を与えたのだ。だがその後、娘とともにサレルノに赴き手術を受けることを決意したということは、ハインリヒが、他者を犠牲にしてまで自分は助かりたいという傲慢、エゴイズムに今なお囚われていることを示している。他者の犠牲の上に成り立つ自己愛、それこそが神が最も厳しく戒める罪であり、主人公は自らが罹った病のほんとうの意味にいまだ思いが及んでいないと言っていいだろう。

一方、主人公のエゴイズムの対極に位置するのが、農園管理者の娘の憐憫の情、慈愛の精神、愛する人のために自己犠牲を厭わない健気なやさしさである。憐憫の情から発する犠牲の死について『聖書』は次のように説いている。

わたしがあなたがたを愛したように、互いに愛し合いなさい。これがわたしの掟である。友のために自分の命を捨てること、これよりも大きな愛はない。わたしが命じることを行なうならば、あなたがたはわたしの友である（「ヨハネによる福音書」一五章一二―一四節）。

ではここで、ハインリヒのエゴイズムと、少女の自己犠牲が最も際立ったコントラストを見せる手術台の場面に話を移し、「第二の謎」について考えてみよう。

4　「第二の謎」——主人公の不治の病はなぜ治ったのか——

さて少女は、自らの心臓を彼に捧げるためにいよいよ手術室へ入っていく。医者は本人の意志を確かめ、彼女を手術台に縛り付けた後で、死の苦しみを少しでも軽くするために手術用のメスを研ぎ始める。砥石で研ぐ音を隣の部屋で聞いていた彼は、娘のことが「不憫（erbarmen）」（一二二五行）になり、壁の穴からその様子をそっと覗き見た。彼女は一糸まとわぬ姿で手術台に縛られていたが、そのときの様子を詩人はこう述べている。

彼女の体は大変美しかった。彼は彼女を見、そして自分自身を見た。そして、新たな心が生まれた（一二三三—一二三四行）。

ここにいたり主人公の中で劇的な心の変化が起きていることがわかる。まず、少女のあまりの美しさに胸打たれ、憐憫の情を抱いたことだ。ここで決定的に重要な働きをしているのがerbarmen（憐憫の情）という感情である。このドイツ語は、元をたどればラテン語のmisericordiaの翻訳である。これはmiseri-cordiaと分節できるように、かわいそうな人、哀れな人を眼にしたときに抱く「憐れな（哀れな）心」を意味し、それをドイツ語で（前半部分だけを）同じく「憐れな（哀れな）」を意味する形容詞armを用いて翻訳したものである（なおb-は、接頭辞be-が縮約したもの）。

そして彼女と自分を見比べ、他人を犠牲にしてまで自分だけは助かろうとするとは、おのれがいかに愚かにして傲慢であったかに思いをいたし、「新たな心が生まれた（gewan einen niuwen muot）」と述べている。ここで注目したいのは、劇的な変化を引き起こした状況を作者が「彼は自分自身を見た」と、再帰動詞を用いて表現していることである。再帰動詞に見られる再帰的思考とは、自分を眺めるもう一人の自分を設定し、そこから自分を眺めることであるとすれば、彼において起こったのは、自分を見つめるもう一人の自分が「これは本当の自分ではない」と悟ったということである。その意味で「新たな心」とはこれまでの高慢さが「情け深い心」に変化しただけではなく、新たな人に生まれ変わったこと、つまるところ本来の人間性、神から「義」とされる関係性を取り戻したことを示している。そして、作者は続けてこう語っている。

彼は、彼女がかくも美しいのを見て、自分自身に向かって言った。「お前は浅はかにも神の御心に背いて、ほんの一日を生き延びたいと考えている」（一二四一―一二四三行）。

そして、彼女の無垢な美しさを奪ってまで、生き延びようともがいている自らの醜さに目覚め、すべてを神の御心に委ね、医者に手術の中止を申し出るのである。

この娘はこのように美しいのです。どうあっても私はこの娘を殺すことはできません。私のことは神様におまかせしましょう（一二七三―一二七五行）。

ここにおいて、病の彼を哀れに思った娘と、自分のために命を捨てようとするその娘を不憫に思った主人公との間に、慈愛の人間関係が成立したと言えよう。ところで「慈愛の心」をキリスト教文化圏では、「共苦」「共に苦しむ」（ドイツ語 Mitleid、英語・フランス語 compassion）と表現するのがつねであるが、これは先ほどの erbarmen（憐憫の情）とも通底する概念である。「苦しむ人」に対して自らも「共に苦しむ人」となること、これこそがキリスト教世界において「隣人愛」「アガペー（無償の愛）」「慈悲」と呼ばれる最良の善とされていたものだった。

一方、自己犠牲によって天国の冠が手に入ると思っていた少女は、それが今や不可能になってしまったことを嘆き、ハインリヒを臆病者と非難するが、彼の意志は固く、少女にまた服を着せ、約束どおり医者の支払いを済ませ帰国の途についた。すると「心を見通されるお方（cordis speculâtor）」（一三五六行）が奇跡を起こすのである。

聖なるキリストは、気高いヨブと同じように、この二人をあますところなく試したあとで、憐れみの御心により、真心と憐れみの心がいかに嘉《よみ》されるべきものであるかを示し、この二人の汚れを拭い去って、騎士を清らかで健康な体にされた。このようにして、良き領主ハインリヒの病はすっかり癒えて、帰国の道すがら、われらの主なる神の御手により、二〇代の若者のような体を取り戻した（一三六〇―一三七七行）。

ここまで見てくると主人公の病がなぜ癒えたのかも明らかとなる。まず彼の体の病は、なによりも、いつしか心の中に忍び込んでいた傲慢に由来する心の病、魂の病に起因するものであった。神はそのことを病という形で顕在化させたが、自分が助かりたい一心で彼はそのことにいっこうに気づかず、他者の命を犠牲にしてまで自らの命の保全を図ろうとしたのである。だが無垢な少女の命が奪われるという最後の瞬間に、その美しさにはっとして自分のエゴの罪深さに気づき、本来の人間性を取り戻すことができたのである。陥った悲惨な状況から逃れようともがいている限り、救われることはない。しかし「もう自分は救われなくともよい。その少女を助けてくれ」と思った瞬間に救われるのである。自己犠牲の逆説とはこのことを指す。つまるところ、この作品は、犠牲者には病人のために自らを犠牲にすることで恩寵が与えられる一方で、病人は犠牲を拒否することで救われる、という犠牲をめぐる二つの真実を結合させた物語だと言えるだろう。

ところで、キリスト教的世界観からすれば、神によって創造されたこの世界は、それ自体として存在するのではなく、そこにはつねになんらかの意志が隠されているはずであり、世界のすべては、神のアレゴリーと考えられていた。すなわち、世界は神が人間の救済のために用意した道具であり、そこには形而上学的・宗教的な意味が含意されているという認識である。それは病についても例外ではなかった。シッパーゲスは次のように述べている。

病んでいるということは欠如であり、過誤であり、存在の欠乏であり、変形かつ変質であり、過少であり逸脱であって、いずれにせよつねに消極的にのみ定義さるべき状態（欠　如　態《モードゥス・デフィキエンス》）であって、現代の病理学が期待するような疾病過程《プロセス》ではない(6)。

ここで重要なのは、中世において病とは、近代医学が説くような体内におけるなんらかの疾患ではなく、欠如ある存在、つまり神から離れた状態を表すということだ。

そもそもキリスト教は、病気と死は原罪に由来すると説く。原罪によって人間は「不死なるもの」から「死すべきもの」に運命づけられたのである。病とは原罪の象徴、神への反逆、神からの離反である。そして原罪が目に見えるかたちとなって現れる病は、神の裁きが下されたことを表し、神の恩寵の喪失に外ならない。

だが『哀れなハインリヒ』に描かれている死の病は、例えば、『旧約聖書』（「創世記」一九章）に描かれる悪徳と頽廃の町ソドムとゴモラに暮らす神をも恐れぬ民に対して、神が下したような罰、すなわち罪あるものに神が下す罰ではない。ハインリヒに現れる神は、そのような「裁きの神」ではなくて、体の病という形で神からの乖離を知らせるシグナルを送ることにより、心の病、魂の病に気づかせ、回心を促すことで魂の救済を図ろうとする「慈悲の神」なのである。しかし、罪人たる人間が自分の罪に気づき、心からの悔い改めをするためには、必ずや一度死の試練を味わわねばならない。それほどまでに原罪は根深いということなのだろうか。ハインリヒにとってその試練は、不治の病という形になって示されたのであった。「死んでよみがえる」という宗教体験における弁証法の見事な一例がここに見える。

そして、神はさらにハインリヒに対し救いのための助っ人を送られた。自分の命と引き換えに領主の命を助けようとするあの少女である。手術台に全裸で縛られた哀れな彼女の様子は、きっと十字架上のキリストを想起させたはずだ。ちょうど十字架上のイエスが死のくびきを乗り越えて復活をとげたように、ハインリヒもそれまでの自分が死に、新たな自分に生まれ変わったのである。

隣人を自分のように愛しなさい（「マタイによる福音書」二二章三九節）。

まさに不憫に思うこと、憐憫の情こそが、ハインリヒをエゴイズムの暗闇から救い出し、彼を罪人から義人へと生まれ変わらせる契機となったのであった。この作品においてハルトマンが描き出したのは、そのような慈悲の神による救済のための試練の物語であった。

5　中世の危険と現代のリスク

ハルトマンが生きた中世という時代は、人々が死と隣り合わせに暮らしていた時代であった。それは「メメント・

モリ」に代表される芸術モチーフにおいてのみならず、生ける者が死せる者に導かれて墓所へ向かう様子を描いた「死の舞踏（Totentanz）」においても繰り返し描かれてきたとおりである。一方、医療技術や社会福祉などの発達した現代社会に住むわたしたちは、はるかに安全な環境の中に生きているようにも見えるが、それは果たして本当にそうなのであろうか。本章を締めくくるにあたりこの問題に少し触れてみたい。

まずは中世ヨーロッパにタイムスリップしてみよう。もしその時代で病気に罹ったとしたらわたしたちはだれを、あるいはどこを頼りにすればよいのであろうか？　現代社会ならば、まず開業医にかかり、精密検査が必要となれば、専門の医療センターあるいは大学病院に行って専門医の診察を受けることができる。だがそれを可能にしているのは、大学に医学部があり、体系的な医学教育が施されていて、そこで医師、看護師をはじめとした専門の医療スタッフを養成するシステムが整っているからである。

しかしながら、ヨーロッパにおいて大学医学部が誕生するのは一三世紀後半以降である。この物語の中にも、ハインリヒがサレルノ医学校を訪れる場面が出てくるが、それは北イタリアのボローニア、バドヴァ、あるいはフランスのパリなどに大学医学部が設立される以前の時代のことであった。しかし実際のところ多くの人々にとって唯一の頼みの綱は、修道院しかなかった。そこには施療院とか薬草園などが設置されてはいたが、そこで実践されていたのは規則正しい生活を勧める「養生法」であるとか、（東洋の漢方に相当する）「本草学」などのような予防医学がおもで、外科的治療にしても「瀉血《しゃけつ》」すなわち「血抜き」がせいぜいであったであろう。つまり、人々はその時代に重篤な病気に罹ったならばあきらめるしか術はなかったのである。

しかしその一方でキリスト教会は、病や死をはじめとするこの世のすべての出来事は、人知の及ばぬ神のなんらかの意志の表象であると教えていたので、信者たちは一見そう見える不条理を条理として捉えなおすことで、ある意味得心がいったのではなかろうか。

「死の舞踏」
（ハルトマン・シェーデル『ニュルンベルク世界年代記』挿絵、15世紀末）

では現代社会は、病気をはじめさまざまな危険に取り囲まれていた中世社会と比較した場合、危険がより少なくなったと言えるであろうか。ヨーロッパの近代化、つまりヨーロッパの中世から近代への移行プロセスを特徴づけるのは、信仰の世俗化、神離れ、神通力の衰えという現象である。中世社会では、神の代理人としての教会によって人間の基本的な思考・行動が決定されていたが、近代以降の神離れによって人間は個々の主体的判断に基づいて行動するようになった。これは一面では束縛からの解放、近代的自由の誕生を意味するが、反面人々は、自由な決定権を手に入れたことによって自己責任、すなわち「リスク」を負うことにもなった。

話を医学の領域に限定すれば、近代以前は、この物語のように、医学が未発達で医療技術も低かったため、多くの重い病は不治の病とされ、人々はそれを不運と受け入れるしかなかったであろう。そこで人々が直面していたのは、「制御できない危険」と呼ばれるものであった。しかし、医療技術が向上すると、危険は徐々に「制御できる危険」となり、医療によって救われる命の数は増えてゆくが、その一方で、治療可能な病が増えれば、手術などの治療行為を自ら選択したことによって、あるいは医師の過失責任によって患者が死亡する危険、すなわち多くの「リスク」を抱え込むことになる。つまり「危険（Gefahr/danger）」の対概念は、「安全（Sicherheit/safety）」ではなく、「リスク（Risiko/risk）」であるというのが社会学者ニクラス・ルーマン（一九二七―一九九八年）の「リスク論」(7)である。ある事態が「危険」として現れるのか、それとも「リスク」として現れるのかは、対象にどの程度コミットできるのか、対象をどの程度制御できるかによって決まるというわけだ。

ハルトマンが生きた中世社会が危険に満ちた社会とすれば、わたしたちが今生きている現代社会は、危険が減少するのと反比例してリスクが増える「リスク社会」として立ち現れる。いつの時代にも不安要因は存在する。現代社会においては以前に比べ危険は減ってきているのは確かだが、コントロールできる危険の領域が増えれば増えるほど逆にリスクも増え、それによって不安も増大するというパラドクスの中に今わたしたちは生きているのである。

注

（1）『哀れなハインリヒ』の写本には六種類が現存するが、そのうちのA写本、B写本が完全版で、それ以外は断片である。現在刊行されている校定本は、一三三〇―一三五〇年頃に成立したとされるA写本（一五二〇行）に依拠している。本章で使用した de Boor 版もA写本に基づく。また本文中の引用に続くカッコ内の数字は、de Boor 版による行数を示している。

（2）中世ドイツ語の miselsuht の前半部分 misel- は、ラテン語の misellus（哀れな・みじめな）に由来し、後半部分 suht は、ドイツ語で「病」を意味する。ヨーロッパ中世におけるこの病気については、シッパーゲス（一九八九：七六―八三頁、一九九三：一三九―一四三頁）に詳しい。なお、本章においてこの病の名称に「ハンセン病」ではなく、「らい病」を用いたのは、中世ヨーロッパにおいてこの病が「レプラ」と呼ばれ差別されていたという歴史的事実と、この物語が、当時は「業病」「不治の病」と恐れられていたこの病からの治癒と救済とをその主題にしていることによる。

（3）シッパーゲス（一九八九：一三九頁）を参照。

（4）これはあくまで創作であって、実際サレルノにおいて患者を救うために他人の命を奪うことはありえない話であり、ましてや他人の心臓の血を治療に用いることもなかったと考えられる。ただし、当時の民衆たちは、子供を殺しその血を浴びることによって不治の病が治ると信じていたのである。Kuhn und Cormeau (Hrsg.) (1973: 141) を参照。

（5）騎士が農民の娘と結婚することは他の物語においても類例がなく、また法制史の研究でもありえないこととされている。戸澤（一九九二：八二―八九頁）を参照。

（6）シッパーゲス（一九九三：二二一―二二三頁）を参照。

（7）Luhmann (1991: 20-22)。ニクラス・ルーマンはドイツの社会学者。社会システム理論によって、第二次大戦後の理論社会学をリードした。主著には『社会システム理論』（一九八四年）がある。

参考文献

ノルベルト・オーラー（二〇〇五）『中世の死　生と死の境界から死後の世界まで』（一條麻美子訳）法政大学出版会。

相良守峯（一九七八）『ドイツ中世文学叙事詩研究』郁文堂出版。

ハインリヒ・シッパーゲス（一九八九）『中世の医学　治療と養生の文化史』（大橋博司・濱中淑彦・山岸洋・波多野和夫訳）人文書院。

ハインリヒ・シッパーゲス（一九九三）『中世の患者』（濱中淑彦監訳、山岸洋・竹中吉見・波多野和夫・鈴木祐一郎訳）人文書院。

戸澤明（一九九二）『美と捨て身――中世ドイツ文学小識――』同学社。

『聖書　新共同訳』（一九八七）日本聖書協会。

ハルトマン・フォン・アウエ（一九八二）『ハルトマン作品集』（平尾浩三・中島悠爾・相良守峯・リンケ珠子訳）郁文堂出版。

ハルトマン・フォン・アウエ（一九八五）『哀れなハインリヒ』（戸澤明訳、佐藤牧夫・佐々木克夫・楠田格・副島博彦共著）大学書林。

Hartmann von Aue (1977) *Der arme Heinrich*. Mittelhochdeutscher Text und Übertragung. Auf der Grundlage der Textedition von Helmut de Boor durchgesehen, neu übertragen, mit Anmerkungen und einem Nachwort versehen von Hermann Henne. Frankfurt am Main: Fischer Taschenbuch-verlag.

Kuhn, Hugo und Christoph Cormeau (Hrsg.) (1973) *Hartmann von Aue*, Darmstadt: Wissenschaftliche Buchgesellschaft.

Luhmann, Niklas (1991) *Soziologie des Risikos*, Berlin: Walter de Gruyter.（ニクラス・ルーマン（二〇一四）『リスクの社会学』（小松丈晃訳）新泉社）

読書案内

『ハルトマン作品集』（ハルトマン・フォン・アウエ著、平尾浩三・中島悠爾・相良守峯・リンケ珠子訳、郁文堂出版、一九八二年）『哀れなハインリヒ』は、この『作品集』に収録された相良守峯訳で読める。また作者と作品について簡潔にまとめられた巻末の解説も参考になる。

『哀れなハインリヒ』（ハルトマン・フォン・アウエ著、戸澤明訳、佐藤牧夫・佐々木克夫・楠田格・副島博彦共著、大学書林、一九八五年）詳細な注釈と逐語訳が付されていて、この作品を中高ドイツ語による原文で読んでみたい諸氏には便利である。

『中世の医学　治療と養生の文化史』（ハインリヒ・シッパーゲス著、大橋博司・濱中淑彦・山岸洋・波多野和夫訳、人文書院、一九八九年）**『中世の患者』**（ハインリヒ・シッパーゲス著、濱中淑彦監訳、山岸洋・竹中吉見・波多野和夫・鈴木祐一郎訳、人文書院、一九九三年）これら二冊の著者であるシッパーゲス（一九一八―二〇〇三年）は、今世紀後半のドイツを代表する医学史研究家の一人。ヨーロッパ中世の医学について概観したいときには、まずはこの二冊をお勧めしたい。

『中世の死　生と死の境界から死後の世界まで』（ノルベルト・オーラー著、一條麻美子訳、法政大学出版会、二〇〇五年）中世ヨーロッパにおける死のさまざまな諸相と、死を前にした人々の姿勢を考察したもの。本書はときに、やや総花的になるきらいがあるが、その時代における死の諸相を辿るには有益である。

Soziologie des Risikos (Niklas Luhmann, Berlin: Walter de Gruyter, 1991)**『リスクの社会学』**（ニクラス・ルーマン著、小松丈晃訳、新泉社、二〇一四年）科学技術が発達し、外界の操作可能性が高まれば高まるほど、自由や責任と一緒に、わたしたちに降りかかるリスクも増えてくるという「リスク論」について論じたもの。

第9章　一六世紀プロテスタント詩人にとっての生と死

濱田　明

はじめに

アグリッパ・ドービニェ（Agrippa d'Aubingé 一五五二―一六三〇年）は、宗教的叙事詩『悲愴曲』により、プロテスタント詩人としてフランス文学史において高い評価を受けている。しかし、同時代の人々にとって、ドービニェはむしろプロテスタントの軍人、党の強硬派として知られた存在であった。

一六歳から宗教戦争（一五六二―一五九四年）に身を投じ、プロテスタントの首領アンリ・ド・ナヴァールに側近としても仕え、戦争終結後もプロテスタントの有力都市ラ・ロシェルの北に位置するマイユゼ砦の総督として要所の防衛にあたった。主君がカトリックに改宗しアンリ四世として即位すると、側近の多くはカトリックに改宗した。ドービニェはプロテスタントにとどまり、執筆活動にも力を入れ、一六一六年以降は、『悲愴曲』ともうひとつの主著である歴史書『世界史』を出版する。一六二〇年にジュネーヴに亡命し、軍事顧問を務める。一六三〇年、多くの未完原稿を残したまま、ジュネーヴで波乱に満ちた生涯を終えた。

幸いなことに、当時としては珍しく、ドービニェはその人生を自伝という形で書き残している。もちろん、自伝につきものの美化や正当化を考えれば、彼の人生の真実そのものと受け取れまい。それでも、彼が人生をどのように語ったかを知ることができる貴重なテクストであることは確かである。

ここでは、まずアグリッパ・ドービニェという人間の生と死について、彼の自伝をその語りにも注目しながら読み進め、ついで『悲愴曲』の作品における死に注目することで、プロテスタント詩人の死生観について考えてみたい。

1　ドービニェの生と死――『児らに語る自伝』――

(1) 母親の死

アグリッパ・ドービニェは一五五二年二月八日、フランス南西部のサントンジュ地方ポン市近郊のサン＝モーリ館で、父ジャン・ドービニェ、母カトリーヌ・ド・レタンの長男として生まれた。出産の際に母親は亡くなった。成瀬駒男訳『児らに語る自伝』(以下『自伝』と略す)では次のように語られている。

医師たちが母親と胎児のどちらかを生かすかの選択を迫ったほどの難産中の難産で、母親は出産のおり他界した。(1)(一九頁)

成瀬訳は日本語として自然だが、直訳すれば、「医師たちは、母親と子供のいずれかの死の選択を迫った」となる。この「生」ではなく「死」との表現に注目した研究者マチュー・カステラーニは、母親の死を選択したのが父親、また難産の末の誕生ゆえにアグリッパ(ラテン語 *ægre partus*「やっとのことで生まれた」)と名付けたのが父親に他ならないことを指摘している。母親の死を選び、難産を名前として刻印したのは父親なのだ。自分の人生を決定づけた父親に対する抑圧された複雑な意識が読み取れないだろうか。

六歳のドービニェは幻覚を見る。寝台に入ったものの眠れずにいると、誰かが部屋に入ってくる。

> 帳《とばり》が開き、大変蒼白な女性の姿が目に入った。彼女は彼に氷のように冷たいくちづけを一つして、姿をかき消した。（二〇頁）

この後、口をきけなくなった彼は、一四日間も続く持続熱に見舞われる。『自伝』の執筆時、六歳の頃の記憶として彼が書いたのは、味わうことのできなかった母の温もりの喪失感、それを体感させる冷たさだったと言えよう。見たこともなく、面影を抱きようのない亡き母への思いが消え去ることはなかったのだ。

ドービニェの肖像画

(2)『児らに語る自伝』について

日記と自伝は事実にもとづいて自己を語る形式と言えるが、それぞれさまざまなタイプがある。

日記は日々の記録である。一六世紀に限っても、ジル・ド・グーベルヴィルの日記は、ノルマンディーの領地の身辺雑記を記した家事日記であり、ピエール・ド・レトワールは日記に、パリで見聞したアンリ三世やアンリ四世の治世の政情、世間の動向を書き留めた。『エセー』で知られるモンテーニュは、腎臓結石の療養も兼ねてドイツ、オーストリア、イタリアまで旅をし、『旅日記』に排尿時の石砂とともに、旅先で観察した社会風俗を記録した。一日単位の日記とは異なり、人生を対象とする自伝の場合、執筆の時点でどのように自分の人生を振り返るかによって同じ人生でも異なった印象を読み手に与えるだろう。

ここで、ドービニェの『自伝』の基本的な点をまとめてみたい。

まず執筆時期について。書きはじめたのは早くてもジュネーヴに移り住んでから、そして完成したのは死の一年前の一六二九年と推定されている。

人称は多くの場合、自らを名前（Aubigné）で指し、カエサルの『ガリア戦記』など偉人の回想録と同様に三人称で過去の出来事を語っている。ただし、過去の出来事に登場する人物ではなく、読み手に向かう語り手としては、「私」を使うことがある。

叙述は基本的に時系列的に行われている。ただし過去の出来事が淡々と語られるだけではない。さまざまな場面で、向かい合う相手との言葉のやりとりなどを交え、臨場感をもって再現される。

『自伝』は誰に向けて書かれたのか。序文では、「コンスタン、マリ、ルイーズ・ドービニェ」と三人の子供に向けられたことが明記されている。たしかに本文中でも二人称は、子供たちへのメッセージとなっていることが多い。序文では、写しは二通しか作らず、それらを門外不出とするよう命じている。ちなみに門外不出であったはずの『自伝』が今日読まれることになったのは、不肖の息子コンスタンの娘である孫娘のフランソワーズ、ルイ一四世と秘密結婚をしたマントノン夫人が関係している。彼女は、祖父の『自伝』を根拠に貴族としての出自を主張した。彼女の死後、一七二九年に初版が出版される。マントノン夫人はプロテスタントにも信教上の権利を認めていたナントの勅令の廃止をルイ一四世に献策したとされる。皮肉にも、熱心なカトリックの孫娘を通して、彼の『自伝』は読者に知られることになったのだ。

『自伝』を書いた目的は何か。序文にある、皇帝や高官の伝記からは、「上位の者の抑圧に耐える術」を学べないとの言葉から、下位の人間として生き抜く術を教訓として子供たちが学ぶようにとの意図が窺える。実際、上司の軍人、高位高官などの裏切りや奸計もさることながら、『自伝』には、主君のナヴァール王の寵愛を失い、疎まれる経緯が詳しく書かれている。

語りはどのような調子か。序文では、この『自伝』が、自分の栄誉についても過ちについても、「父親が子供たちにうちとけて語るといった調子の伝記」であると述べる。栄誉は得意げな自慢話、武勇談として、過ちについては失敗談として率直に語られる。子供たちに語る形であることからだけではなく、この点はドービニェが歴史書『世界史』を執筆していたために独特の意味を持つ。

『世界史』の執筆は『自伝』以前、初版の出版は一六一八年から二〇年、世界史と題してはいるもののフランスを中心に、アンリ四世の誕生からその死までの時代を扱っている。時代の区切りとなるのは、主に宗教戦争の和議である。ドービニェは歴史書としての中立性、客観性を主張するが、歴史書にしては戦闘の記述が占める割合が多い。歴史書としての自己抑制から、自分が加わった戦闘についても多くの場合、自分の名前を明記せずに戦況を記述している。『世界史』の執筆の際、自分の活躍を書き残したいという思いと歴史家として自重する葛藤があったのは間違いない。

『自伝』の執筆においても、『世界史』の記述が先行基準となり、とりわけ軍人としての活躍を描く箇所では、『世界史』の何巻何書を見よとの参照指示が至るところで見られる。その意味で、『自伝』は、『世界史』の世界では匿名にとどまっていた自分が姿を明らかにできる語りの世界なのだ。

また『世界史』の世界とは違う、より個人的な出来事についての話題も書くことも可能となる。序文にも以下のような言葉がある。

この調子のおかげで、『世界史』に書いたらちょっとはしたないとも思われる話でも、隠す必要はまったくなくなった。（一八頁）

その結果、自己抑制は働かず、『自伝』は武勇伝に満ちたものとなる。子供への教訓として書かれた『自伝』は、歴史書『世界史』とは違う世界に、晩年のドービニェが自分の姿を選んで残すものとなった。

（3）父親が与えた宿命

ドービニェが八歳半の時、父と立ち寄ったロワール川沿いのアンボワーズで、アンボワーズの陰謀に加わったプロテスタントの首が刑架の端に晒されているのを目にする。アンボワーズの陰謀とは、幼王フランソワ二世をカトリック強硬派のギーズ公の影響から引き離そうとした、具体的には連れ去ろうとしたものであったが、裏切りによって計画が事前に漏れ失敗に終わった。その陰謀に参加していた父は『自伝』によれば子の頭に手を置き、こう言ったとある。

息子よ、栄光にあふれたあの首領たちの仇をうつために、わしはわしの首を捧げるが、そのあとでおまえのそれを惜しんではならん。もしおまえがそれを惜しむなら、わしはおまえを呪ってやる。（二〇頁）

母の死と引き換えにドービニェがこの世に生まれることを選んだ父、その父が息子に与えた宿命とは、プロテスタントの戦いのために命を捧げることであり、それに背けば父の呪いを受けることになるというのだ。

一五六二年に宗教戦争がはじまると、さっそく一〇歳のドービニェの信仰心が試される事態が生じる。ドービニェは家庭教師のベロアルドに従いパリを逃れたが、軽騎兵に捕らえられ、宗教裁判所判事に引き渡される。火刑が宣告され、一度刑の執行に入ったら前言を取り消すことはできないと教えられたドービニェは、「ミサへの嫌悪を思えば、火刑への恐怖など屁とも思わない」と答えたという。ミサを否定するプロテスタントの立場もさることながら、この死を恐れぬ姿勢はこの後も『自伝』で繰り返し表明される。

父親が厳しい態度で子供に接するのは一度ではない。父親はパリから家庭教師を呼び寄せ、息子にラテン語、ギリシャ語、ヘブライ語の教育を施していた。しかし、一五六二年、一〇歳のドービニェが古典の勉強をおろそかにしていると、部下の出納係に、「いろんな店を見せて何か職業を選ばせるように命じ、粗末な毛織」の服を届けさせた。

　この学徒は、この厳しい懲戒をひどく気に病んで、そのあまり躁狂性の熱病にかかり、それがもとであやうく死にかけた。（二二六頁）

将来の呪いを待たず、父親の「厳しい懲戒」によって死の直前だったと息子は回想しているのだ。その父親も、一五六四年に戦闘の傷がもとで亡くなる。この時、ドービニェが幼かったため、父親の役職を引き継ぐことはできず、また、財産管理人の判断により、父親の負債のため相続を放棄することになる。この時点で、父方の経済的な支援は得られなくなり、ドービニェが勉学を続けられたのは母の財産のおかげであった。一三歳でジュネーヴに送られ、ジャン・カルヴァンの後継者テオドール・ド・ベーズの薫陶を受けたが、二年後にはジュネーヴを去り、リヨンに向かう。

なおこのリヨン行きについては、自伝特有の書き落としであることが知られている。『自伝』には書かれていないが、テチアという学生がドービニェに同性愛的関係を迫った。宗教的に厳格なジュネーヴ市当局は、テチアをローヌ川での溺死刑に処した。ドービニェはその日のうちに逃げるようにジュネーヴを去りリヨンへ向かったという。

（4）戦場でのドービニェ

ドービニェが宗教戦争の戦闘に参加するようになった一五六八年以降、『自伝』にはドービニェの戦場での体験の記述がふえる。

重要な戦闘はすでに『世界史』で記述していることもあり、『自伝』における軍人ドービニェは、武勇伝の主人公となる場合が多い。

一五七七年はドービニェが多くの重要な作戦に参加した年である。『自伝』では以下のように、まず親友のもとに捕虜となって行くという思いつきを得意げに語る。その次のラ・ヌー隊長からの要請で参加したガスコーニュ州でのマルマンド包囲戦については短い言及にとどめる。

またこの旅行がそろそろ終わるころ、ドービニェがある作戦のためにサン＝ジュレの小領地に向かう貴族の一隊を見つけ、より確実に親友サン＝ジュレに会えるようにと彼らの捕虜となり、ヴァンセの部下の手で、親友のもとに捕虜として引き立てていってもらった。ちょうどその時ダンヴィル殿が公現祭作戦に出陣するところだったので、捕虜だったドービニェはサン＝ジュレ殿から手勢として騎兵斥候を借りうけ、かくて胴衣姿のままで、サン＝ジュレ門に突入したが、火縄銃の一斉射撃をくらってマントをこがした。

ガスコーニュ州に着くと、彼はラ・ヌー隊長とともに、無鉄砲な攻撃を決行したが、このことは『世界史』第二巻、第三の書、第六章にヴァアショニエール隊長の副官なる題のもとに書かれている。（六三―六四頁）

『自伝』の読み手は、『世界史』を開き、「ヴァショニエール隊長の副官」として活躍するドービニェを読むことが期待されている。『世界史』を参照しない場合は、「無鉄砲な攻撃」の詳細を知らぬまま、引き続き『自伝』の次の文章を読むことになる。

『世界史』に書くほどの価値がない彼の無鉄砲な行いのうち、二つだけは知ってほしい。この部隊のなかで自身だけが腕鎧をつけているのに気づくと、攻撃の前にそれをはずしてしまったことが一つ。もう一つは、左腕に恋しい人の毛髪の腕輪をまいて危険のまっただ中に赴いたところ、火縄銃の射撃をくらってこれが燃え出し、この腕輪の火をもみ消そうと左手に剣を持ちかえたことである。（六五頁）

歴史とは無関係で、『世界史』に「書くほどの価値がない」のも当然の戦場での個人的な体験である。「知ってほしい」と書かれても、もちろん子供たちにとって教訓となるわけもなく、単に危険を顧みない剛毅な性格の父親の武勇伝に過ぎない。

（5）ジュネーヴでの晩年と息子コンスタンの裏切り

一六二〇年、ルイ一三世がリュイーヌ公を重用し、王母マリ・ド・メディシスを政権から遠ざけると、王母はルイ一三世への反乱を王族貴族へ呼びかける。ドービニェは参戦に反対であったが、関係の深いロアン公とスービーズ公の懇願を受け、反乱軍に加わる。王軍が勝利し、ドービニェは亡命を余儀なくされ、九月一日にジュネーヴに到着する。

ジュネーヴ到着後のドービニェはジュネーヴの軍事顧問として市当局にも礼を持って迎えられ、またベルンでも城塞による防衛計画を指導した。ドービニェも七〇歳近く、戦場に立つことはなくとも、その軍事的経験、知識を求められたわけだ。

それまでのマイユゼ砦の総督やフランス国内のプロテスタント陣営での活動に比べ、ジュネーヴでのドービニェの活動は国際的となる。一六一八年に始まった三十年戦争がヨーロッパ中で展開したこともあり、国際的な軍事的ネットワークの一端にドービニェもつながることとなったのだ。この時期、ドービニェが出版を意図して整理していた書簡が『書簡集』として近年出版された。ドービニェが受け取った手紙やドービニェが言及されている手紙も収録されているほか、差出人や手紙のやりとりの理解を助ける詳細な情報が付されており、ドービニェの国際的な人脈の豊かさには目を見張るものがある。『自伝』の記述でもジュネーヴにおけるドービニェの国際的なつながりは十分明らかであろう。

これらの旅行のあいだ、スカラメル大使は静謐このうえなきヴェネチア共和国市会の代理として、ドービニェを彼らのために働くフランス兵の将軍にしようと交渉に入った。そしてすべてが都合よく決着しようとしていた時、フランスの駐スイス大使ミロンがヴェネチア大使に、ヴェネチアの人びとは、万一かれらがフランス国王にあれほど憎まれている男を登用しようとしたら、国王の反感を買うだろうと書かせた。（一七六頁）

ヴェネチア共和国からドービニェを将軍とする提案があり、ドービニェにはヴェネチアとネーデルランド北部七州とスイスプロテスタントを統合し、対スペイン連合を作る計画があった。フランス国王の意を受けたフランスの駐スイス大使による妨害はその後も続き、ジュネーヴでのドービニェの地位は次第に不安定なものになってゆく。『自伝』の記述はほぼ時系列的であり、一連の記述では最後の年に近い一六二八年一二月に、ドービニェはイギリス大使カーライル伯爵の訪問を受ける。カーライル伯爵にイギリス旅行に誘われたがジュネーヴ攻囲の気配が濃厚になったためイギリス行きを諦めたと書いたところで以下の文が続く。

ところで、このイングランドという国名および、カーライルと彼とのあいだに生じたことが話に出たとなると、わたしはできれば伏せておきたかったある話をしないではおれない。（一八四頁）

三人称が多いこの『自伝』にあって珍しく、「話をしないではおれない」とドービニェは、一人称で語り手としての思いを伝える。この「ある話」とは息子コンスタンの裏切りについての話だ。まず、親として息子にこれ以上望めない教育を受けさせたと書く。しかし、息子はどのように育ったか。

この卑劣な息子は、まずスダン市で飲酒酩酊癖と賭博によって身を持ち崩し、ついで古典学習を放擲したうえ、オランダではとうとう素寒貧となった。それから少ししてラ・ロシェル市である薄幸な女性と結婚し、のちにこれを殺害した。（一八五頁）

息子はそのうえ、イエズス会士と親しくつきあい、プロテスタンティズムを棄てる。そのような放蕩息子に、父親は「正道に戻そうとして」、マイユゼ砦の副官の地位を与える。ところがマイユゼ砦は息子によって、やがて賭博宿、慰安婦の宿、贋金作りの仕事場と化す。父親からマイユゼ砦を追い出されると、息子は悪事を重ねて至る所で忌み嫌われる。その後和解のためジュネーヴに来た息子に父は金と年金を与える。さらに更生のきっかけとなるよう任務を与えイングランドへ使者として送り出した。しかしこの使者はプロテスタントを、そして父を裏切る。

クレストの館

往路彼はパリに立ち寄り、夜ションベール殿に会い、帰路もやはり夜この殿と国王に会見し、こんなにも過分な名誉に浴したことの見返りに、彼らにイングランドの情勢を内通した。これこそ、父親と息子との間の愛情をずたずたに引き裂いた行為ではある。（一九〇頁）

息子の悪行、それも単なる不品行などではなく、妻を殺し、父親の砦を悪所に変え、信仰を棄てるなど、一〇年以上も許しがたい悪行を重ねた息子に対して、ドービニェは死の直前まで父親としての愛情を抱いていたのだ。

それまで時系列的に自分の人生を振り返ってはエピソードを書き綴ってきたこの『自伝』の最後に、ドービニェは数頁にわたって、自身ではなく、期待を裏切り続けた息子についての文章を書き連ねた。イングランドという語は単なるきっかけに過ぎまい。息子のことを書かずには死んでも死にきれない、という苦い悲しい思いが伝わる文章だ。最終的に、コンスタンは相続権を失う。そして、この子供たちへ向けて書かれたはずの『自伝』の写しがコンスタンに伝えられることはなかった。

ドービニェは、ジュネーヴ郊外のクレストの土地に建てた館に移り、七一歳にしてルネ・ビュルラマシと再婚する。(2) フランス国王からの攻撃や厳格なジュネーヴ市当局と対立はあったにせよ、旺盛な執筆活動とルネとの穏やか暮らしぶりからするとそれなりに幸せな亡命生活だったといってよいだろう。

ドービニェは一六三〇年五月九日、七八歳の生涯を終えた。妻ルネ、私生児であったためドービニェの姓を名乗ることはできなかったが優秀な息子ナタン、家族、友人たちに看取られた死であった。

2　『悲愴曲』における死

(1)『悲愴曲』

ドービニェは一五七一年、尊敬する詩人ロンサールが『恋愛詩集』で歌ったカッサンドルの姪ディアーヌ・サルヴィアティと出会い、それを契機に恋愛詩集『春』を書いた。この作品は、一八七四年まで出版されることはなかった。『春』は百のソネット集、スタンス集、オード集からなるが、ソネット集は「ディアーヌに捧げられた百の生贄」のタイトルが示すように、愛の喜び以上に、愛の苦しみとしての死が、ギリシャ・ローマ神話や宗教戦争、炎、血などの巧みな比喩により表現されていた。

それに対し宗教的叙事詩『悲愴曲』では、比喩ではなく、死そのものが歌われる。一六一六年に初版（七書八五〇二詩行）が匿名（L.B.D.D.「砂漠の贖罪の山羊」の意）で、再版は一六二六年以降に、九三七四詩行に増補されてドービニェの名前で出版された。

構成は、まず散文の「読者へ」で原稿を盗んだプロメテウスが、作品を書いた主人に代わり作品が生まれた経緯と作品の構成を説明し、序詞「著者から作品へ」では著者が父としてわが子である作品に呼びかける形で作品について述べる。
七つの書は、「悲惨」「王侯」「黄金の間」「火刑」「剣」「復讐」「審判」と題された十二音節からなる長詩である。「悲惨」では、宗教戦争で荒廃するフランスの悲惨さを描き、「王侯」ではフランスの不幸を招いた為政者、すなわち王母カトリーヌ・ド・メディシスと彼女の息子たちであるシャルル九世、アンリ三世、アランソン公を風刺し糾弾する。パリの高等法院を指す「黄金の間」は、正義の場であるべき裁判所の不正を批判し、続く「火刑」では、カトリックの弾圧の犠牲となった殉教者たちを歌う。「剣」では、天使たちが地上で見た光景を「天上画」、すなわち天上の世界で描いて見せる形をとりながら、聖バルテルミーを中心にプロテスタントの受難を描く。最後の二書では、ついに神が直接的に介入する。「復讐」では、神による罰として、罪びと、とりわけプロテスタントを迫害した者たちの死を描き、「審判」では、最後の審判の日に、悪人は地獄に、善人が天国へ導かれるさまを歌い上げる。

全体を以上のようにまとめてはみたが、叙述は時系列的ではなく、原典批評版を出したファンロが『悲愴曲』の特徴を、「異種混交」ハイブリッドと形容したように(3)、時間的、空間的に複雑な総体である。しかし、『旧約聖書』が『新訳聖書』の内容を象徴的に告げるとする「前兆」と同様に、古代ローマなどの歴史の記述、聖書やギリシャ・ローマの古典を典拠とする表現が同時代の事件と説明もなく重ねられる。その上、「天上画」によって、語り手が描く地上の出来事が天上で神や天使に眺められるなど、『悲愴曲』の世界は、地上、天上と自由に展開するのだ。

ここでは、七つの書のうち、第一の書「悲惨」、第四の書「火刑」、第五の書「剣」、第六の書「復讐」、第七の書「審判」における死とかかわり深い箇所の引用を交えて、プロテスタント詩人としてのドービニェの死生観を見てみたい。

（２）「悲惨」――宗教戦争の悲惨――

「悲惨」の書は、悲劇の女神が内乱で荒廃するフランスを眺めるという神話的な冒頭に続き、擬人化された女性であるフランスが不幸を嘆く場面へと移る。その擬人化されたフランスの語りについで、「私の目が私の詩句の主題の証人なのだから」と、詩人自身が、戦争の具体的な光景を語る。次の引用箇所は、第三次宗教戦争中の一五六九年夏、ジャルナックでの戦闘の前に、援軍のドイツ兵がコリニー提督の部隊と合流するため移動していた時のこととされる。したがって、以下の惨劇を引き起こしたのはドービニェと同じプロテスタント側で戦っていたドイツ人兵士である。彼らが去った後、次のような光景を目にする。

そこでは、家々はことごとく火に包まれ、
腐った死体、恐ろしげな顔の死者ばかり。
先に待つのは飢えばかり、だが私も進まねばならない。
耳にしたのだ、死に行く者の喉から洩れる微かな声を。
その唸り声に導かれて、すぐに目にしたのは
瀕死の男が頭を激しく打ちつけながら
戸口の敷居の上に脳味噌を撒き散らすさま。
この瀕死の男が救いとして求めるのは死。
消え入る声で今際の極みに、その故郷《くに》（ペリゴール地方）の訛りで語るのだった。
「もしフランスの方なら、フランスの方よ、お願いです、
助けると思って殺して下さい。それが私の望む

最も確かな助け、私を癒してくれる方法なのです。
〔…〕
とその時、母親は、寝台に顔を近づけ、面《おもて》を上げた。
母親の乾いた目から、もはや涙は流れていなかった。
子供を濡らしていたのは、乳房に溢れる乳ではなく
致命傷からしたたる血だった。
しかし、この乳なき胸、干からびたこの体は
死に行くもう一つのフランスの姿なのだ。(4)（「悲惨」三七九—三九一、四一九—四二四行）

ここでは、「フランスの方なら」と宗教や党派より、方言であってもフランス語という同じ言葉によって、瀕死の状況で自分の思いを伝えることに重点が置かれている。

語り手が目撃し、耳にするのは、具体的で凄惨極まりない光景である。また、惨劇は犠牲者である瀕死の農民の直接の証言という形で述べられる。これらにより、暴力の現実性は高められている。しかし同時に、兵士として農民の声を聞く語り手は、胸から乳ではなく血を流す母を、引用箇所の最終行の詩句で「もうひとつのフランスの姿」と表現する。戦火の情景を擬人化されたフランスにつなげることにより、この書の冒頭での神話的な表現との間に一貫性を与えていよう。

(3)「火刑」

「火刑」は、殉教者に捧げられていることにより重要な書と言える。なぜなら、信仰のために命を捧げた殉教者こ

そが、神に祝福されるべき存在であるからだ。死に至らしめる牢獄での拷問と処刑人は、暴力に耐える殉教者の姿と対照的に示されている。また不正な法ゆえに、判事、異端審問官が圧倒的に優位に立ち、加害者と被害者という関係であったにもかかわらず、ドービニェの詩句にあっては、両者の立場は逆転し、崇高な殉教者こそが優れた立場に立つ。ちなみに次の詩句の「彼女」とは、一五六四年、イギリスで火刑に処されたアンヌ・アシュケーブである。拷問によく耐え、また彼女とともに処刑された者たちも、その励ましによって、勇気を得たという。

判事は走り寄り、自らの手でもう一度
綱を二重結びに縛り直すと、服を脱いだ。
異端審問官もそれに倣う。激情に駆られ、彼らの目から
憐れみも失せている。拷問器具の綱を再びぴんと張り、
彼女を苦しめようと拷問をかけ続け、
骨を、腱を、そして血管を砕く。
しかし彼らとて拷問によって魂まで揺さぶりはできぬ。
〔…〕
四人の殉教者たちが火という言葉に震えると
彼女は神からの贈り物を彼らに分かち与える
信仰の火で他の炎に打ち勝つために、
自分の魂と一緒に、彼女はこの者たちの魂も運んだ。
「どこにある、おまえの棘は、大きな力は。おお死よ、

おまえの腕はいずこに。（と彼女は言い放った）
獲物を攫《さら》う獣、猪の頭を恐れさせた
おまえの恐ろしげな額はどこにあるのか。」（「火刑」一七三―一七九、一九一―一九八行）

「骨を、腱を、そして血管も砕く」苦しみを与えることによっても、「魂」に触れ、その精神を支配することは果たせない。それにとどまらず、処刑を前に、殉教者は、言葉を発することによって、邪悪な死刑執行人に対して自身の完全な正しさを示す機会を得るのだ。そして、殉教者にとっては、死の力に打ち勝つことが可能となる。殉教は、民衆の衝動的な暴力や、兵士たちの武器による暴力ではなく、プロテスタントの信じる神を否定する、不正な法に則り行われるものである。不正ではあっても、法に従って殺されることによって、彼らは偶然の死者ではなく、神による救済が約束された殉教者となることが可能になる。それゆえ彼らにとって死は幸福を約束するものになったのだ。

（4）「剣」――宗教戦争――

この書は、宗教戦争や聖バルテルミーの虐殺を背景とする。冒頭部分での神と悪魔の対話を受け、戦争や虐殺の情景が、「天上画」、すなわち地上の光景そのものではなく、天使たちの手によって天上に描かれて神に示されるとされている。地上における戦争、虐殺の残酷なシーンを描きながら、その情景が天上で神の目に触れることにより、最後の審判を促す働きを持つことになる。

新たに戦闘を言及する場合は、「こちらの新しい絵では」と、天上画に読者の注意を喚起する。宗教戦争のさまざまな局面は必ずしも時系列的に配置されてはいない。むしろ、戦闘行為は絵画のように並べられている。それゆえ、第一次宗教戦争の端緒とされているヴァシーの虐殺が語られるのは、第二次宗教戦争を扱った箇所の後、五四五行目以降なのである。一五六〇年三月一日、カトリック強硬派のギーズ公の一軍がシャンパーニュ地方の村ヴァシーを通りがかった際、プロテスタントの礼拝に遭遇する。この年の一月の王令により、プロテスタントの集会は城壁外との条件付で認められていた。虐殺のきっかけは、礼拝の場所を偵察に来たギーズの兵士がプロテスタントに襲われたためとする説もあるが、詳細は不明である。ドービニェは虐殺の場面を以下のように語る。

一連の天上画の端に見えるのは、信者たちの群れ。
信心と熱意で恐怖に立ち向かい、
サタンの鼻先で神を讃えようとし、
歌いながら命を捧げるのだ、この悲しい地に。
そこにやって来る、情け容赦なく、目つきも険しく
武器を手にした凶暴な殺人者の集団が。
信者の群れを引き裂くと、あわれ、信者たちが
命を守る術は、ただ叫び声のみ。
ある者は突き刺し、切り裂く、腹を、心臓を、手を、頭を。
剣なき信者には涙、盾なき彼らにはただ祈りのみ。（「剣」五四五―五五四行）

この虐殺の場面では、丸腰の民衆を襲うギーズ家の兵士たちの残虐さが強調されている。彼らは、武勲の誉れ高い軍人とは程遠い、「凶暴な殺人者の集団」にすぎない。殺される側に目を向けると、信者の集団が神を讃えて歌う

のは、マロ、そしてベーズによりフランス語訳された詩篇であろう。しかし、プロテスタントの歌声は、武器を片手に襲いかかる兵士によって、「叫び声」へと変わる。刑の執行直前、声高らかに自らの思いを述べ、その名と信仰心を後世にまで伝えた殉教者と異なり、虐殺にあっては、自らの思いを告げる言葉を失い、彼らは主体であることを禁じられる。その身体も、暴力を受ける身体、剣が突き通される腹、心臓、手、頭として存在するだけだ。そして、その身体は切り刻まれ、ばらばらになってしまう。

殉教者を火刑にするのは、火の力によって、異端の穢れをこの世から消し去ろうとするためであるが、殉教者の身体は燃やされた後、灰となる。「火刑」の書では、殉教者の灰が飛散し、地に落ちては種子となり、自然に恵みをもたらすとの解釈が提示される。一方、虐殺された死体は、切り刻まれ、身体の各部分も、体と切り離されることによって機能を失い、新たな生命を得ることなく、切れ端となるばかりだ。

(5)「復讐」——迫害者たちの死——

この書では、『旧約聖書』のソドムの町の住人たち、『新約聖書』のヘロデ王など、神の教えに背いた者たち、善人を迫害した者たちの死が語られる。彼らは神の怒りに触れ、おぞましい最期を迎える。

以下の詩句は、ロレーヌ枢機卿の死の様子である。ギーズ家出身のロレーヌ枢機卿はプロテスタントの仇敵であり、一五七四年一二月にアヴィニヨンで亡くなった際、窓枠を吹き飛ばす強風が死の床を襲った。当時のプロテスタントはその奇怪な死をロレーヌ枢機卿の悪行の証とした。

　燃え盛るフランスにあって悪臭を放つ炎である枢機卿、
　その死は秘され、死後、口から吐いた毒気も隠された。

しかし、天の怒りは、枢機卿の死の光景を
我々の眼に見せたのだった。
空は、雲で翳《かげ》るように悪霊で黒くなると
激しい嵐で東西南北を張り裂き、
偉大な神の怒りの御使である風は
悪霊によって乱されると、至る所で空気を攪乱《かくらん》した。
フランスが流す涙でかさをました洪水は
大気を黒々とした水と変えた。
放火する悪霊の霊気はこれらの場所から飛び出して、
雷と稲光で天に火を放つ。
煙立つ地獄の扉は開かれ、地獄を満たす者、
枢機卿が入ってくる用意を整える。(「復讐」一〇四〇—一〇五四行)

邪悪な者が安らかな死を迎えることはない。その死は悪霊を呼び、この世を嵐、洪水、雷で乱し、悪霊とともに地獄に向かう。

(6)「審判」

『悲愴曲』を構成する七つの書の最後にあたる「審判」では、ついに神がその姿を見せ、死者を復活させ、最後の審判を下す。

まず、復活の時が訪れる。埋葬された者などが墓から蘇るだけでなく、『悲愴曲』のこれまでの書で語られた、迫害を受けて殺された者、火刑に処せられた者、処刑された者たちが復活し、再臨する神の審判を待つ。

かつて暴君によって引き裂かれた体も
たちまちそれぞれの体に寄り集まるのだ。
一本の腕が灼熱のアフリカから極寒の島トゥーレまで
泡立つ海を流れてきたけれども、
火刑に散った者の灰はあらゆる場所から飛んでくる。
体の切れ端も、散乱するそばから連結して、
処刑の柱、幸いなるその場所に、心地よく大胆に
笑む空に微笑みかけながら、やって来るのだ。（「審判」六七七―六八四行）

そして復活した者たちに、神が直接語りかける。まず選ばれし者に祝福の言葉が与えられる。『新約聖書』の「マタイによる福音書」二五章三四―三七節によるが、火刑や処刑によって、「刑罰と不正に」苦しんだプロテスタントが神に導かれ、天国へと迎え入れられる。

「厳寒の時に私に服を着せてくれたあなたたちよ、
私のために刑罰と不正に苦しんだあなたたちよ、
あなたたちは、私が激しい渇きと飢えに苦しむと

水を、パンを快く私に与えてくれた。
来たれ、天の民よ、来たれ、父に選ばれし者たちよ。
罪は消えました、裁き手はあなたの兄弟なのです。
さあ来るのです、永遠に勝利する幸いなる者よ、
勝利と平和の永遠の王国に」（「審判」八七一―八七八行）

しかしもう一方の側に向かっては、神は怒り、裁く者として、歴代の王たちの顔に向かい次のような最後の言葉を響き渡るように発する。『新約聖書』の「マタイによる福音書」二五章四一―四三節による。

「おまえたちは、私の四肢を寒さに置き去りにしたうえ
罵詈雑言を重ねに重ね浴びせかけて、
私が激しく乾き飢えにあった時も
水ではなく苦い葡萄酒を、パンではなく石を与えた。
行け、呪われし者たち、逆らいの歯がみをしながら
永遠の刑罰が待つ暗い深淵へ」（「審判」八八七―八九二行）

この後、『新約聖書』の「ヨハネの黙示録」による世界の終わりの描写を経て、神への祝福の言葉により『悲愴曲』は終わる。

ドービニェの墓碑

結びにかえて

『世界史』で自分が生きた時代を歴史として語り継ぐことを企てたドービニェは、歴史書に残せない自分を、子供たちへの教訓として、うちとけた語りの『自伝』の中に残そうとした。

母の死を選んだ父によって生きることを許された彼は、父からプロテスタントの犠牲者たちの復讐を誓わされ、父の呪いに怯えつつ生きることになる。そして、死を恐れず、勇敢に戦い、負傷し、病に倒れ、危険と隣り合わせの人生を送った。『世界史』における抑制から解放されて『自伝』で自己顕示できたドービニェだったが、その『自伝』の最後を、悪行を重ねた挙句、プロテスタントと自分を裏切った息子に対する後悔の文章で終える。『悲愴曲』にあって、宗教戦争の犠牲となった農民の死は、戦争の悲惨さそのものと言ってよい。そして「火刑」や「剣」の書では、殉教したり迫害されたりしたプロテスタントの残酷な死が描かれる。しかし、「復讐」の書では、迫害者、信仰を失った者たちの死の様子が語られ、「審判」の書では、プロテスタントの犠牲者たちが復活し、天に導かれる。

このように、ドービニェは、プロテスタントの軍人として激烈な人生を送り、プロテスタント詩人として、宗教戦争におけるプロテスタントの受難と神による救済を宗教的叙事詩『悲愴曲』で高らかに歌い上げたのだ。

注

（1）ドービニェ（一九八八）。以下の引用では、訳書の頁のみ付す。なお、必要に応じて訳文を一部改変した。

（２）ドービニェは一五八二年にシュザンヌ・ド・ルゼイと結婚するが、一五九五年までに死別している。
（３）Fanlo (2003: 39).
（４）ドービニェの『悲愴曲』はファンロの版により、本文中は「書」と詩行数を示す。なお、詩行の引用と分析は濱田（二〇一二）と基本的に同一である。

参考文献

加藤美雄（一九九九）『ドービニェと二〇世紀のフランス』編集工房ノア。
高橋薫（二〇一一）『改革派詩人が見たフランス宗教戦争』中央大学出版部。
アグリッパ・ドービニェ（一九八八）『児らに語る自伝』（成瀬駒男訳）平凡社。
濱田明（二〇一二）「ロンサール『論説詩集』とドービニェ『悲愴曲』における暴力の表象」、熊本大学文学部『文学部論叢』第一〇三号、一〇一—一一五頁。
d'Aubigné, Agrippa (1968) *Sa Vie à ses Enfants*, éd. par Gilbert Schrenck, Paris: S.T.F.M.
d'Aubigné, Agrippa (2003) *Les Tragiques*, éd. par Jean-Raymond Fanlo, Paris: Champion.
Blum, Claude (1989) *La représentation de la mort dans la littérature française de la Renaissance*, Paris: Champion.
Lazard, Madelaine (1988) *Agrippa d'Aubigné*, Paris: Fayard.
Mathieu-Castellani, Gisèle (1991) *Agrippa d'Aubigné, le corps de Jézabel*, Paris: PUF.

読書案内

『フランス・ルネサンス文学集２』（宮下志朗・伊藤進・平野隆文編訳、白水社、二〇一六年）濱田明による『悲愴曲』の抄訳が収録されている。一六世紀フランス文学の本邦初訳を中心に全三巻。ラブレー、モンテーニュ、ロンサール以外の作品も多く読める。

『児らに語る自伝』（アグリッパ・ドービニェ著、成瀬駒男訳、平凡社、一九八八年）ジルベール・シュランク校訂版の翻訳。ドービニェの人物像を知るのに最適な本。『世界史』の参照箇所についても翻訳あり。

『改革派詩人が見たフランス宗教戦争』（高橋薫、中央大学出版部、二〇一一年）ドービニェについての専門的知見を若い読者に向けてまとめている。ドービニェの作品についてこの一冊で広く深く学ぶことができる。

あとがき

先端医療技術の劇的な進歩によって可能となった、生の始まりと生の終わりにおける人間による介入に、われわれは現代のあらゆる場面で頻繁に遭遇する。生殖補助医療、遺伝子技術、終末期医療、脳死・臓器移植などの発展と実用化によって、技術的に可能となった生と死への人為的介入と、一般に認められている価値観や道徳的直観との間に不一致が生じ、そこから新たな倫理的な問題や困惑、葛藤が生まれてくる。さらに、生と死にまつわる従来の概念や関わり方が無効となったり、急速に変化していくことも、現在ではごく当たり前になってきている。つまり、現代人は、生と死をどのようにとらえ直せばよいかという問題に直面しており、その解決のための指針を求めていると言えよう。

生と死への介入が技術的に可能となることは、生と死の概念を急速に多面的で複雑なものとする。また、その技術の発展は、同時に生と死に関わる学問にも大きな影響を及ぼし、反映されることになる。ここ数十年、生命倫理の諸問題を背景として、生と死が様々な学問分野から注目を浴びるようになり、生と死に関連する様々なテーマを扱う学問、および、生と死についての研究が量的に増えている。さらに、専門家でさえ、すべての動向を把握するのが難しくなるほど、生と死に関連する学問分野は専門化してきている。たとえば、二〇世紀後半から出現してきた「死生学（thanatology）」という学問において、「死（death）」と「死ぬこと（dying）」に学際的にアプローチするために、人類学、哲学、文学、歴史学、法学、社会学、心理学、医学、看護学などが共同研究を行うことは、その動向の一つの良い例と言える。

しかし、生と死というテーマは、研究者のみならず、誰しもが考えなければならないものであろう。たとえば、死を個人の問題に限定した個人主義的な立場に引きこもることは、現在では不可能だと言えよう。というのも、生と死に関わる様々な問いかけは一個人としての人間の問題だけではない。社会的存在としての人間は、他人の死に直面し、それに対して行動をとることは避けられないからである。また、国民としても、科学と技術の発展などの新たな動向に対して目を逸らすことなく注意深く見守っていく責任があるだろう。

そこで、変化していく生と死の概念を正しく位置づけるためには、新たに生まれてくる技術を見守り、生と死にまつわる問題に対して高い意識を持つだけでは十分ではない。とりわけ、生と死に関する人文科学の様々な学問における生と死のとらえ方、また、大いに参考になると思われる古今東西の様々な文化圏においての生と死のとらえ方についての知識を持つことも不可欠であると言えよう。そうすれば、生と死への関わり方において、一個人として根拠のある決断を下せるようになるだけでなく、それによって生と死に関わる現在の様々な問題についての議論において、責任を持って貢献することが初めて可能となるであろう。本書に収められた倫理学と宗教学からのアプローチや、生と死の「現場」からの視点、さらに古今東西の文学における考察が、生と死の問題に興味を持っている読者の一助となり、またさらに学びを深めるきっかけとなってくれることを願ってやまない。

トビアス・バウアー

執筆者紹介（＊は編者）

田中朋弘《たなかともひろ》（熊本大学大学院人文社会科学研究部教授）

＊トビアス・バウアー（熊本大学大学院人文社会科学研究部准教授）

藤井《ふじい》　可《たか》（熊本市役所医療参事（産業医）、熊本大学非常勤講師）

吉田李佳《よしだりか》（熊本大学非常勤講師）

石原明子《いしはらあきこ》（熊本大学大学院人文社会科学研究部准教授）

坂元昌樹《さかもとまさき》（熊本大学大学院人文社会科学研究部教授）

屋敷信晴《やしきのぶはる》（熊本大学大学院人文社会科学研究部准教授）

＊荻野蔵平《おぎのくらへい》（熊本大学大学院人文社会科学研究部教授）

濱田《はまだ》　明《あきら》（熊本大学大学院人文社会科学研究部教授）

生《せい》と死《し》をめぐるディスクール

2020年2月10日　初版発行

編　者　荻　野　蔵　平
　　　　トビアス・バウアー

発行者　笹　栗　俊　之

発行所　一般財団法人 九州大学出版会
〒814-0001　福岡市早良区百道浜3-8-34
九州大学産学官連携イノベーションプラザ305
電話　092-833-9150
URL　https://kup.or.jp
印刷／城島印刷㈱

Printed in Japan　ISBN 978-4-7985-0274-8

表紙図版：「三人の生者と三人の死者」
Created by modifying “The three living and the three dead.”
Collotype after the Master of the Housebook, 1488-1505.